책 읽는 동장님

책 읽는 동장님

소설로 만나는
독서모임 이야기

박용석 지음

니어북스

추천사 1 — 영화배우 임형준

책 선물을 받았다. 얼핏 읽다, 토론하다, 쓰다, 기쁘다와 같은 단어들이 눈에 띄었다. 배우가 하는 일이 대본을 읽고, 체화하고, 표현하는 것이라면 사뭇 비슷한 작업이기도 하다. 저자는 이 책 한 권이면 만사형통이라고 장담한다. 자부심 혹은 자만감 둘 중 하나임은 분명하다.

사실 여부를 떠나 그런 감정 자체는 무엇인가에 몰두하고 최선을 다했을 때 자연스럽게 생기는 것 같다. 저자는 책 읽기에 열심이었나 보다. 말마따나 늦게 시작한 독서가 삶의 궤적을 바꾸는 계기였다고 고백한다. 지난한 노고에 박수를 보내고 싶다.

우리가 살아가는 이 삶은 우리가 선택한 것은 아니지만 누구나 겪어야 할 숙명이다. 유일하게 선택할 수 있는 건 각자에게 주어진 삶에 따뜻한 옷을 입히는 일이다. 본질은 같지만, 표현되는 방식의 차이만 있을 뿐이다. 내가 배우라는 형식으로 삶의 본질을 표현하고 있다면 저자는 책으로 건강한 삶을 만들어 간다.

화물선 같은 크기의 배가 서서히 항로를 바꾸는 일은 쉽겠지만, 급격히 유턴하는 것은 위험과 고통을 동반하는 일이다. 나는 이 책을 그런 관점에서 바라보고 싶었다. 어떻게 자신의 삶을 긍정적으로 바꿀 수 있었는지, 현재 만족하는지, 앞으로 어떤 계획을 모색하고 있는지에 집중하며 읽었다.

이 책의 하이라이트는 2부가 아닌가 싶다. 앤솔로지(anthology) 형식인데, 주제에 맞춰 선정된 6권의 책을 읽고 회원들이 각자의 견해를 상세하게 밝힌다. 쉽게 동감하고 가끔은 고개를 갸우뚱했지만 조금씩 이해의 폭을 넓힐 수 있었다. 그래서인지 간접적으로 읽었지만 직접 완독한 느낌이었다.

토론 도서 중에서 영화로 제작된 소설이 있어서 반가웠다. 『테레즈 데케루』. 2014년 프랑스의 클로드 밀러 감독이 동명의 영화로 제작했다. 여성의 소외 문제를 소설과 영화는 어떤 방식으로 다루었을지 궁금했다. 먼저 소설을 읽고 영화를 보았다. 영상으로 바라본 언어와 영상의 차이는 미세했지만, 표현방식은 각자의 개성이 뚜렷했다. '내가 감독이라면 어떻게 표현했을까?' 생각하다 보니 마치 영화계의 거장이 된 듯했다.

일상이 지루하고 피곤하다면, 새로운 방향 전환을 원한다면 바쁘더라도 짬을 내서 꼭 일독하기를 권한다.

추천사 2 　　　　　　　　　　송파문화원장 김현신

"내가 인생을 알게 된 것은 사람과 접촉해서가 아니라 책과 접했기 때문이다."라고 한 아나톨리 프랑스의 말처럼 책은 우리들의 삶에 없어서는 안 될 소중한 보배이다.

2024년 1월 송파문화원 원장으로 취임했을 때, 잠실7동 동장이었던 박용석 작가님이 인사차 방문했다. 그 자리에서 문학에 관한 본인의 관점과 독서의 중요성을 강조한 첫 대화를 나는 잊지 않고 있다.

그 후 1년이 지난 싱그러운 6월 어느 날 전화가 왔다. 독서모임 관련 책을 출간하려고 하는데, 추천사를 써 주실 수 있느냐고 물었다. 나는 그 자리에서 "드디어 책을 출간하게 되었군요! 축하합니다. 얼마든지 써드리겠습니다."라고 승낙하고 그의 공적을 회상하며 바로 추천사를 쓰기 시작했다.

평소 책을 좋아하고 '우공의 책 읽기' 독서모임을 운영하는 박용석 과장이 독서의 효율적인 방안을 모색하면서 책으로 주민과 함께하는 모습은 참으로 자랑스러웠다. 특히 균형 잡힌 독서력과 8년간의 독서모임 경험을 책으로 출간한다고 하니 참으로 의미 있는 일이다. 응원의 박수를 보낸다.

2023년 국민 독서 실태조사에 따르면, 성인 10명 중 6명이 1년에 단 한 권의 책도 읽지 않는다고 한다. 우리는 마크 트웨인이 언급한 '진실을 잃어버린 폐허의 시대'에 살고 있는지도 모른다. 이처럼 유용성만이 판치는 시대에 책을 읽고, 독후감을 쓰고, 토론하는 독서모임 이야기가 무척 궁금했고, 혼자가 아닌 주민과 함께 만들어가는 이야기라 더 관심을 두고 읽게 되었다.

독서는 사회적 소통이자 지식 창출의 행위이다. 사람은 각기 다른 배경 속에서 살고 있지만, 책으로 나누고 공유하는 경험이야말로 우리가 공존할 수 있는 근거가 된다고 생각한다.

이 책은 단순한 지식의 전달이나 화려한 문체의 나열이 아닌 읽기, 쓰기, 토론하기를 통해 내면의 이야기를 풀어내고 있는 것이 특징이다. 또한 주제가 독서모임이라는 점과 '실용 소설'이라는 다소 생소한 어휘를 개발하면서 실용적, 소설적 흥미를 가미한 창의성도 마음에 든다.

독서에 관심 있는 분들에게 이 책을 권유하며 사람들과의 소통과 심신 수양, 교양을 넓히는 데 도움이 될 것으로 확신한다. 끝으로 책을 펴내기 위하여 노력하신 박용석 과장님은 물론 그 과정을 함께 한 모든 분들의 노고에 위로의 말을 전하며 건승을 빈다.

추천사 3   작가 원하나

박용석 작가님을 처음 만난 것은 2017년 가을쯤이었다. 내가 운영하는 '철학 독서모임' 회원이셨던 작가님은 한 번도 모임에 빠지지 않았고, 항상 꼼꼼하게 책을 읽고 오셔서 풍성한 대화를 함께 했다.

출판사 대표이자 독서모임 기획자인 나는 '성실한 독자'가 반갑다. 그리고 그러한 독자의 '읽는 이유'가 궁금했다.

"책을 왜 그렇게 열심히 읽으세요?" 나의 질문에 작가님은 내가 가장 듣고 싶던 대답을 해주셨다.

"퇴직을 10년쯤 앞두고 생각해 봤습니다. 은퇴 이후 무엇을 하면 좋을까? 아무리 생각해도 책을 읽는 것이 가장 좋겠더라고요." 인생의 많은 시간을 독서하면서 보낼 작정이라는 말씀. 이 얼마나 근사하고 감사한 말인가!

이후 작가님은 우리 출판사 공간에서 독서모임 리더가 되어 새로운 모임을 이끌기도 했다. 그뿐만 아니라 송파구에서 '우공의 책 읽기'라는 모임을 현재까지 우공(愚公)처럼 우직하게 이끌고 있다. 성실한 독자이자 열린 마음을 가진 박용석 작가님의 모습이 인상 깊다. 나아가 책을 통한 한 인간의 변화가 궁금했다.

작가님의 독서 여정을 많은 독자에게 알리고 싶다는 생각이 든 것은 그즈음이다. 그래서 독서가이자 독서모임 리더의 이야기를 책으로 만들자고 제안했다. 그 결과 작가님을 포함한 5명의 독서모임 운영자들이 저마다의 '독서 경험'을 『모든 것은 독서모임에서 시작되었다』라는 에세이에 담았다. 이후 작가님은 과감하게 작가로서의 영역도 확장했고, 이번 책이 세상에 나왔다. 독서와 독서모임의 세계를 소설로 만날 수 있는 책이라니! 또 한 번 감사하고 근사한 일이다.

이 책은 독서모임의 시작과 과정을 소설이라는 감성적인 이야기 형식으로 풀어냈다. 그래서 책을 읽는 동안 독서모임 '장면' 속으로 자연스럽게 스며드는 경험을 하게 된다. 또한 저자가 겪었던 설렘, 갈등, 기쁨, 깨달음 등이 생생하게 전해진다. 무엇보다 저자는 독서모임이라는 공간에서 실제로 벌어지는 일들을 솔직하게 그렸다. 그래서 더 공감되고, 깊이가 있다.

책을 읽으며 수많은 장면이 떠올랐다. 어색했던 사람들이 책을 함께 읽으며 조금씩 가까워지고, 어느새 서로의 삶을 응원하게 되는 모습 말이다. 독서모임에서 우리는 함께 읽으며 서로를 돌아보고, 앞으로 나아갈 힘을 얻기도 한다. 이 책은 바로 그런 독서모임의 본질과 가능성을 그린다. '책을 읽는다.'는 것은 함께 '삶을 나눈다.'는 의미임을 이 책은 제시한다.

내가 곁에서 지켜본 박용석 작가님의 진심과 노력이 이번 책으로 열매를 맺게 된 것을 축하하며, 독서모임을 사랑하는 모든 분께 진심으로 이 책을 추천한다. 많은 사람들이 작가님의 책을 읽은 후 독서모임의 즐거움을 발견하고, 함께 읽고 나누는 삶의 기쁨을 경험하기를 바란다.

프롤로그

> 몸이 음식을 섭취하는 것처럼
> 정신은 책을 꼭꼭 씹어 먹어야 한다

　이 책은 읽기와 쓰기를 고민한 결과로서, 지난 8년간의 독서모임 경험을 소설이 주는 재미와 계발서의 실용성으로 풀어내고 있다. 처음에는 '독서모임'을 주제로 구성, 홍보, 발제, 규칙 등 운영 관련 기법을 담으려 했지만, 이런 부류의 실용서는 이런저런 제목으로 출간되어 있었고 매대에 차고 넘쳤다. 알량하게 나까지 나서서 'One of Them'이라는 평가를 받는다는 것은 상상하기조차 싫었다. 기존 실용서와는 좀 다르고, 재미나고, 생활에 도움이 되는 '실용 소설'을 출간해 보고 싶은 욕심이 생겼다. 거창하게 새로운 소설 장르라 주장하고 싶지는 않다. 재미있고 쉽게 공감되는 소설에 읽기와 쓰기의 방법론과 실용성을 입혔다고 보면 이해가 쉬울 것이다. 자부하건대 이 주제의 '실용 소설'은 이번이 처음이지 않을까 싶다.
　이 책은 2부와 부록으로 구성되어 있다. 1부는 독서모임을 시작한 첫날 이야기를 어린 시절 추억과 교차시키는 형식으로 풀어냈으며, 2부에서는 프랑스 르몽드지 추천 도서 100권 중 6권을 선정해 실제 토론장면을 회원들의 목소리에 담았다. 부록에는 독서모임을 운영하는 방법과 기법, 글쓰기 도전, 독서모임에 대한 생각 등을 수록했다.

 단 음식이 당기는 이유는 분명하다. 에너지가 부족해서라기보다는 여유 있을 때 손쉽게 지방을 축적하려는 몸의 본능 때문이다. 단맛은 세로토닌과 도파민이라는 호르몬 분비를 촉진해 포만감으로 우리 몸을 무장 해제시킨다. 그 빈틈으로 몸은 신나게 지방을 축적하는 것이다. 애초 의도는 호의적이었지만 습관적인 축적으로 몸은 울퉁불퉁 망가지고 파손된다. 그래서 생명이 소실된 몸은 다이어트라는 반작용을 일으킨다. 성공하면 사는 것이고 실패하면 죽는다.
 정신도 같다. 정신이 살기 위해 다이어트가 필요하다. 정신 다이어트는 책 읽기다. 축 늘어지고 쭈글탱이 된 정신머리를 되살려야 하는 과업이다. 시간이 남아서 다이어트를 하는 게 아닌 것처럼, 독서는 없는 시간을 쪼개서라도 해야 하는 당위다. 몸이 음식을 섭취하는 것처럼 정신은 책을 꼭꼭 씹어 먹어야 한다. 정신이 책이고 언어다. 인간의 한쪽이 몸이라면 나머지 반쪽은 정신이자 언어다. 그래서 인간을 호모 로퀜스(Homo loquens), 언어적 존재라고 하는지도 모른다.
 책 읽기는 생명 연장의 수단이자 삶을 더 풍요롭게 하는 최고의 방법이다. 책을 손에 놓지 않고 시시때때로 읽어야 하는 이유다. 책 읽기는 다이어트와 비슷해서 한숨 돌릴만하면 '글쓰기'라는 요요 현상이 부지불식간에 닥친다. 불쾌라는 부정의 뜻이 아니라 즐거운 욕망으로의 되돌림이다. 읽기만으로 충족되지 못하는 막다른 벽을 나만의 방식으로 풀어내야 한다. 함께 읽고, 토론하고, 쓰는 과정이 삼위일체가 되어야 한다.

그중에서도 글쓰기는 화룡점정처럼 선택이 아닌 결단의 문제이고 최우선 화두이다. 그렇다고 글쓰기를 신변잡기로 흐르도록 놔둬서는 안 된다. 그것은 진정한 의미의 글쓰기가 아닌 푸념이자 감정 배출에 불과하기 때문이다. 모든 후유증이 그렇듯 글쓰기는 고통스러운 쾌락이다. 극복하면 비할 수 없는 기쁨을 주지만 실패하면 견디기 힘든 고통뿐이다. 피해서 해결될 문제라면 도피하겠지만 어차피 닥칠 일이라 그저 비례적으로 견뎌야 하는 과정일 뿐이다. 우리 인간의 삶은 책에서 시작해서 책으로 끝이 난다. 백지 위에 그려질 수도 있겠지만 두 번 쓸 수도 있는 지우개 같은 언어적 삶, 꿈같은 이야기의 재현이자 반복이다.

피할 수 없다면 즐기라는 말처럼 일단 모른 척 막무가내로 부딪혀보는 것도 괜찮다. 되고 안 되고는 사후적 문제일 뿐이다. 시도하는 자체가 기쁨이자 허무를 견뎌낼 수 있는 유일한 버팀목이 된다. 그렇다고 무지막지하게 어렵거나 어마무시하게 힘들지는 않다. 조금만 더 관심을 기울이고 찬찬히 시도한다면 적당히 견딜만하다. 그렇지만 어떤 책을 읽어야 할지, 어떻게 써야 할지 너무 막연하다고 하소연하는 분들이 있다. 무엇을 어떻게 읽어야 할지 고민이라면, 글쓰기에 끌린다면 이 책을 일독하기를 권한다. 읽기는 껌이고 쓰기는 누워서 떡 먹기다.

과대광고 아니냐고 웃을 수도 있고 말도 안 된다고 생각할지도 모르겠다. 하지만 행간에 진실이 있듯 이 책에 해결책이 깔려있다고 말하고 싶다. 나는 8년간의 경험을 이 책에 온전히 담았다. 중년의 늦은 나이에 시작한 독서는 내 삶의 궤적을 크게 바꾸는 기폭제였다. 책을 만나게 된 것은 행운이었고, 독서모임은 필연이었다.

찬찬히 쪽수를 넘기다 보면 자연스럽게 미소를 띠게 되고 '아하, 이런 책이 있었구나.', '이렇게 토론하는 거구나.', '이건 좀 아닌 것 같은데.' 등등의 궁금증으로 읽고 쓰고 토론하게 될 것이다. 더 잘 살고 싶다면, 더 자유로워지고 싶다면 독서모임에 참여해 토론해 보자. 누가 먼저랄 것도 없이 너도나도 독서의 감동, 교훈과 재미를 책으로 엮어보고 싶은 충동에 빠지게 될 것이다. 내가 살아 있는 증인이다.

이 책의 출간에 도움을 주신 '도서출판 니어북스' 유영택 대표님과 내 일처럼 기뻐해 주신 '우공의 책 읽기' 회원들에게 감사를 드린다. 또한 추천사를 기꺼이 써주신 임형준 배우 님, 시인이자 송파문화원 원장이신 김현신 님, 『독서모임 꾸리는 법』의 저자이신 원하나 작가님께도 인사를 전한다. 마지막으로 언제 출간되냐고 궁금해하던 우리 가족에게 말하고 싶다. "Right Now!"

2025년 9월

박용석

차 례

추천사   4

프롤로그   10

1부   **독서모임 첫날**

다목적실   19

녹턴   24

크레센도   29

첫사랑   35

부재   43

무화과   47

문   57

틈별당   69

오리엔테이션   78

봄 편지   92

2부   여섯 권의 책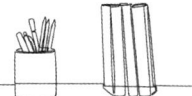

첫 책   99

두 번째 책   131

세 번째 책   157

네 번째 책   181

다섯 번째 책   214

마지막 책   233

부록 - 독서와 글쓰기

　독서와 독서모임   253

　독서모임 운영 방법   260

　독서의 끝, 글쓰기   275

에필로그   298

참고자료   302

1부

독서모임
첫날

다목적실

 독서모임 첫날이다. 모임은 매월 마지막 주, 수요일 저녁 7시에 시작한다. 장소는 다목적실. 과연 몇 사람이나 올지 기대 반 우려 반이다. 평소 크다는 느낌이 전혀 없었는데 오늘은 10평 다목적실이 대운동장처럼 느껴진다.
 "잘 될 거야. 잘 될 거야..."
 중얼중얼 같은 말을 되뇌며 무너져 가는 마음을 다잡는다.
 칠흑 같은 지하 1층 다목적실 의자에 홀로 앉아 있다. 정적을 깨는 거대한 휴대폰 소리. 휴대폰의 이모티콘이 흔들리고 손가락이 사시나무처럼 떨린다. 갑자기 친구 현명이가 생각났다. 혀짧은 내 친구 현명이는 항시 자신을 가리켜 '허-억명'이라고 말하곤 했다. 혁명은 혀 짧은 이들의 억지이자 애로사항이었을지도 모르겠다.
 "현명이냐?"
 엉겁결에 친구 이름을 부르고 말았다. '정신일도 하사불성'.
 "아, 네?"
 길 잃은 강아지처럼 어쩔 줄 몰라 하는 당혹감이 역력하다.
 "저기요, 독서모임 신청자인데요. 죄송합니다. 잘못 건 것 같습니다."

번쩍 정신이 들었다. 내가 무슨 짓을 한 것인가. 정신이 없어서 잠시 착각했다고 이해를 구했다.

"모임 신청자신 거죠?"

"지금 주민센터 앞인데요, 정문에서 어디로 가야 할지요?"

"입구로 들어서시면 왼쪽에 지하로 연결된 계단이 있고요, 바로 옆에는 엘리베이터가 있습니다. 편하신 대로 이용하시면 됩니다. 지하로 내려오시면 바로 왼쪽에 식당, 오른쪽에 매점이 보이고 그 사이로 걸어오시면 출입문 상단에 다목적실이라는 안내판이 보이실 거예요. 바로 그곳입니다."

지하로 내려오면 찾기는 어렵지 않다. 그림이 전시된 벽면을 따라오면 금방이다. 사실 조금 걱정도 된다. 오후 6시면 관공서 업무가 종료되고 지하는 센서등만 가동된다고 보면 맞다. 지하 구조상 식당, 매점, 휴게실, 기계실, 다목적실은 업무시간 외에는 이용객도 거의 없다. 문제는 지하로 내려오면 식당과 매점에서 10m 정도 안쪽으로 더 진입해야 하는데 센서등이 오히려 무섭다는 거다. 발자국에도 영혼이 있는 것처럼 걸음걸음마다 번뜩이며 불나방처럼 튀어 오른다. 당직을 맡은 날, 저녁 식사를 하기 위해 지하 계단을 내려갈 때면 항상 뒷골이 무섭게 당긴다. 귀뚜라미 울음소리가 비명처럼 느껴지던 어스름한 밤, 시골집 구렁이 아가리 같은 화장실. 손전등을 움켜쥐고 걷던 어린 시절의 공포가 엄습하곤 했다.

나는 다목적실 안에 있지만, 밖을 지향한다. 밖에 있는 허상들을 상상한다. 다목적실 출입구 상단에 매달려 있는 아크릴 안내판에서 테트리스 퍼즐게임의 테트로미노처럼 조각난 자음과 모음이 뚝뚝 떨어져 바닥을 채운다. '목'이 90°로 꺾여진 사형수처럼 'ㄱ'이 'ㄴ'으로 대롱거린다. 물고기 비늘처럼 촘촘히 박힌 의혹의 눈빛이 '다목적실'을 깨알처럼 확인하고 오소소 떨어진다. 악몽처럼 몸서리가 쳐진다. 차라리 꿈에서 깰 수 있다면 좋을 것을. 참깨, 들깨, 검은깨... 고소한 냄새를 맡으며 깨금깨금 문을 밀어본다.

  영화의 한 장면처럼 문밖으로 쏟아지는 빛살이 세차고 맹렬하여 마주하기 어렵다. 잔뜩 긴장한 홍채가 동공을 조이자, 이빨을 드러낸 강 비트의 비명이 으르렁거리고 카레이싱 출발 직전의 터질듯한 초조함이 원샷으로 빨려든다. 사진 몇 장을 이어 붙인 파노라마처럼 뜨겁게 쏟아지는 태양 빛, 터질듯한 함성, 총천연색 올 칼라의 옷감, 스타트 깃발의 떨림이 한껏 들떠 있다. 긴장감이 가슴을 조이자 몸부림은 비명으로 뒤바뀐다. 스탠딩 스타트의 굉음, 튜닝 궁둥이의 들썩거림에 튕겨온 햇살이 멀찌감치 떨어져 있던 양미간에 암기(暗器)처럼 박힌다. 삐뚤어진 세로 주름이 사납게 덧놓이고 양손의 검지가 애기살처럼 귓속에 꽂힌다. 일거에 쏟아지는 충격으로 머리가 띵하고 눈앞이 깜깜해 헤드뱅잉을 시현한다. 머리카락이 마구 흔들리고 방향을 따라붙지 못한 두툼한 턱살이 반대쪽으로 출렁인다. 그 순간 왜 턱 밑 살에 더 신경이 쓰이는지 모르겠다. 평소 지인의 조언대로 고개를 치켜세워 두 손으로 정성껏 이중 턱살을 쓸어올렸시만 효과는 없다. 밀려오는 적당한 후회 비슷한 정적이 반쯤 감온 두 눈을 깨운다. fade out.

  한 시간 전만 해도 열띤 회의가 한창이었던 직사각형 다목적실, 그

안을 꽉 채웠던 타원형 탁자와 의자들. 이제 나만 덩그러니 놓여있다. 모임 시간이 다 되어 가는데 걱정이다. 10개 의자는 고사하고 반절만이라도 채워졌으면 좋겠다.

'채워질까? 채울 수 있을까? 가능하겠지?'

걱정스럽고 초조하지만 깨닫게 된다. 그래, 할 만큼 했다. 해보자. 독서는 혁명이고 레이싱이다. 함 달려보자. 다시 경주가 시작되는 거지.

레이싱카는 달리고 관중은 엉덩이를 깨물리며 움찔움찔, 찔끔찔끔 누가 먼저랄 것도 없이 환희의 비명을 쏟아낸다. 레이싱을 준비하는 나. 닥쳐올 쾌락을 위해 그 누구든 곤죽을 만들겠다는 앙다문 턱 쪼가리. 워워, 흥분은 금물이다. 설불리 들뜨지 말자. 아닌 듯, 그러한 듯 차분해져야 한다. 딱히 둘 곳을 몰라 우왕좌왕하는 손을 모으고 출입문을 다소곳이 바라본다. 누구일까? 나의 테스토스테론을 자극하는 그대는.

일부러 문을 꼭 닫았다. 문을 천천히 열게끔. 낡아빠진 출입문을 최대한 이용했다. 오랜 기다림으로 문의 수평과 수직이 맞지 않아 손잡이를 조금 비틀어 올려서 열어야 하는, 소음을 초래하는 우악스러운 문이다. 내추럴 목재가 아닌, 싸구려 합판 목재에 구멍이 난 곳을 래핑한 문, 깨지고 부서져 푸석푸석해진 내 어금니 같은 문. 바꿔야 하는데, 진즉 바꿨어야 하는데... 아니다. 오히려 잘됐다. 틈새로 화장품 파우치에서 새어 나온 향을 은밀히 맡을 수 있고 실낱같은 숨소리도 들을 수 있다. 사선으로 부딪히는 그녀의 향기가 능선처럼 이어진 몸의 굴곡을 따라 촉각을 상상하게 한다.

나를 마주하고 있는 출입문 뒤쪽에는 대리석 복도가 지하에서 1층 계단으로 이어지고 오른쪽 흰색 벽에는 미술작가의 개인전 작품이 간격 80㎝, 높이 160㎝ 한 줄로 나라비 세워져 있다. 중간중간 설치된 센서등이 발걸음을 따라 그림을 비추면 바닥은 깜짝 비명을 지른다. 빛은 바닥을 괴롭힌다. 사실 누가 누구를 괴롭히는지는 명확하지 않다. 작품을 등지고 8m를 지나면 오후 6시에 업무 종료된 작은 매점이 있다. 문 닫기 직전 직원들의 슬라이딩으로 음료수와 음식의 파편들이 산재해 있다. 반질반질한 매점 바닥에 나자빠진 바닥, 지상 계단으로 쭉 뻗어 쓰러지고 한 계단, 한 계단 밝아진다.

지금 나에게 다목적실은 10평 독방일 뿐이다. 나갈 수도 없고 앉아 있기도 어려운 감옥이다. 손님들을 마중하러 나가야 하는데, 간수가 오질 않는다. 귀를 쫑긋거리며 건너 건너 바닥으로 떨어지는 발걸음 소리에 집중한다. 빛은 보이지 않지만, 소리는 높고 낮음이 있어 뭉클뭉클 솟구쳐오른다. 오작동하는 센서등이 하나쯤 있기를. 정신없이 깜빡거리는 환영의 퍼레이드가 손님을 맞이할 테니.

환영에도 여러 가지가 있다. 나에게 기꺼운 마음(歡迎)일 수도 있지만 상대에게는 헛것(幻影)일 수도 있다. 어쩌면 환영은 수명이 다 된 형광등처럼 명과 암으로 있고 없음을 내어놓는, 존재의 정신 사나운 불협화음, 장벽 넘어 어둠과 빛의 경계에서 펼쳐진 미스테리한 조화, 화들짝 깨지는 파문이다.

나는 꿈을 꾼다. 멀지만 근접한 환영이다. 쇼팽의 피아노처럼.

녹턴

아버지는 배움이 적었고 어머니는 아예 무학이었다. 그럴 테지. 하루 세 끼 목구멍에 풀칠하기도 힘들었던 흉악한 촌구석. 당신들에게 절실했던 건 흩뿌려진 언어가 아니라 한 줌 움켜쥔 쌀이면 차고 넘쳤겠지.

어머니 이효자, 9자매 중 여섯째. 전라북도 익산시 용안면 칠복리에 있던 어머니의 친가는 그럭저럭 살만했다. 외할아버지는 논이 좀 있어 쌀이 떨어지는 일은 없었다. 다들 부러워하는 외할아버지. 막내 이모를 낳고 돌아가신 외할머니는 마지막까지 아들이냐고 물으셨고 송구스럽다는 말을 유언처럼 남기고 소천하셨다. 외할아버지는 막내 이모를 가리키며 대를 이을 아들도 없는데 그깟 쌀이 안 떨어지는 게 무슨 소용이냐고 투덜거리셨다.

송구스러워서 그랬을까. 막내 이모는 청개구리처럼 항상 엇나가고 사리에 어긋나는 짓만 골라 했다. 매사 이기적이고 공격적이었다. 무엇이든 자신이 먼저고, 일단 아니라고 말하고 생각해 보곤 했다. 유불리를 셈하고 아니다 싶으면 얼른 말을 바꿨다. 언니라고 편의를 봐주는 일은 절대 없었다. 그렇게 욕심껏 먹어대도 배짝 마르고 누렇게 곯아버린 청개구리 이모, 심술궂고 드세 보이는 매부리코 이모. 이모들은 이구동성으로 막내는 욕심꾸러기, 천덕꾸러기, 심술꾸러기, 놀부, 팥쥐라고 입을 삐쭉거렸다.

그런 막내를 달래는 일은 늘 어머니의 몫이었다. 어머니는 한 손으로 막내의 머리를 감싸며 툇마루에 걸터앉아, 주섬주섬 꺼낸 무명실로 별, 사다리, 젓가락을 만들어 실뜨기했다.

"너 차례야."

요리조리 살펴보는 실눈 같은 실뜨기가 끝도 없이 이어졌다. 어릴 적부터 숫기가 없었던 어머니는 동생이라도 아무개야, 아무개야 함부로 이름을 부르지 못했다. 곁에 가서 집게손가락을 등에 살짝 대고 귓속말로 했다. 차마 손바닥 전체를 대지도 못했다. 손바닥이 닿으면 감전이라도 되는 줄 아셨을까? 어머니는 평생을 못 하고, 안 하고, 참고, 견디는 호수 같은 여자였다. 머리통만 한 돌덩이를 던져도, 시꺼먼 똥물을 퍼부어도 표시가 나지 않는 여자였다. 피붙이 동생한테도 그럴진대 타인한테야 더 말할 필요도 없을 터이다. 어쩌면 인생이 그저 막다른 골목이자 절벽처럼 느껴져 하나하나가 소중하고 아까웠을 것이다.

딸부자 외할아버지는 하루라도 빨리 딸들에게 짝을 지어 시집보내는 게 일생의 업이었다. 그전에는 절대 목숨줄을 놓지 못할 분이셨다. 그렇게 당신 여식이 꼴 보기 싫었을까, 외할머니에 대한 미안함이었을까, 아들 손자라도 보고 싶은 욕심 때문이었을까. 어느 날, 허우대 멀쩡한 총각이 외할아버지 눈에 들었다. 과묵하지만 생활력도 있어 보여 제 식구는 굶기지 않을 터라 믿었다. 아무것도 묻지도 따지지도 않고 혼사를 치르자고 독촉했고, 한들거리는 코스모스 길을 따라 어머니는 서둘러 시집을 갔다.

시집을 간다는 것은 아버지의 테두리에서 벗어난다는 뜻이지만, 가부장적 사회에서는 또 다른 누군가의 아버지의 아내가 되는 것이기도 했다. 여자에게 시집은 아버지의 권력 속에서 누군가의 어머니가 되어야 한다는 굴레이자 강압이었다. 그렇게 여자, 이효자는 아버지 박상학의 아내가 되었다.

집도 절도 없는 형편에 아버지는 당장 거처할 곳이 필요했다. 형님에게 부탁해 뒷간 가는 길에 비스듬히 버티고 있던 골방을 얻었다. 틈새마다 별이 보이는 집, '틈별당'이라는 현판을 달아야 할 처지였다.

입에 풀칠하려고 아버지는 멀리 남의 집 머슴살이를 해야 했고 며칠씩 집을 비울 수밖에 없었다. 그 틈을 어머니는 잘게 자른 볏짚과 물에 이긴 진흙으로 채우고 이으셨다. 며칠 만에 돌아온 아버지는 끊어진 무명실을 잇듯 불거진 틈새를 확인하고 연민의 한숨을 쉬었다. 기울어진 지붕을 세우는 작업이 우선이었다. 기둥과 지붕을 제대로 맞춘 후 틈새 작업을 해야 했다. 아버지는 바닥을 파내고 다듬어 새로운 기둥을 겹으로 받쳐 세웠다. 어머니는 그런 아버지가 크게 보였다. 엄두도 못 낼 작업을 하는 서방님, 그 사람이 남편이었다. 믿을 사람이라곤 아버지밖에 없었을 터라 무엇을 하든 아버지가 하늘이고 땅도 아버지였다. 그곳에 어머니의 자리는 없었다. 자신은 아버지에게 붙어사는 식객 정도로 여겼다. 오롯이 남편의 아내라는 자리만으로 충분했다. 할 말이 있어도 선뜻 다가서지 못하고 주변을 빙빙 돌던 이효자에게 새로운 가족이 생겼음을 깨닫게 하였다.

 남의 집에서 일한다는 건 생각지도 못했던 어머니, 무엇이라도 하고 싶었고 기어이 청딱따구리가 되었다. 청딱따구리는 나무에 구멍을 뚫어 많게는 하루에 200마리의 애벌레를 잡아먹는다고 한다. 솜씨 없던 어머니는 하루에 몇 마리나 잡았을까. 공치는 날이 없기만 해도 감사할 따름이다. 먹고 사는 문제는 선택이 아닌 당위였다.

 어머니에게 시어머니는 없었지만, 큰어머니라 불리는 형님이 한 분 계셨다. 큰어머니는 인근 지역 오일장을 돌며 생선을 팔았다. 군산항에 나가 생선을 사면, 반드시 팔아야 했다. 요즘처럼 냉장고가 있는 시절도 아니고 보면, 팔지 못하면 막판에 떨이로 싸게 팔든지, 여의찮으면 한물간 생선이라도 먹든지, 상태가 영 아니라면 집짐승에게 먹이로 줘야 했다. 어지간한 수완이 아니고는 완판을 기대할 수 없었지만, 큰어머니는 물물교환을 해서라도 손해를 보지 않으셨다. 처음부터 적당히 팔 만큼만 구매했으면 문제없었을 것을 당신 욕심껏 사들였다. 그렇게 십수 년을 악으로 살아온 큰어머니는 깡마른 얼굴에 광대뼈가 유독 튀어나온 피카소 작품의 여인 같았다. 줄담배를 태워서였을까, 말씀하실 때마다 목에서 쇳소리가 났다. 쇠가 부딪혀 끊어지는 소리가 몹시도 거칠고 사나웠다. 나는 저 멀리 큰어머니의 사각형 얼굴이 다가올 때마다 무서워서 도망치곤 했다.

 어느 날인가 새벽 장사 길에 어머니가 동행했고 해지기 전에 큰어머니가 먼저 집에 도착했다. 어머니는 해지고도 한참 후에서야 돌아오셨다. 아마 이리역 — 현재는 익산역 — 에서 막차를 혼자 타고 오신 듯했다. 동네가 시끄러워졌다.

"먹기는 많이 처먹으면서 힘은 누굴 줬는지, 뭐하나 지대로 하는 법이 없어."

밥을 먹는 사람, 밥을 먹는 벌레. 언제부터인지 사람과 벌레는 함께 밥을 먹었다. 벌레 같은 사람, 사람 같은 벌레. 벌레 같은 벌레, 사람 같은 사람은 생명을 나눈 가까운 사이였다. 벌레가 먹으면 얼마나 먹는다고...

질긴 게 목숨인 것을 아등바등 살아가는 게 그리 죄인가. 황톳빛이 흘러내린 틈별당에서 최효자는 딱따구리처럼, 누더기처럼, 소리 없이 눈물 같은 황토를 쪼아댔다.

"꺽꺽꺽, 딱딱딱..."

크레센도

 스치듯 미끄러지는 발소리가 규칙적으로 차분하고 빈틈없이 다가온다. 제조사는 어디일까. by 크레센도?
 "똑 똑 똑."
 귀에 거슬리지 않는 적당한 소리, 느리지도 빠르지도 않은 템포, 기다림을 간직한 손잡이 돌아가는 소리. 삐익 거리는 비음이 잠깐의 당황을 내재한 문 들림, 힘 들림, 첫 손님. 상쾌했다. 예의 바름이라는 선입견을 품기에 충분했다.
 "혹시 여기가 '우공의 책 읽기'[1] 독서모임을 하는 곳 아닌가요?"
 말에도 마음이 있다. '인가요?'에는 긍정과 적극성이 있고 '아닌가요?'에는 부정과 자신 없음이 담겨있다. 내 눈을 맞추는가 싶더니 눈동자는 왼쪽으로 엇나가고 입만 나를 노려보며 묻는다.
 문득 어릴 적 가지고 놀던 인형이 떠오른다. 세우거나 눕히면 눈꺼풀만 위아래로 껌뻑거리던 인형, 항시 눈동자가 좌우로 흘러내리던 고장 난 인형.

---

[1] 고사성어 '우공이산(愚公移山)'의 우공처럼 묵묵히 책을 읽자는 취지의 송파구 독서모임. 2017년 네이버 블로그 개설.

환영의 뜻으로 손을 내밀자, 마지못해 손을 내어준다. 작고 얇은 손이 헐거워 보이는 검정 가죽 재킷 소매 사이로 삐죽 밀려 나온다. 달팽이가 2개의 촉각을 세우고 움찔거리듯, 그녀의 손가락 3개가 세로방향으로 느리게 나온다. 왼손은 오른 손목을 형식적으로 받쳤는데 — 정확히 말한다면 손과 팔이 접하는 부분이 아니라 팔의 혈자리 중 하나인 내관혈과 손목 사이 — 대충 팔의 중간쯤이었다. 조심스럽고 어설프게 묵례한다. 머리카락은 중앙 2/3 지점 약간 오른쪽에 가르마를 탔는데 정중앙에 했어도 스타일이 괜찮았을 것 같다. 단발머리, 턱선과 어깨선 중간쯤 윤기나는 머리카락 끝부분이 자연스럽게 안쪽으로 감아졌다. 브레이크를 밟은 것처럼 내 쪽으로 쏠리다 출렁이며 제자리로 돌아간다.

"안녕하세요?"

눈앞에 등장한 그녀의 손가락은 정확히 엄지, 검지, 중지 3개였다. 엄지와 검지는 마디가 분명했지만, 약지는 중지의 손톱 끝부분에 가려 비스듬히 그려지고 소지는 아예 보이지도 않았다. 작고 새하얀 손가락들이 틈새도 없이 촘촘히 모아져 나오는 모습이 마치 달팽이가 애써 전진하는 모습을 빼닮았다.

그녀는 전생에 달팽이였을까? 그렇다면 '아재비 달팽이'이지 않을까. 아재비 달팽이는 패각이 연노란색으로 성체의 크기도 2㎝가 채 넘지 않는 아주 작은 우리나라 토종 달팽이다. 어릴 적 나는 아재비가 나비였을 거라 믿었다. 비가 그칠 때면 아재비를 손등에 올려놓고 햇살에 들여다보았다. 옐로우 비취 같은 패각이 노랗게 반짝이면 나비가 되어 날아가는 듯했다. 내 손등은 활주로가 되고 아재비는 촉각을 높이 세우고 내달렸다.

"반갑습니다, 저는 '우공의 책 읽기' 독서모임을 운영하는 박동장입니다. 일등으로 방문해 주셔서 진심으로 감사드립니다."

"아, 네. 처음 뵙겠습니다. 저는 이지은입니다. 낯설지만 무척 기대가 큽니다. 경청하고 배우도록 하겠습니다."

"좋은 시간이 될 거라 믿습니다. 사람들은 흔히 독서는 혼자 하는 것으로 생각합니다. 혼자 읽고, 느끼고, 만족하면 그만인데 굳이 경험과 느낌이 다른 사람들과 이야기를 나눈다는 것은 의미가 없다고 합니다. 저는 그 말에 동의하지 않습니다. 혼자하는 독서는 단편적이고 맹목적으로 혼자만의 세계에 갇힐 우려가 농후합니다. 그런 점에서 함께하는 책 읽기를 통해 상대의 틀림이 아닌 다름을 수용하고 배려하고, 미처 깨닫지 못한 부분에 대한 이해의 폭을 확장할 수 있습니다."

그녀는 마지못해 고개를 끄덕이는 것처럼 보였지만 눈동자는 여전히 다른 곳을 향하고 있었다. 혹여 내가 못마땅해 그런 건가? 내가 실수한 게 있는 건가? 말이 끊어지면 분위기가 어색해질 것 같아서 이야기를 이어갔다.

"그동안 우리의 교육이 입시 위주의 계량식 평가에 매몰되어 다름을 인정하지 않고 자신에게 반하는 주장을 선뜻 수긍하지 않으려 합니다. 소통의 빈곤이라고 할까요? 빈곤의 악순환이라 할까요? 물론 독서는 개인적인 작업입니다만 함께하는 독서를 통해 잘못된 습관과 행동 방식을 보완해, 좀 더 폭넓은 이해와 공감대를 확장해야 합니다. 그 방법으로 저는 독서모임을 추천하고 이렇게 자발적으로 모임을 진행하고 있습니다. 그래서 제가 이 자리에 있는 것이고요."

그녀의 불편한 표정이 진창에 빠진 헛바퀴처럼 돌고 있다. 대인관계에서 첫인상이 차지하는 중요도가 90%라는 통계가 있던데 우리는 서로에게 거부감만 심어준 것이 아닐까. 앞으로 6개월 동안 계속될 이분과의 토론이 난감해진다.

"잘 오셨습니다. 해보시면 유익한 경험을 했다고 느끼게 되실 겁니다. 자리는 특정하지 않았으니 편한 곳에 착석하시면 됩니다."

손으로 자리를 가리키며 착석을 권유했다. 그녀는 오뚜기 인형처럼 상체만 흔들리고 발은 선뜻 앞쪽으로 움직이지 못했다. 알겠다는 듯, 모르겠다는 듯 어느 자리로 가야 할지 망설이는 듯했다. 이야기를 귀담아듣기보다는 자리에 더 신경이 쓰이는 듯하다.

잠시 그녀의 시선을 불편하게 따라갔다. 과연 저 달팽이는 어느 자리에 앉을까. 앞쪽 자리는 운영자인 내가 있으니 오른편일까, 왼편일까. 그 라인의 앞, 중간, 뒤, 어느 쪽일까. 아니면 아예 정반대 쪽 자리일까.

달팽이는 시각이 약해서 후각과 촉각을 사용해 움직인다. 독하게 살과 살이 교감하고 모질게 세상과 온몸으로 부딪쳐 살아간다. 인간이 야바위로 타인을 등쳐먹고 산다면, 달팽이는 극히 느리고 단순하지만 있는 그대로 보고 느끼고 살피고 이해하며 살아간다. 인간으로 치면 법 없이도 살아갈 수 있는 완전한 존재이며 그 자체로 삶은 신성하고 찬미의 대상이 된다. 달팽이는 거칠고 위험한 길을 문신처럼 온몸에 새기며 자신만의 족적을 만든다. 인간 달팽이는 내 자리에서 오른쪽 끝, 대각선의 끝마디에 놓여있는 손잡이 의자에 재킷을 걸쳐놓았다. 누구로부터 도피하려는 듯한 인상의 그녀. 무표정한 텅 빈 얼굴.

외부와 연결된 유일한 출구를 선택할 것이라는 예상은 한 치도 벗어나지 않았다. 타인들의 시선에서 가장 자유로운 곳으로 언제든지 도주가 가능한 출입문 쪽이었다. 내면의 그늘이 무의식적으로 드러나는 지극히 본능적이고 감각적인 반응이었다. 그녀의 내면에 대한 궁금증과 호기심이 씨실과 날실처럼 한 점으로 엮인다.

지은 씨는 탁자 위에 책과 안경 보관용 하드케이스를 올려놓았다. '딱' 소리와 함께 물려 있던 하드케이스 고리가 엇갈려 열리고, '안경세상' 업체명이 선명한 정사각형 천을 마술사처럼 두 손가락으로 잡는다. 입김을 '호' 불어넣고 형광 불빛에 돋보기 같은 눈으로 꼼꼼히 렌즈를 닦는다. 그녀의 안경테는 실버 메탈이었고 책을 볼 때 주로 사용하는 듯했다. 잠시 고개를 들더니 앞쪽으로 쏠린 머리카락을 손가락 사이사이로 모아 귀 뒤쪽으로 두 차례 야무지게 꽂아 넘겼다. 마지막엔 손바닥 전체로 두어 번 머리를 곱게 넘겼다.

탁자 바닥을 보면서 화장실에 다녀오겠다고 한다. 허락을 기대하는 것일까. 줄임말처럼 어감이 생소하고 허락받을 의향도 전혀 없는 말투. 설마 바닥에 말을?

고개를 숙이고 나가는 얼굴을 흘깃 본다. 잔주름이 모인 눈언저리, 드문드문 내린 새치, 가르마 주변의 얇고 적은 머리숱, 광대 쪽의 얼룩진 멜라닌, 싱기된 볼. 나이 늙이 서린 동안이다. 머리카락, 입술, 손끝에 배인 음울함이 마음을 답답하게 한다. 키는 160㎝ 정도, 마른 몸매. 평범하지만 낯가림이 심하고 소심한 여자인 것 같다. 문턱을 넘어가는 신발은 흰 색상의 캔버스 제품으로 색이 바래고 밑창이 닳은 걸로 미루어 좀 된 듯하다. 청바지 재질의 흰색 팬츠는 바짓단이 복숭아뼈 부근에서 시작되고 올라갈수록 폭이 넓어진다. 체형에 비해 바지 폭이 좀 커 보인다. 상의는 그레이 색상의 라운드티를 입었는데 튀지 않고 평범해 보이는 스타일이다. 아, 상의 위에 받쳐 입은 검은색 가죽 재킷은 흰색과 그레이 계열의 색감으로 이어지면서 무채색의 특성이 고스란히 묻어난다. 무채색은 색상과 채도가 없고 명도의 차이를 강조하는데, 색상으로 성격을 살펴보면 밝고 어둠으로 나뉘는, 물이 서서히 끓듯 마음도 서서히 일어나는 성향으로 혹하고 마음이 끌리거나 끓어오르면 누가 뭐래도 자기주장을 절대 꺾지 않을 여자 같다. 이런 부류의 여자는 생각하는 데 시간이 걸리지만, 착한 심성을 가진 사람이 많고 한번 마음먹으면 변함없이 신의를 지킨다.

  내 첫사랑도 그랬다. 어릴 적 그녀는 정말로 착한 여자였다.

첫사랑

 순두부 같은 물컹한 사랑이었다. 맛으로 치면 소고기뭇국같이 입에 착착 감기고, 클래식으로 치면 드미트리 쇼스타코비치의 왈츠 2번 바이올린곡같이 우아하고 여운이 남는 그런. 이제 와 생각해 보니 그렇다는 것이지 절대적이라거나 유일하다는 뜻은 아니며 사랑이라는 단어를 쓸 수 있을지도 의문이다. 사랑이든 추억이든 지나고 보면 다 그렇게 느껴진다는 거다.
 어머니가 참빗으로 가랑니와 서캐를 골라내듯 나는 기다란 나뭇가지로 벌집을 들쑤시듯 가물가물한 기억을 일구어낸다.
 초등학교도 가기 전이다. 싱글싱글 잘 웃어주던 동갑내기 그녀는 1남 2녀 중 막내였다. 우리는 껌딱지처럼 찰싹 붙어 다녔다. 여름이면 황등산에 올라 참나무, 밤나무 수액을 빨아먹던 풍뎅이를 잡으러 다녔다. 힘이 장사고 큰 놈이라 가지고 놀기에 딱 좋았다. 다리에 실을 묶어 날리던 기억이 생생하다. 한참을 날아도 긴 실의 무게를 감당하지 못한 풍뎅이는 멀리 가지 못한 채 땅으로 쏟아져 내렸다. 축 늘어진 풍뎅이를 나무에 올려놓고 또 다른 쌩쌩한 놈을 찾으러 다녔다. 상처 난 나무에 피처럼 수액이 흘러내리면 어김없이 곤

충들이 모여들었다. 비닐봉지 하나면 잡는 건 일도 아니었다. 개중에는 긴 더듬이를 가진 하늘소도 있었는데, 설마 내가 저지른 잘못으로 장수하늘소가 멸종위기종 1급이 된 것은 아닐까?

나무가 고사할 무렵, 우리는 논두렁으로 진출했다. 논두렁에 개구리들이 있었다. 무섭다는 그녀에게 개구리 뒷다리를 내밀며 잡아보라고 윽박질렀다. 개구리 뒷다리를 엄지와 검지 끝으로 멀찌감치 밀어 잡고 울상짓던 모습이 미소를 머금게 한다.

나는 재미있게 해준다며 개구리 똥구멍에 입으로 바람을 불어 넣었다. 바람이 개구리 입으로 나올 것 같은데 신기하게도 개구리는 배가 공처럼 똥그랗게 부풀고, 다리만 사방팔방 허우적거렸다. 나는 커다랗게 웃었지만, 그녀는 자지러지게 비명을 지르고 도망쳤다. 왜 바람이 똥구멍으로도 안 빠지는 건지 모를 일이다. 빠졌으면 싱겁게 끝날 일이었는데...

한번은 디딤돌 밑에 있던 왕지렁이를 들고 그녀를 쫓아갔다. 그녀는 날카로운 괴성을 지르며 도망쳤지만, 나는 그 정도로 끝낼 심산이 아니었다. 그녀를 붙잡아 상의 속에 지렁이를 밀어 넣고 줄행랑을 쳤다. 귓전을 때리는 그녀의 대성통곡 소리가 지금도 아쟁처럼 쟁쟁거린다.

이후 상심이 컸던지 그녀는 한동안 두문불출했다. 그 집 앞을 얼쩡거리다가 오빠한테 혼나고 언니한테 훈계를 한참이나 들어야 했다.

"친구한테 그러면 안 돼. 특히 남자도 아니고 여자한테는 그러면 안 된다. 싫다고 하면 하지 마라! 한 번만 더 그러면 다신 못 놀게 할 테다."

나는 계면쩍은 표정으로 잘못을 인정했고 언니는 그녀를 불러내 함께 확인받았다. 그녀는 착한 여자였다. 그렇게 못되게 구는 나를 그 자리에서 용서하고 다시 받아줬다.

그 당시 우리 집 정원에서 그녀와 함께 찍은 사진이 있다. 둘 다 시골 촌닭처럼 새까만 얼굴에 잔뜩 찡그린 내 표정과 환하게 웃던 그녀의 표정이 대비되는 흑백 사진이다. 그녀는 정말 착한 여자였.

한여름 커다란 빨간 고무다라에 시원한 우물물을 부어 놓으면, 그녀와 나는 내의만 입고 들어가 얼어 죽는다고 호들갑을 떨었다. 나의 알몸을 본 건 그녀가 처음이었다. 툭 튀어나온 내 배를 있는 그대로 아껴주던 그녀. 그녀는 정말 정말 착한 여자였다. 어머니는 그녀와 나에게 얼음물에 미숫가루를 풀어서 내어주셨다. 어찌나 달고 시원하던지...

초등학교 3학년 여름 방학 때였다. 방학 숙제로 책을 읽고 독후감을 내야 했다. 개학은 다가오고 우리는 책이 필요했고 서점이 있는 이리역까지 가야 했다. 거리와 시간을 측정해 보면 7.9㎞, 성인 걸음으로 2시간 3분이 걸린다. 우리는 작은 발로 함께 걸었다. 왕복 7시간이 넘게 걸렸던 것 같다. 점심 먹고 출발했는데 저녁쯤에야 돌아올 수 있었다. 양쪽 집에서는 애들이 납치된 거 아니냐고 난리가 났고 어머니에게 된통 혼났다. 양쪽 집안의 반대로 우리는 헤어져야 했다. 한동안 우리는 각자 놀고 각자 독후감 숙제를 했다. 하지만 시간이 약이라는 말처럼 방학이 끝나갈 무렵, 우리는 누가 먼저랄 것도 없이 다시 만났다.

"그때 다리가 너무 아팠어."

"나는 목이 말라 힘들었는데."

그녀는 거절하는 법이 없었고 항상 나를 보고 웃기만 했다. 그렇지만 사달이 났다. 초등학교 4학년 어느 날인가 보다. 동네를 벗어나 멀리 갔는데, 그녀가 길에서 어떤 남자애를 보고 활짝 웃으며 인사를 나누고 반가운 티를 냈다.

"누구야?"

무표정하게 물었다.

"같은 반 친구야."

그녀는 뻔뻔하게 아는 남자라고 말했다.

"친구라고?"

그 순간 왜 그렇게 화가 나던지. 나를 속 좁은 놈이라 생각할 수 있겠지만, 아는 친구라는 사실에 화가 난 것이 아니라 지금까지 나에게 보여준 그녀의 표정과 언어의 반복을 확인하였기 때문이다. 정면이 아닌 측면으로 드러난 그녀의 행태는 낯설고 가증스러웠다.

그녀는 나만 보고 웃는 것이 아니었다. 나 말고도 다른 남자에게 웃을 수 있다는 사실이 가히 청천벽력 같은 충격이었다. 흰자위가 드러난 동그란 눈, 초승달처럼 올라간 입꼬리, 살짝 벌린 입술 사이로 드러난 치아가 햇살을 받아 반짝인다. 그 남자에게 부채처럼 흔들던 그녀의 오른손, 살짝 벌린 입술 사이로 언뜻 보이던 혀끝이 마치 나를 조롱하는 듯했다.

"앞으로 나랑 놀지 말고 그 애랑 놀아!"

나는 돌아섰다. 손을 뻗어 애써 만류하던 그녀. 위선으로 느껴졌다. 나는 뿌리치고 그 길을 되짚어 돌아왔다. 보이지도 않고 들리지도 않고 느껴지지도 않는 끝없는 소실점의 길이었다.

이제 끝이라는 결의와 너 없이도 잘 살 수 있을 거라는 용기가 솟구쳤다. 나름 바쁘게 시간을 보냈다. 마치 아무 일도 없었던 것처럼 태연자약했다. 속절없이 시간만 흐르고, 고개를 떨군 해바라기처럼 처연해졌다. 그녀 없는 시간은 나에게 허무와 방황을 초래했다. '헛짚었다.', '속았다.', '이용당했다.'의 감정들이 스스로 지탱할 수 없을 정도로 무거워지고 내 인내심의 한계를 초과했다. 오해라면 풀어야 하는데 상대는 침묵으로 사라졌다. 분노의 감정은 다른 남자가 아니라 그녀의 침묵 때문이었다. 사과는커녕 코빼기도 비치지 않았고 그런 여백이 나를 더욱 분노케 했다.

프루스트는 『잃어버린 시간을 찾아서』의 「스완의 사랑」 편에서 내 마음을 적확히 지적했다.

> 스완의 사랑의 삶은, 그 질투의 충실함은 모두, 오데트에 대한 수많은 욕망과 의혹들의 죽음과 배신으로 이루어져 있었다. 만일 스완이 오랫동안 그녀를 만나지 못한다 해도, 그동안 죽어 간 욕망이나 의혹은 다른 것들로 대체되지는 못했을 것이다. 그러나 오데트라는 존재는 스완의 마음에 다정함과 의혹의 씨앗을 번갈아 계속해서 뿌렸다... 그처럼 갑작스럽고 사실인 것 같지 않은 애정은 거짓말이나 악의에 찬 행동과 마찬가지로 스완을 슬프게 했다.[2]

---

[2] 『잃어버린 시간을 찾아서』 2권, 마르셀 프루스트, 김희영 옮김, 민음사(2012), p.314~315.

울컥했던 감정들은 시간의 도도함에 무릎을 꿇고 기다림에 지쳐 울상이 된 나. 사랑은 나에게 있지 않았고 그녀에게 있지도 않았고 오로지 제3의 그놈만 소유하고 있었다. 분노와 좌절로 만신창이가 된 나에게 사자(使者)가 뜨뜻미지근하게 왔다. 그녀의 언니였다.

"정희가 미워?"

재미있다는 듯 물었다. 나는 그렇다고 단호하게 말했다.

"미워서 앞으로 안 놀 거야?"

"어."

나는 대리석처럼 차갑게 말했다.

"정희가 미운 거야, 그 남자애가 미운 거야?"

"둘 다 싫다고."

나는 다이아몬드처럼 단단하게 말했다.

"그럼 둘 중에 누가 더 미워?"

나는 망설였다.

"그러면 정희가 덜 미운 거네?"

흔들리는 시선을 아래로 향한 채, 그런 거 같다고 잔뜩 풀 죽어 말했다.

"덜 미우면 가끔만 놀면 되는 거 아냐?"

나는 매일은 싫지만 가끔은 괜찮겠다고 말해주었다.

"그럼, 아직 마음이 안 풀렸으니 이번 주는 놀지 말고 다음 주부터 놀면 어때?"

나는 물론 자주 놀겠다고는 절대로 말하지 않았다.

뭐가 뭔지는 모르겠지만 그동안 들끓었던 나의 분노와 방황은 허망하게 끝이 났다. 언제 그랬냐는 듯이 우리는 다시 만났다. 다시는 이런 일이 있어서는 안 되겠다고 생각했다. 그녀에게 단도리를 했다.

"내가 있을 때는 다른 남자에게 말하지 말 것! 웃지도 말 것!"

나는 그녀를 지긋이 바라보았다.

눈빛이라는 시선이 화살처럼 그녀의 뺨에 뾰족하게 닿았다. 마음이 담긴 시선은 그녀에게 물리적 충격을 주었고 그녀의 뺨이 후끈거렸고 내 귀도 뜨거워졌다. 우리는 '희생'이라는 장소에서 약속했고 '영원'이라는 산 정상까지 함께 걷기로 했다. 그녀는 정말 착한 여자였다.

첫사랑은 언제나 실패한다고 했던가?

그녀와 나는 영원이라는 외길을 함께 걸었지만 때 이른 소슬바람이 샛길로 통하듯, 짧은 팔 우의를 긴팔로 바꾸듯 별다른 의식도 없이 따로 걷게 되었다. 바람의 탓도 샛길의 탓도 아니고, 그렇다고 욕망이라 칭하기도 어색한 그런 무심함. 시간이라는 늘어짐이 꾸밈없이 수그러든 자연(自然)의 탓이다. 누구의 탓도 아니었지만, 인과를 헤아려 보면 고스란히 내 탓이기도 했다. 욕망이 사라진 긴 공백의 터널을 지나 그녀는 자신의 모교에서 과학 선생님이 되었다는 소식이 들려왔다. 벚꽃처럼 환하고 어진 그녀의 성품으로 볼 때, 선생님은 안성맞춤이라는 생각이 들었다. 소식을 접한 지 채 한 해도 되기 전에 어머니는 정희가 결혼한다는 소식을 전해주셨다.

"그래? 그렇구나." 아무렇지도 않게 대꾸하고 흘렸다.

욕망이라는 감정에도 띄엄띄엄 빈틈이 있는 모양이다. 초등학교 4

학년 때와는 달리 화도 나지 않았고 오히려 마음이 평온했다. 뒤늦게 상실감이 밀려왔다. 손가락 사이로 흘러내리는 모래알처럼 천천히. 그녀가 또 내 곁을 빠져나갔다는 사실에 울적해졌다. 먼지만 가득한 손바닥 사이로 해는 저물고 움켜쥔 기억은 검붉은 그림자로 나를 주저앉혔다. 개구리 뒷다리와 지렁이가 넘쳐나는 어린 시절의 기억처럼.

아마도 그녀의 남자는 나보다 모든 면에서 뛰어난 남자일 거라고 상상하고 추측하고 이해하려 애썼다. 수긍이라는 감정이 밀물처럼 이어졌지만, 불쑥불쑥 부정이라는 썰물이 맥을 끊어냈다. 뜨겁다기보다 미적지근하고 고요한 자각이었다. 납덩이처럼 무겁지만, 솜털 같은 가벼운 그런. 찬찬히 생각해 보니 그녀는 나에게 중력과도 같은 존재였다. 언제나 나의 중심을 끌어당기며 나를 나만의 존재로 서게 하고 견디게 하는 그런 존재였다. 필수재였지만 없더라도 전혀 불편할 것 같지 않던 존재. 그래서 잊히고 간과하게 된 그녀.

그녀는 언제나 내 곁에 있을 것만 같았다. 내가 지정한 그곳에 있어야만 했다. 습관처럼 믿었고 당연하게 여겼다. 그녀는 정말 착한 여자였기에. 호수 같은.

부재

  이지은 회원님이 자리를 비운 사이, 나는 옛사랑의 기억을 헤매고 다녔다. 그녀의 떠남이 초래한 공백 때문이었다. 공백은 언제나 선택을 강요한다. 흡수하든지, 스스로 사라지든지. 공백을 빨아들인 나는, 나로 채워진 다목적실이라는 공간이 된다. 확장된 나, 큰 있음이 된다. 하지만 크든 작든 채움은 영원하지 않다. 큰 있음은 영원한 있음을 불러일으킨다. 결국 무한대로 확장된 내가 누군가를 기다린다는 의미이며, 반대로 확장되지 못한다면 어떠한 기다림도 없다. 기다림이 없다면 나도 없고 나는 사라진다. 그래서 공백은 기다림이 초래한 결과이며, 기다림을 이미 내포하고 채움을 갈망한다. 어쩌면 인간은 누군가를 기다리는 영원한 존재인가 보다.

  롤랑 바르트[3]는 저작 『사랑의 단상』[4] 「기다림」 편에서 기다림은 걱정하기를 전제한다고 했다.

    오해가 있었던 것은 아닐까? 어떻게 해야 할까? 다른 찻집으로

---

[3] 롤랑 바르트(Roland Gerard Barthes, 1915~1980) : 프랑스의 철학자이자 비평가.
[4] 『사랑의 단상』, 롤랑 바르트, 김희영 옮김, 동문선(2004).

가볼까? 전화를 해볼까? 시간대별로 벌어지는 기다림의 결과를 안심, 다툼, 감사로 정의한다. 잠시 기다린다면 별일 없음으로 간주하고 안심하고 받아들인다. 좀 더 긴 기다림이라면 분노와 비난으로 다툼을 초래하고, 아주 긴 기다림이라면 죽음으로 간주한다.

기다림은 행위 자체에 대한 걱정이라기보다는 그 뒤에 벌어질 결과에 대한 걱정이다. 기다림은 고통을 동반하지만, 그녀의 출현으로 오히려 감사하게 된다고 언급한다. 바르트는 중국 선비와 기녀 이야기도 올렸다.

> 중국의 선비가 기녀를 사랑하였다. 기녀는 선비에게 "선비님께서 만약 제 집 정원 창문 아래 의자에 앉아 백 일 밤을 기다리며 지새운다면, 그때 저는 선비님의 사람이 되겠어요."라고 말했다. 그러나 아흔아홉 번째 되던 날 밤 선비는 자리에서 일어나 의자를 팔에 끼고 그곳을 떠났다.[5]

화두처럼 던져진 이야기는 독서모임에서 선비의 태도를 둘러싸고 갑론을박을 불러일으켰다. 기녀의 조건부터 불합리하다거나, 조건을 수락한 선비의 잘못이라거나, 이해할 수 없다거나, 딴 여자가 생겼다거나... 굳이 정답을 찾아야 한다면 그 선비에게 직접 묻고 듣는 방법이 최선이겠지만 그럴 수 없다. 그래서 정답도 없고 오답도 없다. 만일 내가 그 시공간의 선비였다면, 이렇게 대답할 것 같다.

---

[5] 『사랑의 단상』, p.68~69.

"여러분들은 제가 이유를 말하기에 앞서, 제가 왜 그 의자를 팔에 끼고 떠났는지에 대해 생각해 보셔야 합니다. 떠나는 것이 목적이었다면 그 의자를 놓고 갈 수 있었고 반쯤 부숴놓고 갈 수도 있었고, 의자를 하나 더 가져다 놓고 갈 수도 있었습니다. 왜 힘들게 그 의자를 가져갔을까요? 팔에 꼭 끼고 말입니다. 소중한 유품이었을까요? 긴히 빌려온 의자였을까요? 도벽 때문에? 기다림의 마지막 퍼즐을 앞두고 나는 아흔아홉 번을 기대하고 고민했습니다. 달콤한 사랑을 꿈꾸지만, 그 사랑이 영원할 수 없음이 두려웠습니다. 사랑이 기다림이고 걱정하기라면 나의 사랑은 여기까지인가. 영원한 사랑? 기다림과 걱정하기가 해소된다면 사랑은 없음이 됩니다. 텅 빈 사막입니다. 그렇다면 나는 그 공백을 위해 100일을 기다리고 걱정한 게 됩니다. 부질없이 무의미하고 하찮은 짓을 한 거죠. 속된 말로 허튼짓이 된 것입니다. 마지막 날 나는 영원한 사랑을 위해 자신의 사라짐을 결정합니다. 사랑을 믿었고 의미를 부여하였기에 이별로 영원한 사랑을 증명하고자 했습니다. 의자를 놓고 가지 않고 팔에 꼭 끼고 간 것은 유일한 사랑의 증표이자 나만이 소유한 사랑의 흔적이었기 때문입니다. 후회 없이 사랑하였고 미련 없이 떠날 수 있었기에 부재는 더 이상 없음이 아니라 사랑, 불멸 그 자체가 됩니다."

영원한 사랑을 하고 싶다면 영원히 떠나야 하는 것일까? 인간은 유한한 존재인데 왜 영원을 갈망해야 하는가? 유한하니까 영원을 습관적으로 찾는다는 것인가? 그건 사랑이 아니라 그저 본능에 지나지 않는 감정이지 않을까? 유한하지만 그나마 영원할 수 있는 조건은 기억이지 싶다. 기억한다는 건 인지한다는 것이고 인지한다는 건 분별한다는 뜻이고 분별한다는 건 내가 바로 선다는 뜻이다. 그럼에도 불구하고 유한한 내가 바로 선다는 게 과연 유한한 세계에서 가능한 일인가?

"결론은 달팽이에게서 찾아야 할 듯합니다. 달팽이가 가는 길 위에는 달팽이의 체액이 투명하게 남아있습니다. 본능적으로 탈수를 방지하려는 체액의 방출이든, 흔적을 남겨 돌아가기 위해서든, 달팽이만의 방법이 필요했던 것이죠. 하지만 나는 그마저도 남기지 않고 나만의 방식으로 떠났습니다. 사랑할 때는 후회하지 않아야 하고 미련도 없어야 합니다. 내 마음을 다한 사랑이 상처로 남을 수도 있겠지만 나만의 방식대로 나만의 사랑이 지문처럼 아로새겨질 것이라 믿습니다. 어찌 보면 달팽이는 사랑하는 방법을 정확히 꿰뚫고 있는 것인지도 모르겠습니다. 자기만의 사랑, 자기만의 존재, 자기만의 방식으로요."

혹시 아버지도 달팽이였을까?

무화과

전라북도 익산시 황등면은 평야 지대로 둘러싸인 지역이지만 화강석으로 유명한 황등산이 있다. 언덕 같은 산 전체가 화강암이며 산 아래쪽에는 한 집 건너 한 집꼴로 석재 가공업체가 즐비했었다. 품질을 인정받아 청와대에 납품했을 정도로 이곳은 돌 공장이 아닌 돈 공장으로 불리며 흥청망청했던 기억도 선하다. 황등산은 어릴 적 아이들과 다니던 놀이터였고 정상에서 바라본 채석장 풍경은 그랜드 캐니언처럼 거대한 절벽을 떠올리게 했다.

어릴 적 우리 집은 번화가에 자리를 잡았다. 요즘 번화가와 비교하면 우습지만 인근 지역을 이어주는 2차선 국도를 따라 면사무소와 우체국이 있고 한약방, 약국, 중국집 등 점포들이 팔짱을 낀 것처럼 쭉 이어지는 중간쯤이었다. 위쪽으로 가면 함열과 삼기면으로 갈라지는 삼거리가 나오는데, 왼쪽에 있는 주 1회 영화 상영을 하던 극장은 영업손실로 폐업 후 태권도 도장으로 사용되기도 했다. 오른쪽에서는 오일징이 얼리곤 했는데, 지금에 비하면 규모는 작아도 각 면 지역에서 모인 사람들이 밀린 빨래처럼 북적거렸다.

우리집은 차도 앞에 적당한 거리의 황등산을 마주하고 뒤쪽으로 밭과 논이 펼쳐진다. 일정시대부터 있었던 꽤 오래된 기와집으로, 백 평이 넘는 마당에 향나무가 크고 아름다웠다. 집 모양이 ㄱ자 형태로 길가보다는 안쪽으로 훨씬 길게 늘어져 있다. 길가에는 작은 점포 3개가 들어서 있고 안쪽으로 마당과 방 3개와 부엌이 일자로 이어진다. 건너편 쪽에 별채가 있는데 방과 부엌이 갖춰져 있어 취식이 가능했다. 불편한 점이라면 별채가 마주하는 곳이 옆집 닭 우리여서 냄새와 소음이 있다는 것이다.

상가 옆 철문 입구로 들어서면 오른편에 우물이 있고 안방이 있다. 우물을 지나면 바로 부엌과 안쪽으로 작은 방이 있어 일하시는 분이 거주했다. 계속 가면 끄트머리에 방이 하나 더 있고 건너편에 전망이 좋은 마루방이 펼쳐진다. 마루에서 바라본 장독대는 겨울눈이 쌓이면 펭귄 가족이 하얗게 굳어있는 듯했다. 장독을 깨뜨려 줄행랑을 쳤던 기억, 하필 간장독이라 새까매진 바닥과 깨진 날달걀처럼 노랗게 흘러내리던 어머니의 얼굴이 면도칼처럼 생생하다.

'무궁화꽃이 피었습니다.'

새끼손가락보다 가는 빨랫줄이 가래떡 같은 미소를 흘리던 정원에는 오랜 향나무 두 그루가 중앙에 자리를 잡고 단풍나무, 감나무, 포도나무가 줄지어 서 있었다. 안방이 있는 앞쪽으로 주목 한 그루가 오랜 세월 묵직하게 자리를 잡고, 물고기를 키울 수 있는 콘크리트 수족관이 배치되어 있었다. 언제부터인지 수족관에 물이 새고 바닥이 드러나 더 이상 사용할 수 없는 폐허가 되었다. 어머니는 내심 반겼을지도 모른다. 물고기 밥을 주는 것이 물을 채우는 것보다 더 힘들었을 테니까. 그 뒤에 단풍나무가 TV 안테나를 붙잡고 높이

서 있었다.

　우리 동네에 처음으로 들어온 흑백 브라운관 TV는 다리가 4개 달린 금성사 제품이었다. 미닫이문처럼 화면을 닫을 수 있는 잠금장치가 있던 제품으로, 안테나가 필수여서 우리 집에서 가장 높은 단풍나무에 매달았다. 안테나를 다는 날에 동네 사람들이 몰려들었다. 일꾼들이 안테나를 맨 기다란 장대를 짊어지고 정문 안쪽에서 왼쪽으로 돌다가 사달이 생겼다. 그만 기와집 처마 끝 단청을 툭 건드렸다. 안테나가 기울어지고 흠집이 생기자 벼락같이 소리를 내지르던 아버지의 성난 얼굴, 단풍나무 허리쯤에서 일꾼이 기우뚱하자 어머니의 외마디 비명, 준비가 끝나고 TV를 켜자 일제히 환호하던 동네 사람들, 어머니 치마꼬리에서 좌우로 흔들리던 어린 날의 기억이 눈에 선하다.

　아이들은 내 말을 잘 들었다. 들어야만 했다. 내가 허락해야 TV를 볼 수 있기 때문이다. 날을 정해 친구들과 평상에 앉아 옹기종기 TV를 보았다. 보통 6시 이후에 시청하게 되는데 7시만 되면 어머니는 아버지가 오실 시간이니 다들 집에 가서 밥 먹으라며 내쫓았다. 하루는 TV를 조금 늦게 보기 시작했다. 나는 TV 시청을 미끼로 온종일 부리던 아이들에게 난처한 처지가 되었다. 오늘은 좀 늦게 와서 그렇다고 좀 더 놔두라고 애원해도 어머니는 내 입장을 전혀 고려하지 않고 아이들을 몰아냈다.

　무섭게 째려보던 아이들의 원망스러운 표정, 잡초같이 축 처진 친구들의 울분을 더해 가자미 눈으로 어머니를 쏘아보았다. 내 손목을 낚아챈 어머니는 다짜고짜 우물가로 끌고 가 내가 제일 싫어하던 '얼굴 씻김' 굿을 하였다. 아무리 싫다고 해도 억지로 코를 풀어야 하는 것은 덤이었다. 어머니는 굳은 표정으로 단호하게 "흥!", 나는 허리를 뒤틀고 머리를 곧추세우며 "은~응!". 한동안의 실랑이는 다리미로 다린 것처럼 쭉 펴지고 미라처럼 빳빳해졌다. 얼굴만 씻기면 될 것을 왜 어머니는 꼭 코를 풀게 했는지 모르겠다. 트라우마일까? 얼굴을 씻을 때면 지금도 코를 풀게 된다.

화장실은 안방에서 대각선 끝, 방과 부엌에서 제일 먼 쪽에 있어서 저녁이면 선뜻 가기가 두려운 곳이었다. 빈틈이 촘촘한 함석 문, 정사각형 화장실, 정중앙 고려청자 빛 푸세식 변기. 사진 없는 액자처럼 텅 빈 쪽창이 비석처럼 을씨년스러웠다.

냄새도 냄새지만 빠지지 말아야 했다. 안쪽으로 깊이도 깊었지만, 변기 폭이 상당해서 다리를 넓게 벌려야 했다. 다리가 짧은 애들은 특히 더 조심해야 했다. 변기 건너편으로 한쪽 다리를 뻗을 때마다 손으로 잡을 곳은 마땅치 않고 헛디디면 똥통에 빠져 죽을 수도 있다는 공포에 휩싸였다.

간신히 앉을 때마다, 그러고 싶지는 않았지만, 꼭 변기 안을 내려보고 정면을 응시하게 된다. 눈앞에는 한 장씩 뜯어 쓰는 두툼한 일달력이 있었다. 보통 농약 판매점이나 약방 홍보용 달력이었지만 밤에는 영정 같은 거울, 숨구멍 같은 자화상이 주문처럼 밀려온다.

꼭 한 장을 쓰라는 문구는 어디에서도 찾을 수 없었지만 두 장 이상 쓰면 안 될 것 같은 중압감이 있었다. 이리저리 요리조리 접고 접어서 알뜰하게 사용했다. 앉기 전에 먼저 뜯어야 했는데 항시 볼일 끝에 생각이 나 엉거주춤 곤혹스러웠다. 겨울철에 어려움이 더 컸다. 여름에는 변이 골고루 퍼지지만, 겨울이면 얼어붙어 산처럼 쌓이고 날이 선 칼끝처럼 끝이 뾰족해진다. 암울하고 힘든 시절이 펼쳐진다.

화장실 입구 처마에 북극성처럼 매달린 희미한 전구 한 알. 축 늘어진 거미줄이 엉킨 검은 소켓을 왼손으로 고정하고 오른손으로 "딸깍" 소리가 들릴 때까지 스위치를 돌려야 했다. 전구 높이가 있어서 키가 작은 나는, 누나나 엄마가 꼭 동행해야 했다. 어머니는 불평이 없었지만 항시 투덜거리는 누나 때문에 고역이었다. 허리띠 같은 목줄에 전등이 제멋대로 매달리고, 똬리를 튼 것처럼 내 엉덩이가 둥글게 자리를 잡으면, 빨간 손이 어쩌고저쩌고 기민하게 떠벌렸다.

화장실 왼쪽에는 별채와의 사이에 탱자나무 가시덤불이 담처럼 늘어져 있고 오른쪽에는 돼지우리와 닭우리가 연접해 있었다. 키우던 개 한 마리가 돼지와 닭에게 온종일 가시처럼 시비를 거는 바람에 하루도 조용할 날이 없었다.

어느 날인가 아버지는 무화과를 좋아하던 어머니를 위해 별채 앞 공터에 무화과를 심었다. 나무 같지도 않은 나무가 한 해, 두 해 지나면서 무화과가 커다랗게 열렸다. 화장실을 사용하려고 오가는 사람들이 채 익지도 않은 열매를 따가자, 아버지는 경계선을 설치하고 따지 말라는 경고문도 붙여 놓았다. 나도 사람들이 지나갈 때마다 대청에 있어서 끝까지 감시했다. 그쪽으로 가는 사람들에게 사전 경고를 하기도 했다.

"아줌마! 무화과 따지 마세요. 우리 엄마가 먹을 거예요."

어린 녀석이 뱁새눈을 뜨고 내지르는 소리에 어른들은 '허허' 쓴 웃음을 지었다. 나는 무화과 열매가 달릴 때가 되면 한 개라도 없어질까 걱정이었다. 아침에 눈을 뜨면 무화과를 세는 게 나의 일과였다. 무화과나무 앞에서 그 작은 손가락으로 하나, 둘 셈을 하는 내 모습이 얼마나 사랑스럽게 보였던지, 어머니는 늘그막에 그때 이야기를 하시며 행복해하셨다. 나는 꼭 두 개만 따서 누나 몰래 어머니에게 내밀었다.

"엄마랑 내 거야."

어머니에게 나는 끔찍하게 귀여운 자식이었다. 누나와 나는 열 살 터울이라 10년 세월을 속앓이하며 노심초사 고대했던 자식, 그것도 아들이었다. 손찌검은 고사하고 큰소리 한번 치시지 않았고 오냐오냐하며 키웠다.

아버지는 그리 키우면 버릇 나빠진다고 쓴소리하셨지만, 어머니는 귓등으로 들었다. 어머니는 항상 나를 무르팍에 앉혀놓고 양손으로 내 볼을 쓰다듬어 주시며 귓속말하셨다.

"천지간에 이렇게 이쁜 아들이 어서 나왔으까나?"

간지럽다며 손사래를 쳐도 환하게 웃으시며 그랬냐고 토닥여 주셨다. 어머니에게 나의 존재는 당신의 아들이자 무뚝뚝한 남편을 대신한 연인이었나보다. 이 세상의 모든 걸 다 합해도 우리 아들보다 귀하지는 않다고 하셨다. 내가 나이를 제아무리 많이 먹어가도 여전하셨다.

그런 나에게 큰일이 생겼다. 잘 익은 무화과를 따는 일은 나에게 가장 행복한 순간이었다. 키가 작은 나는 손이 닿는 것만 따곤 했는데 그날은 까치발을 하고 손보다 높은 무화과를 따기 위해 발가락에 온 힘을 주고 무릎을 굽혀 자유의 여신상처럼 튀어 올랐다. 평소보다 10㎝ 점프를 더 해 낚아챘다. 조금 일그러지긴 했지만 성공이었다. 환호를 지르며 따낸 손가락을 펼치자, 무화과 안쪽에 숨어있던 말벌이 손가락을 쏘고 달아났.

"으악."

내지른 소리가 집안을 떠들썩하게 만들자, 엄마가 마루치 아라치[6]처럼 어디선가 나타나셨다. 엉덩방아를 찧고 통곡하는 나를 붙잡고 어머니는 어쩔 줄 몰라 하셨다. 어머니는 손을 살펴보았지만 침이 없는 걸 보고 큰 벌이었냐고 물으셨고 나는 그렇다고 고개를 끄덕였다. 꿀벌은 침이 살에 박혀 한 번이지만 말벌은 연속으로 쏠 수가 있어서 더 위험하다고 한다. 달리 방법이 없었던지 어머니는 찬물에 손을 담그게 하고 진통제를 사러 가셨다.

벌에 쏘인 오른손 집게손가락이 망치처럼 붓고 두통이 심해져서 머리에 물수건을 올려놓았다. 어머니는 머큐로크롬, 옥도정기, 아가징끼, 만병통치약으로 알려진 '빨간약'을 망치 같은 집게손가락에 바르고 천으로 감아주셨다. 나는 손가락이 자꾸 구부러져서 다른 손가락에 닿아 아프다고 하소연했다. 어머니는 부목처럼 젓가락을 손가락에 대고 집게손가락 위, 아래를 검정 고무줄로 묶어 바로 세워주셨다.

"이제 괜찮아, 아들?"

---

6) 1970년대에 엄청난 인기를 모았던 MBC 어린이 라디오 연속극(1977년 만화영화로도 개봉)의 주인공들.

나는 만족스럽다고 고개를 끄덕였다. 어머니는 그날 온종일 젓가락을 잡고 계셨다. 느지막이 오토바이를 타고 돌아오신 아버지가 그 꼴을 보고 말았다. 어머니는 동생을 제대로 안 봤다는 아버지의 불호령이 튈지 모른다며 작은방에 가 있으라고 말했고 누나는 기다렸다는 듯이 잽싸게 도망갔다. 아버지는 들어오셔서 내 얼굴 한번 쳐다보고 엄마 얼굴 한번 쳐다보고 망치 같은 집게손가락을 쳐다보셨다.

"이게 다 머시여? 뭔 짓을 한 거야!"

술기운이 거하셨던 아버지의 얼굴이 더 울긋불긋해졌다. 그렇지 않아도 햇볕에 탄 검은 얼굴이 마치 사나운 괴물처럼 바뀌었다. 어머니는 무화과를 따다가 벌에 쏘였다고, 지금은 괜찮다고 변명처럼 아무렇지도 않게 늘어놓았지만, 아버지는 듣는 둥 마는 둥 하시더니 갑자기 벌떡 일어나셨다. 퍽퍽 소리가 들려서 어머니와 대청으로 나가보니 아버지는 망치 같은 톱으로 무화과 밑동을 자르고 계셨다. 어두운 밤이라 아버지가 무화과를 자르는 건지 씨름을 하는 건지 분간하기 어려웠다.

그렇게 밤이 지나고 아침이 되었다. 자다가 집게손가락이 눌렸는지 갑자기 통증이 온다. 젓가락이 어디로 갔는지 찾을 수 없었다. 다섯 손가락 중에 가장 예민한 손가락이 검지, 집게손가락이라고 한다. 바느질하던 무엇인가를 집을 때 사용하는 손가락이 집게손가락이다. 그 손가락을 쏘였으니, 통증은 이루 말로 표현하기조차 힘들었다. 젓가락을 찾아서 어머니가 한 것처럼 검지에 대고 턱으로 간신히 고정해서 고무줄로 대충 묶었다. 대충 할 수밖에 없었다. 나는 부처님처럼 집게손가락을 세우고 밖으로 나왔다. 어머니는 무화과 나뭇가지들을 치우고 계셨고 여기저기 떨어진 무화과가 흙바닥에 퍼져있었다. 나는 부처님처럼 집게손가락을 하늘로 가리키며 생각했다.

'아버지는 왜 무화과를 자르셨을까? 어젯밤에 얼핏 보니 씨름이라도 하는 것처럼 보였는데 안다리를 걸어 들배지기로 뽑으셨을까? 어머니가 무화과를 좋아하신다고 심으셨는데 이제 어머니가 꼴도 보기 싫으셨을까? 무화과를 좋아하던 어머니는 왜 평소와는 다르게 아버지에게 화를 내지도 못하셨을까?'

이렇게 나의 일상은 허무하게 사라졌다. 화장실을 갈 때마다 무화과 밑동은 호빵 같은 하얀 얼굴로 말없이 나를 응시했다. 이게 다 너 때문이라는 듯이. 나는 무화과 밑동에 변명했다.

"난 열심히 산 죄밖에 없다. 그게 다 너의 운명인 것 같다."고.

아무리 생각을 해도 이 사태의 원인을 찾을 수 없었다. 내 죄도 아니었고 말벌의 죄도 아니었다. 그놈이 죄라면 그저 살기 위해 몸부림친 죄밖에 없었다. 손가락 부기가 가라앉을 때까지 아버지의 잔소리에 시달리던 어머니는 또 뭔 죄인가. 험한 말로 쏘아붙이던 아버지에게 잘못이 있던가? 그렇다고 무화과 잘못일까?

굳이 죄인을 찾고자 한다면 누나 책임이 제일 크다. 그날 옆에서 무화과는 따지도 않고 먹기만 했던 누나였다. 그래서 어머니도 누나를 피신시키고 누나를 찾던 아버지에게 벌써 잔다고 거짓 증언을 하지 않았던가. 의문의 퍼즐을 맞춰가면서 서서히 진범이 드러났고 객관적이고 합리적인 내 결론에 어머니는 웃기만 하고 누나는 끝까지 반발했다. 바늘 같은 집게손가락으로 등짝이며 허리를 쪼아대며 사납게 날뛰고 괴성을 펄펄 내질렀다. 왜 하필 그 집게손가락을 사용했을까.

　무화과나무가 잘리니 편하기도 했다. 걱정할 필요도 없고 셈을 할 필요도 없었다.

　그렇게 시간이 흐르고 흘러 몇 해가 지났다. 언제 그랬냐는 듯이 무화과는 무성해지고 더 많은 무화과를 매달았다.

　풍성하고 달콤했던 한여름 무화과. 까치발을 하지 않아도 딸 수 있었던 무화과. 들배지기를 당할 필요도 없었던 무화과.

　아버지는 그새를 참지 못하시고 한겨울 자작나무처럼 입던 옷을 내려놓고 하늘길로 떠나셨다. 한여름 제철이면 무화과는 아버지의 붉으락푸르락한 낯빛을 닮아가고 음복하듯 가슴에 알알이 추억으로 살아난다.

　달팽이 같은 꿈, 무화과 같은 꿈. 그것은 서몽(瑞夢), 상서로운 꿈이었다.

문

복도의 침묵을 깨는 말발굽 소리가 들려온다. 경마장도 아닌데 웬 말발굽 소리. 말이 계단을 타고 지하로 내려올 수는 없을 텐데. 하다 하다 이제 환청까지 들리는가. 요~ 상~ 타.

벌컥 문이 열린다. 왼손에 책을 가슴 쪽으로 받쳐 들고 손가방을 든 타이트한 분홍색 원피스의 여인. 커다란 링 귀걸이와 진주 목걸이가 반짝이며 시선을 사로잡는다. 하이힐의 특성상 키가 커 보이고 종아리가 얇아 보이는 장점이 있어 내려온 시선이 발등에서 시작해 역방향으로 차근차근 다시 올라간다.

'멋지다.'

중세 유럽에서는 남자도 하이힐을 신었다. 지금의 형태는 아니지만 말을 탈 때 발걸이로 아주 유용했다고 한다. 이동 수단의 보조장비였던 그 하이힐이 이제는 여성들의 전유물이 되었다. 물론 요즘 남자들도 키높이 구두가 있어 신어 보면 세상이 달리 보이긴 한다. 고도가 높아지면 느낌상 공기가 싱그럽게 느껴질 정도다. 하이힐은 그래서 인기 있고 매력적이다.

"안녕하세요?"

힘들어하는 표정과 안도하는 일성이 언밸런스하다.

"이곳 찾아오기가 어렵네요. 다들 퇴근하셔서 건물 자체가 어둡기도 하고 낯설기도 해서 입구에서부터 우왕좌왕했어요."

원망인 듯 충고인 듯 말했다.

"아, 미처 준비를 못 했네요."

"관공서는 업무 종료 시각이 오후 6시로, 그 시간 이후에 방문한다는 걸 생각도 못 했어요. 느낌이 생경하네요. 저는 오늘 이 시간을 손꼽아 기다렸어요. 다른 독서모임도 참여해 봤지만, '우공의 책 읽기'는 책 선정과 토론 발제부터 다른 모임과는 차별성이 있는 것 같아서요."

"감사합니다. 기대에 부응해야 할 텐데요."

기대에 부응한다고는 했지만 어떻게 해야 할지 걱정이다.

"그런데 사람이 아무도 없네요? 아직 안 오셨나 보죠? 설마 저 혼자는 아니죠? 인원이 너무 많아도, 너무 적어도 흥미가 떨어지는 것 같아요. 몇 명이나 신청했나요? 혹시 운영자이신가요? 참여자이신가요? 제가 차량을 가져왔는데 무료 주차는 가능한가요? 주차비는 시간당 얼마인가요? 주차할인은 되고요?"

대답할 겨를도 없이 쏟아지는 독백 같은 질문으로 정신이 혼미하다. 하이힐 굽 소리처럼 또각또각 울리는 목소리에는 범접할 수 없는 위엄이 있었다. 그녀의 또렷하고 청명한 눈동자가 흔들림 하나 없이 차례차례 내 눈에 박힌다. 그 큰 눈동자 안에 내가 보인다. 나는 그녀를 통해 나를 보고 있었다. 그녀는 어디에 있는 것일까? 지금 내 앞에 서 있는 그녀는 누구일까? 그녀 안의 나와 밖의 나는 같은 나일까, 전혀 다른 나일까? 그 안에 뛰어들고 싶다. 그녀도 내가 아닌 내 눈 속의 또다른 그녀에게 독백하고 있는 것일까?

인간의 삶이란 자신에게 고백하고, 분노하고, 슬퍼하는 것은 아닐까? 타인이 나에게 상처를 주는 게 아니라 스스로 상처받고, 고통받고, 자책하는 것은 아닐까? 인간의 희로애락이 다 어리석고 의미 없고 부질없어 보인다. 그 부질없음을 뻔히 알면서 나의 의미를 확인받고 싶다. 위로받고 싶다. 사랑받고 싶다. 그래서 인간은 참 슬픈 존재다.

집중하면 눈이 시리고 아리고 따갑다. 눈을 깜빡이자 그제야 그녀가 보인다. 맹렬한 파도가 지나가고 잠깐의 침묵이 흐르자 갑자기 언짢은 기억이 떠오른다. 뜬금없다.

"이름. 생년월일. 주소. 연락처."

언젠가 불미스러운 사건으로 경찰서 참고인 조사를 받던 느낌 그대로였다. 잔뜩 주눅들어 앉아 있고 형사가 의무적으로 자판기를 찍어 누르던 소리, 그 불편했던 기억들.

"저는 운영자 박동장입니다. 저희 독서모임을 좋게 생각해 주셔서 감사드립니다. 시간이 되면 다들 오실 겁니다. 조금 전에 이지은 씨가 오셨으니 2등입니다. 화장실을 이용하시려면 오른쪽 끝으로 가시면 됩니다."

"아, 좀 더 서둘렀으면 1등도 할 뻔했습니다. 제가 승부욕이 강해서 뭐든지 열심히 하거든요, 하하하."

목젖이 다 보이도록 호탕하게 웃는 그녀의 어금니가 반짝였다. 순간 내 시선과 생각이 그녀의 어금니에 쏠린다. 멋지다 못해 사뭇 야

릇하다. 그녀의 입안으로 시선이 빠져든다. 나도 황금색 어금니를 심고 싶다.

"저는 김선해라고 합니다. 잠실동에서 제 성을 딴 '행복한 김치과'를 운영하고 있습니다. 가까우니 자주 애용해 주세요. 사실 매주 수요일은 제가 야간진료가 있어서 망설여졌어요."

잠시 말을 아끼더니 오른손 집게손가락을 쳐들어 버튼을 누르듯 말한다. 활처럼 구부러진 손가락이 깁스한 것처럼 뻣뻣하다.

"But, 환자도 중요하고 벌이도 중요하지만 나를 위해 하루쯤 투자하는 것도 의미 있는 일이라 생각했어요. 게다가 운영자님께서 참여 권유도 해주셔서 과감히 결정했습니다."

블로그 명이 '행복한 김치과'여서 성이 김인 줄은 알았지만 이름이 선해였구나. 얼핏 김치만 눈에 보여 반찬가게로 착각했었다. 큰 키에 볼그레한 안색을 띤 학구적인 스타일의 김선해. 아테네 여신 같은 매력적인 여인이었다.

평소 이분이 포스팅한 다양한 서평들이 맘에 들었고 클래식, 팝, 재즈를 넘나드는 평론도 맘에 쏙 들었다. 게다가 책을 필사하는 일을 열심히 하였는데 우리 독서모임에 꼭 필요한 역할을 하리라 기대했다. 기꺼이 응해주어서 감사했던 분이다.

그녀는 그렇게 은빛 깃털을 날리는 백마처럼 말발굽을 대지에 때려 박으며 달려왔다. 생각의 근육이 탄탄한 김치, 아니 김치과.

잠깐의 침묵이 어색해서 요즘 이가 안 좋다고 말했더니 눈빛이 반짝인다. 어떻게 안 좋으시냐고 친절한 질문이 폭풍처럼 닥쳐온다.

"몇 년 전에 어금니가 일부 깨졌는데 자꾸 더 깨지는 것 같아서 걱정입니다."

"그러시구나. 혹시 잇몸에 통증이 있으신가요? 심하면 발치하고 임플란트해야 합니다. 어떠세요?"

"아직 아프진 않아서 조심하고 있습니다. 지금은 괜찮은 것 같습니다."

"그래도 평소 딱딱한 음식은 되도록 씹지 마시고 입을 악다물지 마세요. 맞닿는 부분이 깨질 우려가 있습니다. 주무실 때 이를 갈진 않으시나요?"

"잘 때 이를 심하게 간다고 하더군요. 피곤하면 더 심하다고 해요. 항시 피곤한가 봐요. 저는 하루하루 이를 갈며 살아가는 남자입니다, 흐흐흐."

"회장님, 웃을 일이 아닙니다. 주무실 때 충격을 완화하는 틀을 착용하셔야 할 것 같습니다. 저는 환자분들에게 가드 마우스피스를 착용하시라고 추천해 드립니다."

"그래요? 마우스피스면 권투선수처럼 입에 끼는 그런 건가요?"

"똑같지는 않습니다. 전에는 크기가 좀 있었는데 요즘은 작고 인체에 해가 없는 제품들이 많아서 이질감은 심하진 않다고 해서요. 귀찮은 건 매일 소독을 해주셔야 하는 건데, 가까이 두고 칫솔질과 함께하면 괜찮습니다."

"원장님 말씀을 듣고 보니 더 심해지기 전에 사용해야 할 것 같네요. 혹시 가격이 어느 정도일까요?"

"선생님께서는 일단 전체적으로 점검을 해보고 보철 여부와 마우스피스 문제에 대해 심도 있는 상담이 필요합니다. 최 실장님이 어디 계시나? 호호호 농담입니다, 언제 한번 우리 치과에 오시면 VIP로 모시겠습니다. 물론 저렴하게요."

덕수궁 돌담처럼 틈새 하나 찾아볼 수 없었던 이, 치아, 이빨들. 이제는 땜빵 아니면 발치 아니면 마우스피스. 언제부터인지 내 허락도 없이 이빨들이 세월을 먹더니 덜컥 탈이 나버렸다. 슬픈 일이다. 우울한 일이다.

우리는 서로의 속셈을 숨기고 만족스러운 듯 호탕하게 웃었다. 이지은 씨가 무겁게 문을 밀며 들어왔다. 이미 웃고 있는 두 개의 입과 고장 난 입 한 개가 멋쩍은 듯 금니처럼 번쩍였다. 지은 씨는 가벼운 목례로 순간을 모면하려는 듯 보였다. 그 순간 오랜 친구라도 만난 것처럼 불가사리 같은 손바닥이 좌우로 흔들렸다.

"지은 씨, 반가워요. 전 김선해라고 합니다!"

지은 씨는 구렁이 담 넘어가듯 어물쩍 넘기려던 계획이 무산되자 떨떠름한 표정으로 입꼬리만 살짝 올렸다. 고장 난 눈이 입에 악영향을 끼치고 있었다. 선해 씨는 오른손으로 하이힐을 높이 쳐들었고 지은 씨는 고장 난 인형의 오른팔을 들어 통성명을 나눴다.

'하이힐과 고장 난 인형!' 그녀들은 통성명이라는, 고정관념을 깨는 새로운 혁명적 시도를 감행했다. 어디선가 낯이 익은 표현들, 익숙한 풍경들. 개그 프로그램의 한 장면을 보는 듯하다. 하지만 이런 실험적인 창작 시도는 아방가르드 작가들에 의해 혁신적이고 파괴적으로 진행됐다.

'수술대 위의 우산과 재봉틀'[7]이라는 초현실주의적 미적 개념을 도입한 프랑스 시인 로트레아몽[8], 화폭에 담긴 녹색의 구, 아폴로 두상과 빨간 고무장갑이 독특한 <사랑의 노래>[9]를 그린 이탈리아 화가 조르조 데 키리코[10], 그 외에도 많은 예술가가 있었다. 살바도르 달리, 르네 마그리트, 우리나라의 시인 이상 등등. 초현실주의는 기존의 예술을 전혀 다른 차원으로 변형시켰다.

사랑의 노래

사물을 개별화시키고 고립시켜서 기존의 의미를 제거하고 원점에서 존재를 새롭고 무겁게 바라보았다. 그들에게 존재는 무거워져야 했다. 아무리 사소한 존재라도 하찮게 여기거나 과하게 포장해도 안 된다. 예술가들은 진중함과 존경심으로 존재를 그 이상의 가치로 되살려 놓았다. 초현실주의는 고정관념과 그 잘난 이성에 대한 반역이자, 의문이자, 포획망을 해체하려는 촘촘한 몸부림이다. 한마디로 규정하자면 '왜?'가 아닐까?

그녀들은 초현실주의 기법으로 인사를 나눈 것일까? 기존의 가치를 전복시키는 파격이었을까? 어떻게 무엇을 나눈 건지, 서로 애써 무시하는 건지, 그것은 알 수 없다. 그나저나 한 가지 희망 사항이 있었다. 선해 씨에게는 입술의 근육이 생각의 근육보다 덜 발달했

---

7) 로트레아몽의 시집 『말도로르의 노래』에 나오는 시구. 초현실주의의 상징적 표현으로 유명.
8) 로트레아몽(Lautreamont, 1846~1870) : 프랑스 시인. 대표작으로 시집 『말도로르의 노래』가 있다.
9) <사랑의 노래(Le chant d' amour)>, 조르조 데 키리코, 1914. 뉴욕 현대미술관.
10) 조르조 데 키리코(Giorgio de Chirico, 1888~1978) : 이탈리아 형이상학 화가.

으면 좋겠고, 고장 난 인형 지은 씨는 입의 근육과 눈의 근육이 함께 움직였으면 좋겠다는 것이었다.

문 밖에서 두 사람이 웃으면서 계단을 내려오는 소리가 들린다.

'아, 새로운 분들이 오시는구나...'

뒤통수이마근, 관자마루근, 눈살근, 코근, 코중격내림근, 눈둘레근, 눈썹주름근, 입꼬리내림근, 앞귓바퀴근, 위귓바퀴근, 뒤귓바퀴근, 입둘레근, 볼근, 입꼬리당김근, 큰광대근, 작은광대근, 위입술올림근, 위입술콧방울올림근, 입꼬리올림근, 입꼬리내림근, 아랫입술내림근, 턱끝근... 사람의 얼굴에는 80개의 근육이 있고 그중 43개의 근육이 웃음에 관여한다. 우리가 알고 있는 얼굴은 서로 섞이지 않는 80개의 근육 덩어리가 교향곡처럼 일시에 표현되는 다수의 감정, 그 이상도 이하도 아니다.

웃음의 근육 중에서 큰광대근은 가중치가 남다른 근육이다. 얼굴 입꼬리에서 광대뼈 인근까지 이어진 8㎝가량의 근육으로 안면신경의 신호에 따라 입꼬리를 뒤쪽으로 잡아 올린다. 아니, '잡아 올린다.'라는 말보다는 '가로지른다.'라는 표현이 더 적절하겠다. '가로지른다.', '횡단한다.'는 기존의 루틴을 벗어나는, 파괴적인 과정이다. 멋쩍을 때, 난감할 때 우리는 푸시시 웃곤 한다. 당초에 웃음은 그런 역할을 부여받은 것 같다. 고정된 상황을 타개하는 새로운 전환점 역할을 한다고 할까. 지금 오시는 두 분이 독서모임의 큰광대근이었으면 한다.

문을 열고 들어온 두 사람의 얼굴이 황당할 정도로 경이롭다. '하하, 호호' 가면을 앞세우고 들어선 80대 할머니와 20대 아가씨. 어떤 관계일까?

"누구세요? 어떻게 오셨어요?"

엉겁결에 항의하듯 매섭게 소리쳤다. 어린 친구는 눈이 똥그래져 눈치를 살핀다.

"독서모임을 하는 곳이 아닌가요? 안내문을 보고 왔는데요."

순간 뭔가 잘못됐다는 불길한 예감은 현실이 된다.

"아이고 죄송합니다. 제가 무례를 저질렀네요. 잘못 찾아오신 줄 알고 실수했습니다. 용서하세요. 그런데 두 분은 가족이신가요?"

"아, 아닙니다. 오는 길에 할머니께서 길을 못 찾고 계셔서 같이 오게 됐어요."

째려보던 할머니가 빈정거리신다.

"니 내한테 감정 있나? 와 그라노 참말로. 분위기 험악해갖고. 보자. 총각 잘생겼데이."

"아, 예. 제가 총각은 아니지만 잘 봐주셔서 감사합니다."

"잘생기믄 모 하나. 예의가 없구마. 잡상인 취급하무 안 되지. 책 읽는 사람이 그라믄 쓰나? 이게 먼 지랄이고 고마 잘 좀 하입시다."

"죄송합니다. 당황해서 그만 실수를 저질렀습니다. 노여움 푸세요. 잘 모시겠습니다."

할머니가 보통이 아니시다. 몇 마디만 나눠봐도 알 듯하다. 사람을 손가락 인형처럼 올렸다 내렸다 마음대로 조정하신다. 빼도 박도 못힐 땐 삼십육계 줄행랑이 상책이라 했다. 화제를 돌려야 했다. 화재라도 일으켜야 했다.

"제 소개를 미처 못했네요. 저는 독서모임 운영자 박동장입니다."

"저 마가 댄장이라꼬? 이런 댄장! 이름이 모 그 모양이고."

"댄장이 아니고 동장이라고요."

"어, 똥장? 됐다 마. 내 이름은 정선이오. 나이 많다고 깔보지 말고 누나처럼 대해 주시오. 서러운데 할머니라고 읊지 마꼬."

당황해하는 나를 보며 빙글빙글 웃던 아가씨가 말했다.

"저는 조예은입니다. 반갑습니다."

"아, 정선 누님하고 예은 씨는 빈자리에 앉으시면 되겠습니다. 편한 곳으로 정하세요."

"니 예은이구마. 생긴 것처럼 이름도 예쁜기라. 이것도 인연인데 앞으로 우리 잘 지내자. 이모라 해라. 같이 앉자."

그렇게 두 분은 내 자리에서 오른쪽 라인 1, 2번 자리를 차지했다.

정선 누님은 화려했고 부담스러웠다. 센 언니 메이크업, 원색의 의상, 매니큐어가 범접하기 어려운 위압감을 준다. 눈썹과 연결된 코 셰딩이 너무 과하게 들어가 라인이 각지고 강한 인상이다. 턱이 긴 편이라 턱 셰딩을 약하게 끊어줬어야 했는데 비슷한 톤으로 이어지는 모양새가 좀 거슬린다. 분홍색 파우더 화장으로 얼굴이 뽀샤시하고 결 보정으로 매끈해 보이지만, 창백한 톤이라 오히려 날카로운 인상을 준다. 아이섀도는 눈 쪽으로 진하고 눈썹 쪽으로 연하게 터치되어 있는데 공간감이 좁아져 눈이 꺼져 보인다. 쌍꺼풀 라인은 눈꼬리 쪽으로 이어진 굵은 색감이 처진 눈을 올려주는 효과가 있다. 아이라인은 속눈썹 사이사이를 연필로 넘치게 그려 넣고 꼬리 부분을 아이라인 브러쉬로 길고 짙게 끌어냈다. 눈 주위 펄이 화려하고 마스카라는 뷰러를 과하게 사용해서 속눈썹 컬링이 뒤집어져 보인다. 하이라이터는 잘만 사용하면 윤곽을 뚜렷하게 하지만, 잘못하면 콧대 끝과 이마로 이어지는 라인이 뭉쳐서 흉해 보일 수 있다. 입술 색조는 과하지 않아 마음에 들고 립라인 스머징 마무리가 잘 되었다. 그래도 목 부위까지 꼼꼼하게 색조 화장을 해준 정성에 감탄하게 된다. 전체적으로 메이크업이 개성 있고 능숙하고 깔끔하게 잘 마무리되었다. 어찌 됐든 누님은 기본적으로 진하고 강한 인상을 준다. 메이크업은 개인의 취향이고 보면 옳다느니 그르다느니 말할 필요는 없다. 오늘 누님을 보면서 나이는 숫자에 불과하다는 말에 동감하게 된다. 재미있는 건 코끝 선을 중심으로 위쪽은 어둡고 아래쪽은 밝아 중국 경극을 영화화한 <패왕별희>[11]의 주인공 데이처럼 보인다는 것이다.

"1분 1초라도 떨어지면 평생이 아니잖아!"

데이는 떠나려는 샬로에게 울분을 토로한다. '평생'은 한 인간이 태어나서 죽을 때까지의 기간을 말하고 '영원'은 시작도 없고 끝도 없는 무궁한 시간이다. '평생을 함께한다.'를 '영원히 함께한다.'라는 말과 비교하면, 비록 '평생'이 '영원'보다 시간과 강도에서 짧고 약해 보이지만 의미적으로는 그 이상 강렬하다. 이승에서 사후의 문제를 논할 바가 아니기에, 이생이 다할 동안 사랑을 지속하겠다

---

11) <패왕별희(覇王別姬)> : 1993년 중국 천카이거 감독 작품으로, 제46회 칸 영화제 황금종려상 수상.

는 말은 죽음도 극복하겠다는 결기다. 당신이 이승에 없다면 내가 지금 여기에 있을 이유가 없고 당신이 저승에 있다면 나는 이승에서 살기보다 차라리 없어짐을 선택하겠다는 결의다.

극단적이지만 아름답다. 극단적이기에 아름다울까? 아름답기 위해서 극단적일 수밖에 없을까? 샬로를 끔찍이도 사랑했던 데이의 말처럼 누님에게도 영화 못지않은 애타는 사연이 있지 않았을까?

누님 스타일과는 대조적으로 예은이는 참 예쁘다는 말이 잘 어울리는 친구다. 적당히 큰 키에 작은 머리, 올망졸망한 이목구비가 한눈에 들어온다. 얼굴 옆 라인은 오똑한 코가 살려주고 입술은 립밤을 발랐을 뿐인데 촉촉한 모습이 싱그럽다. 이마에서 목으로 이어지는 살갗이 아기 피부처럼 얇고 상큼하며 속이 보일 듯 희다. 생글거리는 미소와 영특해 보이는 목소리는 무척 정답고 포근한 맛이 일품이다. 보기만 해도 상큼한 여자다. 그녀를 유심히 살펴보다 눈이 마주쳤다. 나는 뻔뻔하게 버텼고 예은 씨는 잠시 당황한 듯 보이다가 살짝 눈웃음을 짓는다. 얼굴 인상이 푸르름에 잘 어울리는 아기 나팔꽃 같고 주홍빛 능소화 같기도 하다.

능소화는 한여름에 피어나는 꽃으로 기다림의 꽃이며 애절함의 화신이다. 그 임이 오실까, 혹시 모르고 지나가실까, 길가 담벼락을 움켜쥐고 피는 꽃. 기다림에 지쳐 사랑받지 못하면 통으로 떨어지는 꽃. 청록색이 어울리고, 황톳빛이 더 잘 어울리는, 혼자보다는 함께 있을 때 눈길이 가는 꽃이다. 내 마음에 아련한 추억을 떠올리게 하는, 호수 같은 여자를 닮은.

틈별당

여름이 왔다.

밭에는 호박꽃이 피고 담장에는 능소화가 한창이다. 호박꽃이 평민 꽃이라면 능소화는 양반 꽃이다. 호박꽃은 생명력이 강한 꽃이고 능소화는 명예와 절개를 상징하는 꽃이다. 노란색과 주홍색이 다르듯 두 꽃은 전혀 다르다. 호박꽃은 생김새가 두툼하고, 크고, 거칠고, 주름진 꽃이다. 그래서인지 호박꽃은 아무리 척박한 곳이라도 쉼 없이 피고 흔적을 남긴다. 염증 완화와 산모들의 산후 부종에 약효가 좋아서 예로부터 평민들의 사랑을 받았다.

능소화는 과거시험 장원급제자가 관모에 꽂는 어사화의 하나로, 양반계급을 상징하는 꽃으로 여겨졌다. 평민들이 능소화를 키웠다가는 양반을 업신여기고 참칭한 죄를 물어 곤장과 주리를 틀고 피곤죽이 되었다. 그저 식물에 불과한 꽃이 신분제를 유지하는 데 악용될 정도로 봉건사회의 계급의식은 치밀했다. 어찌 보면 능소화는 계급사회의 희생양이었다.

시절이 변해 이제 능소화는 담장이 있는 어디라도 지천으로 피는 꽃이 되었다. 사랑의 꽃, 기다림의 꽃. 임이 오지 않으면, 사랑받지 못한다면 꽃잎을 하나씩 떨구기보다는 미련 없이 목숨을 던지는 결기 어린 꽃이다.

"저 여기 있어요!"

능소화는 나를 주장하는 꽃이다. 나의 감정이 중요하고 나의 사랑이 우선이다. 누구에게도 지지 않는 자존감의 꽃이다. '나'와 '있다.'의 꽃이다. '내가 있다.'는 자기 존재에 대한 선언이며 대체 불가함을 밝히는 자존감이다. 나는 능소화의 단단함에 전율을 느낀다. '내가 있다.'라는 문장의 당당함과 신비감은 섣불리 뱉어낼 수 있는 말이 아니다.

구약성경 출애굽기 3장 13절에서 모세는 여호와에게 묻는다.

"당신의 이름은 무엇입니까?"
"나는 나다."

어머니는 그런 능소화를 사랑했다. 당신과는 전혀 다른 면에 매혹되셨을까? 지조와 절개를 사랑했기보다는 그 단호함과 당당함에 더 끌렸을 터이다. 한여름이면 담장으로 올라온 주홍색 능소화를 오도카니 서서 바라보다가 살며시 입을 맞추기도 하였다. 시집가는 어머니는 막내 이모에게 능소화를 가져와 달라고 부탁했다.

사사건건 시비를 걸던 청개구리 막내 이모도 이때만은 고개를 끄덕이고 눈물을 훔쳤다. 어머니는 틈별당 담장에 능소화를 심었다. 한 해 두 해 지나면서 능소화는 흐드러지게 피었고 어머니는 갈수록 야위어 갔다.

혼인한 지 몇 해가 지나도 어머니는 태기가 없었다. 시름은 깊어지고 심신이 피로해졌다. 큰어머니의 구박은 끝이 없었다.

"자손이 귀한 집으로 시집왔으면 자손을 내놓아야지, 아들은 고사하고 지지배 하나 없이 죽겠구먼."

쥐구멍으로 들어가고 싶은 심정으로 고개를 떨구고 하염없이 능소화를 바라보았다. 큰어머니는 이치에 맞는 소리를 하면 새겨들어야 하는데 귓등으로 듣는다며 재수 없다, 자손이 생길 리 만무하다고 소리를 질렀다. 앞으로 사람 구실을 제대로 하려면 지금 당장 저 덩굴을 뽑아내고 천지신명께 백일기도나 하라고 생트집을 잡았다.

어머니는 군말 없이 백일기도를 시작했고 능소화를 끝까지 지켰다. 자식을 점지해 달라고 기도를 한 건지, 능소화를 지켜달라고 기도를 한 건지, 차라리 능소화가 되겠다고 그런 건지...

그렇게 백일이 4번 지나고 몸과 마음이 지쳐 떨어질 때쯤, 항시 피곤하고 입맛이 없다던 어머니는 물만 먹어도 헛구역질하셨다. 그 모습을 본 아버지는 태기가 분명하다고 기뻐하셨다. 어머니는 헛구역질로 괴로운데 아버지는 희희낙락이었다. 기가 막힌 역설이다.

윤동주 시인의 작품「십자가」의 역설적인 시구가 불현듯 떠오른다.

   괴로웠던 사나이 / 행복한 예수 그리스도에게처럼

괴로웠던 어머니, 행복한 아버지...
윤동주의 시에서 사나이와 예수는 같은 존재였는데, 왜 어머니와 아버지는 다른 존재였을까? 왜 고통은 어머니의 몫이었고 행복은 아버지의 몫이었을까?

  십자가가 허락된다면 / 모가지를 드리우고 / 꽃처럼 피어나는 피를 / 어두워가는 하늘 밑에 / 조용히 흘리겠습니다

아버지는 꽃처럼 피를 흘리던 예수처럼 어머니의 고통을 기꺼이 짊어졌을까? 피가 떨어져 바닥에 꽃처럼 튀기려면 물컹물컹 떨어져야 할 텐데...
'괴로운데 행복하다.'
생명이라는 존재의 속성이 이런 것일까? 있어서 괴롭지만 행복하다? '있다'와 '행복'은 어떻게 다른 것일까? 다르기에 행복이라는, 고통이라는 감정이 생기는 것일 텐데. '있다'는 '없음'의 반대말일 터. 없음을 채우는 있음, 소실점을 지우는 있음, 죽음을 이기는 있음이다. 고로 생명은 있음이다. 허무와 공백과 소실점을 이기는 생명 선언이다.
여름이 오자 어머니 얼굴에도 뱃속에도 호박꽃이 피었다. 하루하루 호박처럼 배가 불러오고 밭일하던 어머니는 통증에 서둘러 집으로 돌아왔다.
"아들 배는 앞으로 튀어나오고 딸 배는 둥글고 퍼진 모양인디, 보아하니 새댁은 모양새가 호박처럼 펑퍼짐한 걸 보니 십중팔구 딸이구먼."
동네 어른들의 말에 신경이 곤두서며 가슴이 철렁 내려앉았다. 요즘 같으면 웃어넘길 이야기였지만 당시엔 예사로 넘길 일은 아니었다.
"첫째는 고추여야 안심이 되는데 말여, 그것참. 그 집이 손이 귀한

집인디, 걱정이겠구먼."

"그래도 아예 없는 것보다 낫제 멀. 돈이 없어 걱정이제 먼 걱정이라냐. 밖에서 낳아 데려오면 그만이지. 돈만 많으면 걱정도 아니구먼. 씨받이야 널리고 널린 게지."

"아이고 사정 모르는 소리 하네. 그 집이 머가 있당게요? 쌀도 없어 감자만 먹는 집인디. 자고로 아들이 있어야 큰소리치고 살 수 있당깨. 지지배가 먼 소용이라요?"

어머니는 능소화를 사랑했는데 왜 호박꽃이 피었을까? 어머니는 능소화가 되고 싶었는데 왜 호박꽃이 되었을까? 펑퍼짐한 호박꽃. 그 예쁘고 많은 꽃 중에서 막장 어디라도 피는, 창피한 줄도 모르고 주구장창 피는 호박꽃이 피었을까?

큰어머니의 빈정거림은 도를 더했다.

"옛말이 틀린 게 하나도 없다니께. '호박꽃도 꽃이오?', '호박에 줄 그으면 수박 되남?', '뒷구멍으로 호박씨를 깐다.' 딱 맞다니께. 저 꼬락서니 보소, 속이 터진당께."

언니를 호박에 빗대 괴롭혔다는 말을 듣고 막내 이모는 씩씩거리며 말했다.

"호박꽃은 전생에 선녀였다고. 반딧불이는 하늘의 별이었다고. 둘은 신들도 질투할 정도로 사랑했다고. 땅으로 추방된 선녀는 호박꽃이 되고 별은 반딧불이로 다시 태어났다고. 여름 한철 반딧불이는 꼬리를 반짝이며 호박꽃을 찾고 호박꽃은 커다란 입을 열고 기다렸다고. 반딧불이가 들어오면 호박꽃은 입을 다물고 사랑으로 삶을 마감했다고. 운 좋은 형부 나무꾼이 뒷걸음질 치다가 땡잡은 거라고. 있을 때 잘하라고. 수틀리면 다시 하늘로 올라갈지 모르니! 무식한 노인네, '호박이 넝쿨째 굴러온다.'라는 옛말도 모르나? 그 말은 왜 하지 않는 거여?"

어느 날 그런 막내 이모가 어머니를 찾아왔다. 어머니는 뜻하지 않은 동생의 방문에 어리둥절하면서도 반갑게 맞이했다.

"어머나, 어쩐 일이야?"

"언니, 잘 지내?"

"어, 몸이 무거워져서 힘들어도 입덧할 때보다 훨씬 좋아졌어. 근디 어쩐 일로 왔어? 아버지는 무탈하시고?"

"응, 아부지는 나만 미워하지 예전부터 언니는 좋아했잖아. 말하면 잔소리지. 언니 좋아하는 아부지가 너는 왜 그렇게 인정머리가 없냐고, 언니가 궁금하지도 않냐고 성화여서 온 게지, 뭐 오고 싶어서 온 줄 알아? 언니가 좋아하는 장조림이랑, 밑반찬이랑 모시떡 해서 보내셨어. 나가 이거 들고 오니라 팔이 오지게 아프고 목이 뻐근혀 죽것어. 이게 다 잘난 언니 탓이네."

"막내가 고생했네. 같이 먹자. 형부도 정미소에서 야간 일로 오늘 안 오시니 잘됐다. 오랜만에 밀린 얘기도 하고 자고 가라."

"그렇지 않아도 아부지가 자고 오라 단단히 일렀어. 기냥 가면 경을 치실걸. 언니, 오다 보니 호박꽃이 지천이던디, 우리 오늘 호박꽃 만두 해 먹고 어릴 적에 가지고 놀았던 호박꽃 등 만들어 볼까?"

"그래, 그래. 그거 재밌겠다. 함 놀아보자."

까투리웃음, 너털웃음, 함박웃음.

항시 고요하기만 했던 틈별당에 웃음꽃이 환하게 피었다. 틈별당이

잔칫집같이 들썩이자, 큰어머니는 어서 까마귀 떼가 왔나 왜 이렇게 시끄럽냐며 멍석말이 당하고 싶지 않으면 입 다물라고 소리를 지른다.

성질머리 못된 막내 이모가 더 큰 소리로 빽빽거리고 몇 차례 고성이 오가더니 조용해진다. 어머니는 킥킥거리며 막내에게 귓속말한다.

"너는 평생 쓸모가 없는 줄 알았는데, 쓸데가 있긴 있구나."

"뭐라고? 이 언니가 미쳤나. 나는 원래 쓸데가 많은 년이여."

"언니, 또 저 늙은이가 언니한테 뭐라 하면 나 불러. 부리나케 올라와서 한바탕 난릴 피울 테니께."

오랜만에 틈별당에 생기가 돌았다. 항상 그랬지만, 어머니는 큰어머니의 성화에 께름칙했다. 막내를 다독여 이제 조용히 하자는 언니에게 막내 이모는 뽀로통한 얼굴로 쳐다보았다. 할 말도 제대로 못 하고 눈치만 보는 언니가 못마땅했다. 어머니는 재촉한다.

"막내야, 언니는 몸이 무겁게 집에서 만두 속을 만들 테니, 너는 밖에 나가 호박꽃이랑 호박잎, 고추, 당근, 부추, 애호박, 대파 좀 뽑아와라."

"어."

부리나케 달려 나가는 막내를 보며 어머니가 급히 소리친다.

"막내야! 호박꽃은 수꽃이어야 한다. 암꽃은 따지 마라잉."

모든 준비가 끝났다. 어머니는 허리춤을 추스르고 막내에게 요령을 알려준다.

"수놈 호빅꽃은 수술을 꼭 떼야 한다. 안 떼면 쓴맛이 영 아닝게. 알앗제? 속에 잔벌레가 있을 수 있으니 조심해야 한다. 말벌이 있을 수 있어서 큰일 난다. 그라고 수술을 뗀 후에 물로 아주 살살 씻겨야 한다. 찢어진다."

"언니 꼭 수꽃이어야 하나? 암꽃은 왜 안 되는 건가?"

"바보야, 암꽃은 호박이 달릴 텐데 어쩌려고!"

"아하, 별거 아니었구먼, 난 또 수놈 맛이 더 있는 건 줄 알았지!"

"너가 수놈 맛은 아나?"

"알지, 나가 왜 모르겠어. 히히히."

"쓸데없는 소리 마라. 딸 때도 낮에 따면 꽃이 벌어져 있어서 만들기 힘드니 아침이나 저녁 무렵에 입이 닫혀있을 때 따면 더 좋단다. 모양도 예쁘게 나오고..."

"아따, 언니 고건 나도 아러!"

"그래, 그래. 몇 가지만 조심허면 만두 만드는 거랑 똑같어. 너도 잘할 수 있을 거여."

갑자기 막내 이모는 손바닥을 치며 소리친다.

"언니, 묵은지 준비했어? 재료에 없었던 것 같어."

"어? 아! 언니가 그 생각 못 했네. 요즘 왜케 깜빡깜빡하는지 몰러. 언능 넣자!"

"어이구 그럴 줄 알았어. 만두에 묵은지 없으면 꽝이여! 정신 차려, 언니!"

어머니와 막내 이모는 재료들을 잘게 썰어내고 두부를 으깨 무명천에 물기를 제거한다. 잘게 썬 온갖 재료를 두부와 버무리고 후추와 마늘, 들깨를 넣어 맛을 낸다. 꽃에 들어갈 적당한 크기로 뭉쳐 만두 속을 만든다. 어머니는 만두 속을 밀가루가 묻힌 꽃 속에 집어

넣고 주둥이를 닫는다. 나무 찜통 바닥에 호박잎을 깔고 호박꽃 만두를 올린다. 옹기종기 앉아 김이 펄펄 나는 뜨거운 호박꽃 만두에 침이 고인다.

"언니야, 먼저 먹어바라. 아따 그냥 먹지 말고 간장에 찍어야 맛나지. 언능!"

"앗, 뜨거. 입천장 다 데겠다, 막내야."

앞산 언덕쯤에 연지 빛 노을이 옅은 남보랏빛으로 변해 가고 있었다.

"언니야, 언능 먹고 나가야 허것다! 나가 동네방네 천지인 반딧불이 요것들 잡아 오겠소. 언니는 힘들어도 더 어두워지기 전에 요 앞에 있는 호박꽃 좀 따오소."

"몇 개나 딸까? 3~4개면 될까?"

"그걸로 누구 코에 붙인다요. 마이 따소."

막내 이모는 밖으로 부리나케 나가고 어머니는 호박꽃을 치마폭에 담았다. 땀을 흘리며 돌아온 막내 이모는 호박꽃 속에다 반딧불이를 집어넣고 노랑 꽃잎을 등갓처럼 만들어 실로 묶었다. 노란색 호박꽃 등 안에서 반딧불이 형광이 요동칠 때 은은한 달빛처럼 노랗게 반짝인다. 예쁜 호박꽃 등이 되었다.

"아따, 요거시 배불뚝이 언니처럼 이쁘구먼."

막내 이모는 요리조리 만든 호박꽃 등을 틈별당 틈새 틈새마다 조심조심 걸었다. 어두침침했던 틈별낭은 커다란 호박꽃이 되고 북두질성처럼 반짝거렸다.

하늘에는 별이, 땅에는 '인꽃등'이.

오리엔테이션

정각 7시. 현재까지 회원 4명이 참석했다. 애초 신청자보다 적은 인원이지만 정시에 시작하겠다고 선언했다. 한 명이든 열 명이든 시간은 지키겠다는 결심이었다.

"그럼, 지금부터 '우공의 책 읽기' 독서모임을 시작하겠습니다."

"쾅."

문짝이 터질 듯 굉음이 울린다.

"아야!"

오른쪽 이마를 만지며 당혹스러운 표정의 한 여자가 주춤주춤 들어선다. 왼쪽 라인 회원들은 화들짝 놀라 고개를 들고, 오른쪽 라인은 상체를 회오리처럼 틀어 힘겹게 지켜보았다. 어깨에 닿는 생머리, 흰색 블라우스, 무릎까지 내려오는 청치마를 입은 호리호리한 몸집의 여자였다. 서둘러 입실하려다 뻑뻑하고 무거운 문에 머리를 찧은 게 분명해 보인다. 마음은 급하고 몸은 안 따라주고, 더딘 손과 급한 머리가 저지른 불상사였다. 아픔보다는 쪽팔림이 심한 법이다. 쪽팔림을 극복하는 방법은 오직 두 가지뿐이다. 안 아픈 척하든지, 아니면 뒤돌아보며 누구냐고 뒤집어씌워야 한다. 하지만 그녀는 달랐다. 붉으락푸르락해진 표정으로 고개를 숙이며 늦어서 죄송하다는 멘트를 연거푸 세 번 반복했다. 질색하며 예수를 부인하던 베드로처럼.

"죄송합니다, 죄송합니다, 죄송합니다."

그녀는 죄를 선택했다. 누구도 질책하지 않았는데, 안쓰럽다. 그녀는 숨기거나 피하기보다 좋으면 좋은 대로, 싫으면 싫은 대로 인정하는 성격 같았다. 아니, 툭 치면 입버릇처럼 튀어나오는 원죄의 여인이었는지도 모른다.

그녀는 엉겁결에 들고 있던 책을 떨구었다. 치마 때문인지 높은 굽때문인지, 왼손으로 치마 뒤쪽을 길게 펴 안쪽으로 몰아넣고 사선으로 앉으며 오른손으로 책을 집어 들었다. 앉을 때 드러난 무르팍에 푸르스름한 핏줄이 보이는 순간, 시선이 설레고 마음을 빼앗겼다. 나는 그녀의 무르팍에 매혹당했다. 손바닥 반절만 한 평편한, 윤기 흐르고 햇살처럼 빛나는, 사방치기로 딱 좋은 조약돌 같은 무르팍. 다리가 풀려 쓰러지는 듯한 그녀의 모습은 머리를 물속에 담그는 오리처럼 보였다. 까만 눈동자, 윤기 나는 머릿결이 사랑스럽다.

"아이고, 아프겠다. 문이 좀 뻑뻑해서 조심해야 해. 액땜했다고 생각하세요."

정선 누님은 비웃는 건지, 동정인지 분간할 수도 없다. 그녀는 문쪽에서 제일 가까운 의자에 궁둥이를 붙이며 동그랗게 앉았다. 앉은키가 서 있을 때보다 훨씬 작고 상대적으로 다리가 길어 보이는 체형이었다. 갸름한 얼굴, 굴곡 있는 라인, 발그레한 볼이 매혹적인데, 이마는 벌에 쏘인 듯, 떼를 못 입힌 봉분처럼 발갛게 솟았다. 저럴 때는 머큐로크롬이 만병통치약인데...

그녀는 검은 눈망울에 눈매가 선하고 입술이 도톰한 매력적인 오리, 청치마에 흰색 블라우스가 잘 어울리는 여자였다.

"감사합니다. 오늘 다섯 분 참석하셨습니다. 마지막 오신 분이 작은 불상사를 당하셨지만 큰 사고는 아니어서 다행입니다. 주위가 어두우니 항상 조심하시기 바랍니다."

오늘은 독서모임 운영계획과 준비 사항을 전달하는 오리엔테이션이고, 다음 달부터 매월 1회, 6개월 동안 독서모임을 본격적으로 시작하게 된다.

"그럼 늦게 오신 분부터 시계방향으로 돌아가면서 모임 참여동기, 사는 곳, 이름 정도 간단한 자기소개 부탁드립니다."

"안녕하세요, 조금 전에 여러분들에게 쌩쑈를 보여드린 여자입니다. 처음엔 너무 창피해서 난감했는데요, 시간이 약이라는 옛말이 맞나 봅니다. 이제 좀 진정이 되네요. 여기 계신 분들에게 즐거움을 드렸다고 생각하니 마음이 훨씬 가볍습니다. 앞으로 계속 웃겨드릴게요. 저는 성격이 약간 덜렁거리고 털털한 편입니다. 그래서 친구들이 지금도 저를 허당이라고 놀리기도 합니다. 친구들이 많은 편이고 어른들이 성격 좋다고 예뻐하십니다. 나쁜 점이라면 제대로 삐지면 절대 안 봅니다. 항상 저한테 잘해주셔요. 참여동기는 좀 더 다양한 분야의 책들을 읽고 싶어서 신청하게 되었습니다. 오륜동 이지은이라고 합니다. 마니마니 예뻐해 주세요."

생각보다 활기차고 역동적이라 기대가 크고 즐겁고 흐뭇했다.

"저는 김선해라고 합니다. 행복한 김치과를 운영 중이고요, 폭넓은 대화와 교감을 나누려고 합니다. 치과 이름처럼 모두 행복하셨으면 좋겠습니다. 성격은 호기심이 많은 편이고 뭐든 한번 꽂히면 집중하고 편식하는 스타일입니다. 저도 오륜동에 살고 있는데 지은 씨는 처음 뵙는 것 같습니다. 산책할 때 뵈면 너무 반가울 것 같습니다. 집에 갈 때 동행할 분이 계셔서 너무 좋네요."

 동네 사람이라니! 세상이 좁다. 죄짓고 살면 안 된다.

 "다음은 정선 누님입니다. 자기소개 부탁드립니다."

 "회장이 누님이라 하지마는 돌아보니 내가 막내같데이, 하하. 아시아선수촌아파트에 살고 치매 예방할라꼬 신문 읽고 정리하는 습관이 있다. 경로당에서 소일하고 책 찬찬히 읽꼬. 늦은 나이에 여 온 건 젊은 사람들과 함께 읽으믄 좋을 것 같고 어떤 생각들 하는지 궁금해서 신청했데이. 또 새벽에 일나서 맹하이 있으니 책 읽는 게 낫다 아이가. 우야튼 모임하믄 깔끔하게 더 열심히 읽을 것 같다. 다들 내 맘 이해하제? 나이 많다고 제끼지 말고 잘해 주이소. 이름은 정선, 고향은 부산. 이상 끝."

 아하, 누님이 부산이구마. 어쩐지 사투리 씨다 했다. 감초 같은 역할을 기대할 수 있겠다. 아시아선수촌아파트는 역사적으로 86 아시아올림픽 선수촌이었고 지금은 재건축 이슈가 있는 대표적인 송파구 부촌이다. 교통도 사통팔달이고 공원이 잘 조성되어 있고 종합운동장, 학생체육관, 파크골프장 등 체육시설도 많은 살기 좋은 아파트이다.

 "다음은 최언소 조예은 씨입니다."

 "안녕하세요? 제가 막내 같아요. 20대면 막내 맞죠? 저는 어찌어찌 영국 런던에 있는 예술대학을 졸업했습니다. 전공은 무대디자인이고요. 당시만 해도 생소한 분야였는데 지금은 우리나라에서도 공연 관련 시장이 커져서 부쩍 관심이 많은 분야가 되었습니다. 5년 전부터 개인 스튜디오를 오픈해서 해외 예술대학 입시 전문 강사로 일하고 있습니다. 학생들과 함께 작품 기획을 하다 보면 오히려 제가 더 배운다는 느낌입니다. 집은 가락동입니다. 소설을 좋아하는데 일이 바쁘다 보니 책을 잡기가 쉽지 않습니다. 혹시 완독 못하더라도 넓게 이해해 주시기 바랍니다. 민폐 끼치지 않도록 노력하겠습니다. 감사합니다."

특별한 직업인 것 같다. 국내도 아니고 해외 입시라? 바쁘다는 걸 보면 꽤 수요가 많은 듯하다. 모임 중에 무대디자인 관련 이야기를 들어봐도 좋겠다.

"마지막입니다. 처음 소개했던 이지은 씨와 이란성 쌍둥이처럼 느껴지는 분인데요, 같은 이름을 가진 분들은 어떤 생각이 드는지 사실 좀 궁금하기도 합니다. 저는 좀 기분이 언짢을 것 같긴 한데요. 또 다른 이지은 씨입니다."

"안녕하세요. 같은 이름이라고 놀라지는 않았습니다. 학교 다닐 때도 같은 이름이 2~3명씩 있기도 해서요. 미경, 은경, 효선... 이름도 유행을 타는 것 같아요. 특정 시기에 유행하는 이름이 있어서 더 그런 것 같아요. 성격은 내성적이지만 꼼꼼하고 예민한 구석이 있습니다. 제가 색다르게 말하더라도 별다르게 생각하지 마시고 너그럽게 봐주시면 감사하겠습니다."

'색다르게, 별다르게, 너그럽게.' 말이 시처럼 파도처럼 들린다. 반복적인 부사형 어미가 운율을 만들고 이미지를 떠올리게 하는 방식으로 의미를 강조한다. 인상 깊다.

"이제 제 소개를 하겠습니다. 모임을 운영하는 박동장입니다. 저는 이름이 소장도 아니고 면장도 아니고 동장입니다. 제가 공무원이 되고 지금은 진짜 주민센터 동장이 되었습니다. 이름도 동장, 직위도 동장입니다. 참 인생이 아이러니하죠? 저는 책을 원체 좋아합니다. 독후감 숙제를 하기 위해 어린이 동화를 읽고 쓴 기억들이 있는데, 이것이 시작이었던 것 같습니다. 직장생활을 하면서 책을 잊고 살았습니다. 잠시 퇴마류 책을 열심히 탐독했던 기억이 납니다. 성격은 저야말로 내성적입니다. 내성, 외성 아닌 내성. 여자한테 떨려서 말도 못할 정도였어요."

갑자기 정선 누님이 악담을 내던졌다.

"그게 아이다. 아까도 말했지마 지금도 잘생긴 총각이라카이. 그때는 조용한 바람댕이, 지금은 천하의 바람댕이! 욕봤다."

세상에는 다양한 부류의 사람이 있지만, 유형은 딱 두 가지뿐이다. 내 편 아니면 남의 편. 그런데 누님은 이도 저도 아닌 적이었다. 한바탕 웃음을 교환하고 이어갔다.

"늦게 시작한 독서로 아이들과 함께 읽고 대화하는 아빠가 될 기회를 놓친 것 같습니다. TV나 보면서 너는 커서 뭐가 될 거냐고 악을 썼으니, 참 어리석은 아빠였던 것 같습니다."

김선해 씨기 손을 들고 다섯 손가락을 깜빡이처럼 쥐었다 폈다.

"당초 회장님이 주제별로 6권의 책을 공지하셨는데요, 회원들 각자가 읽고 싶은 책으로 진행하면 어떨까요? 다양한 책을 폭넓은 시각으로 접할 수 있는 장점이 더 많을 것 같습니다. 어떻게 생각하세요?"

당돌한 접근이었다. 운영자가 도서 6권을 이미 공지한 상태였고 그 점에 동의해서 참여한 건데 갑자기 책을 변경하자는 건 무리한 제안이었다. 불쾌했지만 다른 회원들의 이야기를 듣고 싶었다.

"아, 선해 씨 제안은 잘 진행되면 다행이지만, 만에 하나 추천자가 결석하거나 진행이 부실할 경우 모임이 산으로 갈 수 있습니다. 맥락 없이 엉뚱한 주제로 흘러가는 거죠. 주제별로 운영자가 일괄 선정하는 방법은 운영자가 전적으로 책임을 지고 발제하기 때문에 모임이 신속하고 체계적으로 진행될 수 있습니다. 토론도 준비된 발제문으로 원활하게 운영된다는 장점이 있습니다. 그럼 양쪽 다 장단점이 있으니 토론해서 결정하면 어떨까요?"

다들 수긍하는 눈치였다. 조예은 씨가 입을 열었다.

"두 가지 방법을 혼용하면 어떨까요? 6회니까 4회는 회장님이 공지한 대로 맡아주시고, 2회는 희망자 중 두 명이 진행하는 겁니다. 이렇게 하면 더 좋은 결과를 얻을 수 있지 않을까요?"

달팽이 이지은 씨가 나섰다.

"첫 모임이라 섣불리 말씀드리기는 그렇지만 오늘 자리가 오리엔테이션이라고 들었습니다. 과정 운영 방향 등에 관해 이야기하고 적당한 기준을 정하는 걸로 알고 왔는데 좀 당황스럽습니다. 회장님 말씀대로 주제에 맞는 도서를 결정했고 발제하신다고 했는데, 지금 갑자기 도서를 변경하는 것은 무리가 있어 보입니다. 계획대로 회장님 주관으로 독서모임을 진행하는 게 큰 무리가 없어 보입니다."

'계획대로', '무리없이'라는 언어에 대중들은 마음이 흔들린다.

"100% 회원 참여형 제안, 당초 안대로 하자는 제안, 회장과 회원들이 4:2로 나눠서 하자는 절충안이 나왔습니다. 세 가지 의견 말고는 없을 듯합니다. 다른 의견이 없으면 다수결로 정하죠. 그럼, 손들기…"

갑자기 정선 누님이 손을 들었다. 혹시 귀가 어두우셔서 손들라고 잘못 알아들으셨나.

"이 자리가 옳고 그름을 판단하는 자리가 아니라카이. 달리 가믄 생떼부리는 기지. 아니믄 이게 먼 지랄이고. 개우 6명이 만장일치도 몬하는 게 좀 남사스럽다. 다수결이 나쁘다는 게 아이다. 잘못하면 편 가르기고 상처를 준다. 80년 살아온 나가 볼 때, 이런 경우에는 쪼매 양보하고 즐겁고 재미가 있어야 한다. '사다리 타기'로 정하면 안 되겠나? 이거는 기냥 찍으면 된데이."

당혹과 웃음이 교차한다.

"그럼, 정선 누님이 제안하신 '사다리 타기'에 대한 찬반을 결정하겠습니다. 이 방법론 안건에 대해서는 손들기로 하겠습니다."

결과는 4:2로 재적 회원 6명 중 4명 찬성, 나와 이지은 2명 기권이었다.

"네, 사다리 타기로 결정되었습니다. 당혹스럽지만 재미있네요. 그럼, 누가 사다리를 탈지 결정해야겠네요. 희망자가 있으면 그분이 하셔도 될 것 같습니다."

누님이 시비를 걸었다.

"아이다, 이건 아이다. 제안과 상관없는 자가 해야 조타. 회장, 김선해, 조예은, 이지은, 그리고 내는 빠지고 기권표를 던진 동명 이지은이 조을끼다."

갈수록 첩첩산중이다.

"그럼, 먼저 해결해야 할 일이 있어요. 여러분들도 아시겠지만, 이지은 씨가 동명이인이라 누가 누구인지 혼동하실 수도 있으니 이 자리에서 별칭을 정하면 좋을 것 같아요. 본인만 괜찮다면 스스로 허당이라 하신 이지은 씨를 허당 지은으로 부르면 어떨까요?" 허당 지은이 주저하지 않고 웃으며 큰소리를 쳤다.

"찬성합니다."

무르팍이 아름다운 그녀. 나는 허당으로 부르고 싶지 않았다. 무르팍 지은이라면 모를까.

"좋습니다. 그럼, 지금부터 두 분을 허당 지은과 지은 씨로 구별하겠습니다. 그럼 기권하신 지은 씨가 사다리를 타겠습니다."

A4용지에 삐뚤빼뚤 사다리를 만들고 객관성을 위해 곁가지를 회원들이 그려 넣었다. 나는 상단에 1, 2, 3 세 가지 선택지와 하단에 세 가지 방안을 화룡점정 격으로 진중하게 그렸다. 지은 씨는 난감하다는 듯 몹시 망설이더니 말없이 2번을 택했다. 1번은 부담스럽고 3번은 왠지 오답일 것 같은 막연한 두려움과 어떻게든 위기에서 빠져나가려는 고장 난 인형다운 결정이었다. 빨간색 마이크로 유니볼 펜슬이 선을 따라 굵게 지나가고, 가는 길목 길목마다 삐쭉삐쭉 내민 12개의 매서운 눈초리가 촘촘히 미행한다. 우여곡절 끝에 절충형

으로 결정됐다. 다들 하이파이브를 하고 서로 얼굴을 맞춘다. 얼마 후 불안감이 덩어리져 엄습해 왔고 사르르 굳었다. 솜털같이 많은 책 중에서 한 권을 정하는 일이 사실 녹록지 않다. 게다가 발제까지 한다는 것은 내용 정리와 윤곽을 잡은 후 포인트를 뽑아내야 하는 힘든 작업이다. 발제자는 참여자보다 2~3배 노력과 정성을 들여야 한다.

문화체육관광부가 2024년 4월 발표한 '2023 국민 독서실태조사'에 따르면, 2022년 9월~2023년 8월간 성인 가운데 일반 도서를 단 한 권이라도 읽거나 들은 사람의 비율이 43%에 그친 것으로 나타났다. 성인 10명 중 6명이 1년에 단 1권의 책도 읽지 않는다. 독자(讀者)가 귀한 시대이자 독자(獨子)만 넘쳐나는 외로운 시대이기도 하다.

책을 좋아하는 사람들은 서로 교류하고 싶어서 모임을 찾는다. 하지만 자신이 주도하는 모임보다는 기성품처럼 쉽게 참여할 수 있는 모임을 원한다.

"자, 그러면 이제는 책 선정과 발제하실 두 명을 뽑겠습니다. 손들어 주세요!"

김선해 씨만 손을 들었다. 본인이 하자고 했으니 당연한 결과였지만 다른 회원들은? 어이가 없다.

"예은 씨, 하실거죠?"

"저는 못할 것 같아요. 자기소개 때 시간이 안 돼서 일독히기도 힘들다고 했잖아요."

"허당 지은 씨는요?"

"저요? 전 부담 없이 참여하고 싶어요."

"이지은 씨는요?"

놀란 표정, 기어들어가는 자라목. 제대로 쳐다보지도 않고 양손의 엄지와 검지를 교대로 맞추며 딴짓한다.

"정선 누님도 안 하실 거죠?"

누님이 엉덩이를 들썩이며 펄쩍 화를 내신다.

"니마 끄지라. 머 그리 당당하노. 억수로 나 무시하나? 말 뽄새가 영 아니고마. 됐다. 내 한다."

입방정이 또 사달을 일으켰다는 자책감이 든다.

"이제 어느 정도 정리가 되는 것 같습니다. 신청해 주신 김선해 씨와 정선 누님은 이번 주 일요일까지 책을 선정해서 알려주세요. 완료되면 단톡방에 공지하도록 하겠습니다. 참고로 발제문은 샘플을 보내드릴 테니 양식에 맞춰서 제출해 주시기 바랍니다. 공통 문항 3개, 선택 문항 3개 정도로 해주시면 됩니다. 간단한 소감을 듣고 오리엔테이션을 마치도록 하겠습니다. 고도리 방향으로 정선 누님부터 하겠습니다."

"총각, 와 그라노 갑자기. 앙갚음하는 기가? 원, 쑥스럽고마. 오늘 아처럼 사다리도 타고. 앞으로도 오늘처럼 재미있게 지나고 열심히 하겠씹니더."

"무대디자이너 조예은 씨."

"네, 앞으로 벌어질 일들이 무척 흥미롭습니다. 좋은 책과 좋은 사람과 함께한다는 생각만으로도 너무 행복합니다. 감사합니다."

"이지은 씨."

"저도 열심히 읽고 참여하겠습니다."

"다음은 허당 지은 씨."

"다행입니다, 제가 발제를 안 해도 돼서요. 공지될 책들이 무척 궁금해집니다. 회장님 책도 그렇지만 두 분이 해주실 책도 궁금합니다. 기대하고 있겠습니다. 감사합니다."

"김선해 씨."

"괜히 저 때문에 혼선이 있었던 것 같아서 죄송하기도 하지만 즐거웠습니다. 막판에 사다리 타기는 압권이었습니다. 생각의 차이가 전혀 다른 결과를 도출해 낼 수 있다는 것을 알게 되었습니다. 회원님들 모두 개성 있고 특별해 보입니다. 독서토론이 다양하고 생동감 있게 진행될 것 같습니다."

"네, 모든 회원님께 감사드립니다. 다음 달에는 본격적으로 독서모임을 시작하겠습니다. 필히 일독하시고 참석해 주세요. 벌써 9시네요. 편안하고 안전하게 귀가하시기를 바랍니다. 감사합니다. 마지막은 항상 우리 모두의 환성과 박수로 자화자찬해 보겠습니다. 모임을 마칩니다!"

"와와, 짝짝짝."

나는 걱정이 많은데 이분들은 기대가 크구나. 현실과 기대는 한참 다른 건데. 독서모임은 책도 책이지만 사람과 사람의 관계 설정이라는 생각이 든다. 내가 상대에게 무조건 잘해준다고 상대도 잘하는 게 아닌 깃처럼, 관계는 상대적이고 비례적이어야 한다. 모두 각자의 자리에서 최선을 다해야 관계가 유지되고 지속될 수 있는 것이다.

관계는 사랑과 같은 개념이다. 사랑도 관계처럼 마음을 동반한다. 내가 어떤 마음이냐에 따라 관계의 형식과 밀도는 달라진다. 준 것보다 받을 마음이 커야 한다면 욕심이겠지만, 얼추 비슷하게는 받아야 관계가 유지된다고 생각한다. 이렇게 말하면 간혹 반론을 제기한다. 사랑이 빌려준 돈 받는 거냐고. 나는 오히려 되묻고 싶다. 사랑하는 사람에게 그 정도도 못 해주냐고. 그 정도 배려하는 게 그렇게 어렵다면 그것이 사랑이냐고.

사랑을 할 때는 그 사랑이 우리 마음속에 모두 담기에는 너무도 크다고 느낀다. 사랑은 사랑하는 사람을 향해 빛을 퍼뜨리지만 거기서 사랑을 멈추고 다시 출발점으로 돌아가게 하는 어떤 표면을 발견하며, 그리하여 우리 자신의 애정이 되돌려지는 이런 반향을 우리는 그 사람의 감정이라 부른다. 이 감정이 그 사람을 향한 우리의 일방적인 감정보다 더 매혹적으로 보이는 까닭은 그것이 바로 우리 자신에게서 나온 것임을 인식하지 못하기 때문이다.[12]

프루스트는 사랑을 빛으로 표현하면서 그의 사랑이 상대에게 보내질 때 그녀의 반응에 흥분하고 도취하지만 그녀의 반응은 그녀의 온전한 마음이 아닌, 내가 그녀에게 품었던 감정의 극히 일부가 되돌아온 것에 불과했다고 언급한다. 어쩌면 사랑은 철저하게 이기적이거나 지푸라기 같은 소망을 내포한 착각, 혹은 절망이다. 프루스

---

12) 『잃어버린 시간을 찾아서』 3권, 마르셀 프루스트, 김희영 옮김, 민음사(2014), p.318~319.

트의 사랑은 대상의 소실을 전제하고 소실점을 향해 나아가는 자신이며, 사랑이 타자를 향하는 것처럼 보일지라도 결국 자신으로 향하는 나르키소스적 도착인지도 모른다. 자신을 향한 사랑은 극히 직선적이며 가학적이다. 그래서 사랑은 소실점으로 가서도 안 되고 자신을 향해서도 안 된다. 기꺼이 상대의 짐과 고통을 함께 짊어지는 비례적이고 상호적인 마음이어야 한다. 사랑은 내가 그녀에게 조건 없이 베푸는 것이지만 그녀가 그 마음을 제대로 이해하지 못한다면 그녀는 나를 사랑하지 않는 것이며 나의 사랑을 받을 자격도 없다. 관계도 마찬가지이다. 나는 우리의 독서모임이 일방적이 아닌 상호적이고 대칭적이고 비례적인 관계가 되기를 희망한다.

사람도 관계도 사랑도 내 마음 같지 않다. 불현듯 닥쳐오고 뜻하지 않게 선택한다. 옛 시간, 오랜 기다림 끝에 서글픈 봄이 도착했다. 겨울 같은 봄이.

봄 편지

아버지는 왜 누나의 이름을 춘희라 했을까? 설마 아버지가 프랑스의 작가 알렉상드르 뒤마를 알고 계셨을까? 소설 『춘희』의 여주인공 마르그리트의 열렬한 팬이셨을까? 아버지도 동백꽃을 사랑하셨을까? 누나는 어머니의 염원과 아버지의 기대와 외할아버지의 소망을 거스르고 비운의 여주인공 마르그리트처럼 태어났다.

어머니는 출산을 앞두고 배가 산만해지고 태동이 심해지면서 마음을 정갈히 했다. 밭일하지 않는 어머니가 못마땅했는지 큰어머니 당신은 밭에서 일하다 애도 낳았는데 요즘 것들은 놀고먹으려고만 한다고 힐난하셨다. 산통이 빨라지자, 출산이 임박했다. 외할아버지는 동네에서 소문난 산파를 보내주셨다. 반나절이 지나도록 소식이 없다가 애 울음소리가 들린다. 기다리던 아버지와 가족들은 산파의 입만 쳐다보았다. 산파는 만면에 웃음을 띠며 순산이라고 알렸다.

"계집애네."

누구나의 탄식처럼 얼음 같은 침묵이 돌았다. 누가 먼저랄 것도 없이 고개를 숙이거나 엉뚱한 곳을 바라보았다. 정적을 깨는 이모들의 합창.

"산모가 건강하면 언제든지 낳는 거야. 걱정할 것 없지, 암."

방에서 산통이 다시 생겼다며 산파를 찾는다. 서둘러 들어간 산파의 목소리가 들린다.

"아이고매, 이번엔 고추구먼. 아이고 색시가 고생이 많았네."

밖에서 박수가 터지고 아버지는 얼떨떨한 표정으로 쾌재를 불렀다. 들뜬 기쁨도 잠시 애가 울지 않는다며 난리가 났다. 옥신각신 끝에 형아는 눈도 뜨지 못하고 그 짧은 생을 마감했다.

"저년이 웬수구먼. 저것이 먼저 나와서 귀한 자손 숨통을 끊었어."

큰어머니는 진즉 이렇게 될 줄 알았다며 정성이 부족했든지, 밭이 형편없든지 둘 중 하나라고 비아냥거렸다. 어머니는 숨 쉬는 것조차 고통스럽다며 차라리 모든 걸 내려놓고 싶다고 하셨다. 막내 이모는 언니를 붙잡고 울기만 했다.

누나는 있는 듯 없는 듯 한동안 이름 없는 계집으로 살았다. 누나는 이름이 없는 삶이 무슨 뜻인지 알았을까. 그녀는 목청이 찢어져라 서럽게 울었다. 저승으로 떠난 형아도 이름이 없고 이승에 남은 누나도 이름이 없다. 살아있는 누나와 죽은 형아는 같은 존재가 되었다. 이름이 없다는 것은 죽었다는 의미일까. 이름이 없으면 없는 것일까. 이름 없이는 살 수 없다는 뜻일까.

모든 사람은 이름을 가진다. 적어도 이름이 없는 사물은 지금은 모르지만, 언젠가 알려질 미지의 존재라든지, 없어서 아예 드러나지 않는 세계의 존재일 뿐이다. 그럼 이름이 없는 누나는 현재도 없고 미래에도 없는 존재일까. 고의로 없는 것처럼 만든 것일까.

누나는 유보된 존재다. 잠시 미뤄진 존재, 마음의 준비가 필요한 존재였다. 한해가 훨씬 지난 어느 늦은 밤, 아버지는 그제야 준비가 되었는지 누나의 이름을 가져왔다. 어머니도 서러웠던지 눈물을 쏟았다.

춘희(春喜), 뒤마의 춘희(椿姬)는 아니었다. 애초부터 동백나무가 아닌 참죽나무였던 것처럼. 아버지는 현실을 받아들이기 어려웠나 보다. 마음의 준비를 마치고 당신의 딸에게 "봄이 오니 기쁘다."라고 말했다. 누나는 이제 실체가 되었고 아버지는 자유로워졌다.

누나는 봄이라 불렸고 그제야 울음을 멈추고 잠이 들었다.

그때까지도 겨울이었다. 아버지는 뜬금없이 봄을 가져왔다. 애꿎은 봄만 차가운 된바람에 오돌오돌 떨어야 했다. 한참 아궁이에 불을 때도 구들은 뜨겁지만 얼굴은 시린 겨울, 한 이불속에 서로 몸을 새우처럼 구부려 달라붙어도 추운 겨울, 아버지는 새벽이면 봄이 얼어 죽을지도 모른다며 당신의 배 위에 올려놓고 주무셨다. 아버지 배꼽 안으로 파고드는 봄, 온기 한 점 없는 윗목의 발걸레마저 얼어붙는 한겨울 새벽이었다.

아버지는 딸에게 무엇을 바랐을까? 힘들고 벅찬 겨울 같은 생활에 질려서 봄이 되기를 소망하셨을까? 겨울은 한창이고 봄은 아직도 멀리 있었다. 봄이 아직 오지 않았기에 아버지는 유보해 놓고 기다리지 않았을까? 겨울이 씨줄이라면 봄은 날줄이다. 겨울이 현재를 찍어 내리는 세로줄이라면 봄은 오다 가기를 반복하는 오지 않은 가로줄이다.

춘래불사춘(春來不似春), 봄은 왔지만 봄같지 않구나. 겨울 같은 봄, 정체를 알 수 없는 먼 봄이었다.

2부

여섯 권의
책

첫 책

"안녕하세요?"

"반가워요."

"오랜만이네요."

"벌써 한 달이 지났네요."

"반갑습니다, 회원님들! 모두 참석하셨습니다. 이 뜨거운 기세를 모아 모아서 과정 마칠 때까지 이어갑시다. 아, 우리 허당 지은님은 괜찮으신가요? 부기가 가라앉은 것 같아요. 훨씬 미인이십니다."

"히히, 네. 괜찮아졌어요. 한 달이나 지났는데 지금까지 상처가 남아있으면 안 되죠."

"네. 시간이 5분 정도 남았네요. 정시에 시작해서 정각에 마치도록 하겠습니다. 발제문과 일정 안내문을 참고하시고 중간중간 준비한 간식을 드시면 될 것 같네요. 두 시간이 긴 시간이 아닙니다. 협조 부탁드립니다."

말이 끝나자마자 자투리 시간 5분이 무섭게 시끄럽다. 오늘이 두 번째 만남인데 어떻게 저리 친해졌는지 시끌벅적하다.

"토론에 앞서 첫 면의 그림을 봐주세요. 가브리엘 마르케스[13]의 『백 년 동안의 고독』[14] 초판본 표지[15]인데요. 아주 화려하고 상쾌하고 환상적입니다. 꼼꼼히 살펴보시고 느낌을 말씀해 주시면 될 것 같습니다. 지명하지는 않겠습니다."

백 년 동안의 고독

김선해 씨가 안경을 치켜세우며 손을 들었다.

"꿈속에서나 볼 수 있는 그림이네요. 배경색인 초록색이 시선을 끄는 것 같아요. 무지갯빛의 네 번째 색이기도 하고 빨강, 파랑과 함께 가시성이 뛰어난 만큼, 시선을 잡아끄는 힘이 있습니다. 빨간색 과일과 뱀이 나오는 건 성경 속 선악과를 상징하는 의미를 담고 있는 듯합니다. 원죄라고나 할까요? 난파선도 파기된 소망을 상징하는 듯하고요. 나신의 여인은 책 속 주인공 미녀 레미디오스가 담요와 함께 하늘로 사라지는 장면이겠죠. 전체적으로 소설의 배경인 마칸도에서 벌어진 주요 장면을 담고 있습니다. 아주 몽환적입니다."

역시 그림을 자세히 살펴보고 책과 연관해서 말씀해 주신 것 같다. 원죄와 난파선 그리고 승천. 마칸도는 성경에 등장하는 소돔과 고모라일까?

조예은 씨가 차분하게 이야기한다.

---

13) 가브리엘 마르케스(Gabriel Garcia Marquez, 1927~2014) : 콜롬비아 소설가, 평론가.
14) 『백 년 동안의 고독』, 가브리엘 마르케스, 안정효 옮김, 문학사상(1977).
15) First edition of One Hundred Years of Solitude by Garcia Marquez, Harper & Row, 1970.

"그림에 많은 내용을 담다 보니 주제의 일관성이 부족해 보이지만 압축된 이미지를 상징적으로 전달하려는 의도는 성공한 것 같습니다. 책의 표지 그림이니 당연하겠죠. 요즘 무대디자인도 전혀 새로운 것을 표현하기보다는 기존의 이미지를 활용해서 새로운 의미를 녹여내는 시도가 증가하고 있습니다. 대상을 다시 보고, 삐딱하게 보는 시도가 중요한 것 같습니다."

일반 그림과 표지 그림과의 차이를 말씀해 주시는 것 같다. 예은 씨 말대로 그림이 좀 산만해 보인다. 화려한 이미지에 집중하기보다는 이면의 속뜻을 살펴보는 노력이 필요할 것 같다.

"1번 문항으로 넘어가겠습니다. 평점 매기기인데요, 이 문제는 다 함께하는 것입니다. 돌아가면서 평점과 그 이유에 관해 말씀해 주세요."

정선 누님이 먼저 말씀하신다. "평점 3점 '슬퍼요'. 슬프지만 이해력도 딸리고 오락가락해서 읽기가 힘들다. 그래서 '슬퍼요'에 점수를 준거라. 나이가 80을 넘어, 살아온 날보다 남은 날이 짧은 거 같아 우울하고 슬프다. 책 속의 우르슬라가 처박히고 둥둥 떠내려가 내처럼 슬프다."

"저는 5점 만점 '판타스틱'입니다. 환상적이고 가변적인 표현이 오히려 읽기에 편하고 자연스러웠던 것 같습니다. 동화책이 아닌 이상, 성인이 읽을 수 있는 이런 부류의 소설을 찾아보기는 어려울 것 같습니다. 꿈처럼 환상적인 표현도 마음에 들었습니다. 매우 슬프게 표현할 수도 있었겠지만, 아닌 듯 그런 듯, 현실을 뛰어넘는 표현이 참혹한 현실을 더 강조하는 효과가 있습니다. 막연히 특정 사건에 매몰된 개별적인 슬픔이라기보다는 다 지난 후에 느껴지는 압축된 감정이라고 할까요? 바람에 이는 나뭇가지처럼 인과응보, 숙명 같은 느낌이었고 마음이 처연해졌습니다." 막내 예은의 말에 슬픔이 비친다.

"저는 2점 '별로요'입니다. 전반적으로 이해하기가 힘들었어요. 왜 마칸도가 없어져야 하는지, 갑자기 하늘로 사라져야 하는지 이해하기 힘들었어요. 표현도 유치하지 않나요? 그렇다고 의미를 강조하는 문학적 장치로 보기도 어렵고요. 이해하기 힘들어서 평점 2점입니다. 발제문에 첨부된 기사 중 작가의 운구차가 지나갈 때, 길을 메운 추모객들이 날린 노란 종이꽃으로 거리가 온통 노란색으로 뒤덮였다는 장면에서 울컥했어요. 문득 내가 죽으면 애틋하게 기억해 주는 사람이 있을지 도무지 자신이 없네요. 이 부분 말고는 명성에 비해 소설은 그다지 특별하지 않았던 것 같습니다."

지은 씨는 좀 특이했다. 어떻게 2점을 주려고 했을까?

"허당 지은입니다. 4점 '좋아요'입니다. 저는 먼저 서평을 찾아봤어요. 1967년 책이 출간되면서 마르케스는 마술적 리얼리즘이라는 새로운 표현 기법을 확장한 작가로 인정받고 1982년 노벨 문학상의 영예를 안았더군요. 그래서 현실과 환상을 넘나드는 표현을 꼼꼼히 살펴 읽었습니다. 역시 일반적인 서술에 비해 환상적인 표현이 박하 향처럼 시원한 느낌이었습니다. 이런 걸 마술적 리얼리즘이라고 하는구나, 머 그런." 지은 씨와 허당 지은 씨는 동명이인이지만 취향은 전혀 다른 듯하다.

"평점은 4.5점입니다. 앞서 말씀해 주신 부분에 전적으로 동의하고요. 저 역시도 마술적 리얼리즘이 기억에 남는 것 같습니다. 특히 성충동과 근친상간이라는 괴리감에 대해 생각하게 된 것 같습니다. 과연 그것이 인간의 잘못인가? 잘못이라면 강제하는 방법은 있는가? 답을 찾기가 어려웠어요. 우르슬라도 본능을 억제하기 위해서 정조대까지 찰 정도로 노력했지만 결국 실패했잖아요? 어쩌면 인간의 탄생 자체가 근친상간의 결과물이라면 파멸은 필연적인 거겠죠. 이점에 대해서도 함께 이야기해 보면 좋을 것 같습니다."

모델같이 큰 키에 또랑또랑한 목소리의 주인공 김선해 씨였다.

2번 항목 '인상 깊은 문장 발췌하기'에서 허당 지은이 손을 들었다.

"저는 읽다가 깜짝 놀란 부분이 있어요.

> 한번은 배가 파선되어 한국 동해에서 2주일 동안 표류하다가 일사병으로 죽은 동료의 시체를 먹고 살았는데, 그 짭짤한 살은 햇볕에 잘 익어서 쫄깃쫄깃하더라는 얘기도 했다.[16]

방랑자 호세 아르카디오가 이야기를 하는 부분인데 갑자기 한국 동해 이야기에서 빵 터졌습니다. 레이더를 풀가동해서 관련 정보를 준비했습니다.

'리앙쿠르 암초'(2019년 8월 27일자)라는 경향신문 기사를 찾았어요. 조선시대 여러 문헌에서 고래잡이를 언급하고 동해를 경해(鯨海)로 표기했는데 '고래 바다'라는 뜻이에요. 당시 동해는 고래들이 넘쳐나는 곳이었다고 합니다. 프랑스 포경선 리앙쿠르호는 고래를

---

16) 『백 년 동안의 고독』, p.100.

잡기 위해 동해로 왔고, 1847년 1월 27일 서양 최초로 독도를 발견해 1851년 배의 이름을 따 '리앙쿠르 암초'라고 공식 표기했다고 합니다. 아마도 호세 아르카디오는 포경선 선원으로 동해로 왔고 난파한 듯 보입니다. 회장님, 동해가 고래들 놀이터였다니 믿어지세요? 해외 소설에서 동해를 언급할 정도입니다."

"저도 처음 알았네요. 고래라? 송창식의 노래 <고래사냥> 가사 중에 '자 떠나자, 동해바다로. 신화처럼 숨을 쉬는 고래 잡으러' 부분이 생각납니다. 신화가 아니었네요. '고래 싸움에 새우 등 터진다.'라는 말도 있는 걸 보면 고래는 우리나라에 아주 흔한 생물이었던 거죠. 생각만 해도 가슴 벅찹니다. 우리 바다에 파도처럼 고래들이 넘실거렸다는 것이요. 좋은 정보 감사합니다. 허당이 허당이 아니신데요?"

바로 반색하며 김선해 씨가 나섰다.

"저도 한 구절 소개할까 합니다. 아르카디오의 자살 장면이 마술적 리얼리즘의 백미 같습니다.

호세 아르카디오가 침실 문을 닫자마자 권총 소리가 집안을 진동했다. 피가 흘러내려 문 밑으로 새어 나와, 거실을 가로질러 바깥길로 나가서, 울퉁불퉁한 테라스를 곧장 건너서 계단을 흘러내리고, 보도를 지나 터키 사람들의 거리로 뻗어나가 길모퉁이에서 오른쪽으로 돌았다가 다시 왼쪽으로 흘러나가서 곧장 부엔디아 집으로 흘러 닫힌 문 밑으로 들어가서는 응접실을 지나 양탄자를 적시지 않으려고 벽을 타고 가서, 다른 쪽 거실로 갔다가 식당의 식탁을 피해 멀리 한 바퀴 돌아서 베고니아꽃이 핀 현관을 통과하고 아마란타의 의자 밑을 거쳐서, 아우렐리아노 호세에게 산수를 가르치는 아마란타의 눈에 띄지 않고 식기를 둔 방을 빠져나간 다음 우르슬라가 빵을 만들려고 달걀 서른여섯 개를 깨뜨릴 준비를 하고 있는 부엌에 다다랐다.[17]

난봉꾼에 역마살이 낀 호세 아르카디오가 의문의 죽음을 맞이합니다. 목격자도 없고 원인도 알 수 없습니다. 화약 냄새가 진동하지만, 상처는 없고 오른쪽 귀에 피가 흐르고 있을 뿐입니다. 그 피가 어머니 우르슬라를 찾아가는 장면이 압권입니다. 마술적 리얼리즘 표현 기법을 떠나 이 장면의 의미는 무엇이었을까요? 아무리 생각해도 답을 찾을 수 없었습니다. 고민해 보신 분, 혹시 계세요?"

예은이 기다렸다는 듯이 말했다. "저도 이 부분이 인상적이었는데 선수를 빼앗겼네요. 저는 이 장면을 그림으로 그린다면 어떨까 고민했습니다. 일단 거미줄처럼 얽혀있는 나무줄기를 따라 걸어가는 사람의 뒷모습이나 끝없이 이어지는 지하 계단을 내딛는 첫 발걸음으로 그릴 것 같습니다. 어두운 배경에 인물 쪽으로 점점 밝은 색조가 될 것 같습니다. 전체적인 색조는 어둡지만, 사람은 또렷하고 반대쪽은 심연처럼 어둡고 몽환적인 작품일 것 같습니다."

그림으로 상상이 된다. 난봉꾼 아르카디오는 오이디푸스 왕을 닮았다.

오이디푸스는 세상을 떠돌다 모국으로 돌아와 왕을 죽이고 왕비

---

17) 『백 년 동안의 고독』, p.147.

를 취한다. 자신이 죽인 왕이 생부이고 왕비가 생모라는 걸 알게 되자 스스로 눈을 도려낸다.

 아르카디오는 알았을까? '안다'는 특정 대상이 인간의 언어체계 안으로 진입했다는 뜻이다. 그래서 '안다'는 '전달한다'로 전이된다. 그런데 아르카디오는 알지 못했을 것 같다. 언어체계에서 추방된 아르카디오는 인지할 수 없는 존재가 되었고 살아도 살아있다고 볼 수 없게 되었다. 그래서 레베카조차도 사망원인을 찾을 수 없었던 것이다.

 즉물적인 본능으로 세상을 살아온 그의 피는 어머니를 찾아간다. 그리움이라기보다는 오이디푸스 콤플렉스일 가능성이 높다. 작가는 이 근본 충동을 '알 수 없음'으로 기술하고 있다.

 알 수 없다면 의미 없음과 같은 말이 아닌가? 대상이 알 수 없고 의미 없다면 언급해야 할 당위는 전혀 없는 것인데 굳이 언급하는 이유는 무엇일까? 알 수 없음의 형식으로 존재는 자신을 드러내고 있다고 볼 수 있다. 알 수 없기에 불쑥불쑥 욕망하고 순간순간 파멸한다. 피는 듣지도 보지도 못한다. 오로지 밀착하는 촉각 충동뿐이다. 근친상간의 충동을 마술적 리얼리즘으로 잘 표현해 주는 장면인 것 같다. 말장난 같은 언어유희? 혼자 읽었다면 과연 생각의 실마리를 여기까지 연장할 수 있었을까?

 "아, 좋습니다. 다음 분 말씀해 주세요."

 이지은 씨가 떨리는 목소리로 말했다.

 "목수들이 호세 아르카디오 부엔디아의 관을 만들려고 치수를 재는 동안에, 그들은 창밖에 작고 노란 꽃들이 하늘에서 가볍게 빗발처럼 흩날리는 것을 보았다. 꽃비는 소리 없이 밤새도록 내려서 지붕을 덮고 문을 열 수 없을 만큼 집 앞에 쌓였으며, 바깥에서 잠자던 짐승들은 꽃에 덮여 질식했다. 하늘에서 어찌나 꽃송이가 퍼부어대던지 아침에는 길바닥이 폭신폭신한 방석처럼 두텁게 꽃으로 깔렸다. 장례 행렬이 지날 때에는 길에 깔린 꽃 더미를 삽이나 갈퀴로 밀어내야만 했다.[18]

이 장면이 너무 감동적이라 저도 모르게 눈물을 흘렸습니다. 꽃 더미에 파묻혀서 질식사할 수 있다면, 원망도 미련도 없을 것 같아요. 되려 행복할 것 같습니다. 인상적인 장면이었습니다."

죽음이라는 추상 명사 앞에서 차분해지는 이유는 무엇일까? 명확하다기보다는 과정이 고통스럽고 버거울 것이라는 막연함, 두려움 때문이지 않을까. 쉽고 편한 일이었다면 바람처럼 가벼웠을 것이다. 죽음도 아름다울 수 있다는 생각에 숙연해진다. 이지은 씨의 말에 공감하면서도 그녀가 너무 죽음에 집착하는 게 아닌지 우려스럽기도 했다.

정선 누님이 나섰다.

"심만 든다. 축축 처지는 이야기는 고마하고 심 냅시다. 마이 묵었다 아이가, 하하."

한바탕 웃음이 쏟아지고, 흰 미소의 허당이 손을 든다.

"읽을 테니 집중하이소!" 사투리 흉내에 웃음이 떠돈다.

---

[18] 『백 년 동안의 고독』, p.157.

"아우렐리아노 세군도는 원고에 적힌 글들을 풀기 시작했다. 그것은 불가능한 일이었다. 종이에 적힌 글자들은 햇볕에 말리려고 빨랫줄에 멋대로 걸어놓은 빨래들 같았으며 글씨라기보다는 오히려 악보 원고에 가까웠다.[19]

글자를 악보로 표현한 부분인데, 글자를 악보의 콩나물 대가리, 빨래로 은유한 것도 신선했고요, 풀어진 원고 상태를 바람에 날리는 악보로 표현한 부분도 맘에 들었어요. 작가의 상상력이 참 대단한 것 같아요. 자연스럽게 풀어준 번역가도 훌륭하다는 생각이 듭니다."

인간의 상상력이 아름다움을 창조했다. 인간은 추한 존재로 전락할 수도 있지만 상상력으로 아름다운 존재가 되기도 한다. 전에 읽은 여류작가 김숨의 장편소설 『바느질하는 여자』[20]의 멋진 표현을 기억한다.

> 다듬잇돌을 댓 개 합친 크기의 누비대 위에는 흰 저고리가 펼쳐져 있었다. 어머니가 한참 바늘땀을 떠 넣고 있는 저고리는 흡사 두루미 같았다. 물 댄 논을 거닐던 두루미가 날아들어 누비대 위에서 까무룩 잠든 것 같았다.[21]

"네, 잘 들었습니다. 3번 문항은 '고독과 외로움의 차이에 대해서 말씀해 주세요' 입니다. 고독은 숱하게 등장하는 단어입니다만, 외로

---

19) 『백 년 동안의 고독』, p.207.
20) 『바느질하는 여자』, 김숨, 문학과 지성사(2015).
21) 『바느질하는 여자』, p.10.

움은 드문 것 같습니다. 그 차이에 대해서 알아보면 고독에 대한 의미를 제대로 이해할 수 있을 것 같습니다. 어서어서 말씀해 주세요."
"저요, 저요. 위키백과에 나오는 뜻풀이를 소개하겠습니다. 비슷하지만 차이가 있는 단어라는 생각이 들었습니다." 허당 지은이 어깨를 으쓱거리고 앞쪽으로 상체를 숙였다.

"고독(solitude)은 사람들과의 접촉이 없는 것과 같은 차단되어 있거나 고립된 상태를 가리킨다. 고독은 상황에 따라 긍정적 효과와 부정적 효과 모두 있다. 단기적 고독은 방해받지 않고 일하거나 생각하거나 쉴 수 있는 시간을 주기도 한다. 사생활을 위하여 바람직하기도 하다. 바람직하지 않은 장기적 고독은 관계 파괴, 사랑하는 사람의 상실, 숙고가 필요한 선택, 전염병, 정신질환, 수면장애, 고용 환경 및 상황 환경 등으로부터 유래한다. 고독과 외로움에는 차이가 있다. 이 두 단어는 각각 혼자 있는 것에 대한 즐거움과 고통을 의미한다. 외로움과 달리 고독은 어떤 일에 몰입하는 데 도움이 되기도 한다.

외로움(loneliness)의 사전적 정의는 '홀로 되어 쓸쓸한 마음이나 느낌'을 뜻한다. 사회적 동물인 인간이 타인과 소통하지 못하고 격리되었을 때 느끼게 된다. 예를 들면 낯선 환경에서 혼자서 적응할 때, 사랑하는 사람과 이별하였을 때 등 혼자가 되었다고 느낄 때 외로움을 느낀다고 할 수 있다. 외로움의 어원은 하나를 뜻하는 '외'와, '그러함' 또는 '그럴 민함'의 뜻을 더하고 형용사를 만드는 접미사 '~롭다.'를 붙여서 만들어진 것으로 추측된다.

두 단어는 차단된 상태라는 점은 같습니다. 외로움은 혼자라는 수량적 측면이 강해 보이고 고독은 상태적 상황을 강조하는 것 같습니다. 예를 들면 텅 빈 광장에 혼자 있을 때 느끼는 고립은 외로움이고 타인들로 꽉 찬 광장에서 느끼는 고립은 고독이라고 생각합니다. 외로움은 혼자라는 우연적, 수적 개념일 가능성이 높고요, 고독은 필연적, 질적 개념일 것 같습니다. 고독은 내재한 숙명 같은 개념이 아닐까요? 말하면서도 좀 헛갈립니다. 참고하세요."

겉보기에 까불대는 것처럼 보여도 준비성이 대단하다. 단어장을 찾아보는 열정이 놀랍다.

"그렇습니다. 두 단어가 유사하기도 하지만 차이도 분명합니다. 같은 말이라면 다르게 쓸 이유가 없겠죠? 추가할 내용이 있으면 말씀해 주세요."

침묵이 흐르고 나지막한 소리가 들린다. 신경이 쓰인다.

이지은 씨가 불편한 표정으로 포문을 열었다.

"회장님의 발제 문항 3번은 좀 문제가 있습니다. 고독과 외로움은 혼용되어 사용되고 있는데 굳이 다르게 나누려는 이유를 잘 모르겠어요. 고독을 외로움으로 바꿔도 해석의 차이는 없는 것 같습니다. 그만큼 두 단어는 혼용해서 사용한다는 방증이기도 해서 구분해야 할 특별한 이유는 없는 것 같습니다. 발제해서 토론할 정도는 아닌 것 같습니다."

다리를 외로 꼬고 까딱거리는 발목이 거슬린다. 운영자에 대한 비판이겠지만 의견을 제시한 허당 지은 씨가 맘이 상한 듯하다.

"그건 아닌 것 같습니다. 단어가 다를 때는 개념이 다른 것인데 같은 의미로 치부하는 것은 핵심 이해를 놓치는 큰 실수가 될 수 있습니다. 고독은 사전적 의미로 볼 때 필연적이고 숙명적인 개념으로 이 소설의 핵심을 가르는 중요한 단어입니다. 이지은 씨가 잘못 이해하고 계시는 듯합니다. 소설 내용을 봐도 혼용되고 있다고 하시는데, 기본적으로 이 소설은 근친상간과 소멸로 점철된 고독입니다. 이 개념이 명확해져야 좀 더 심도 있게 판단할 수 있지 않을까요?"

허당은 맥을 정확히 짚고 최적의 처방을 내렸다. 이지은이 같은 이지은을 공박한다? 지킬박사와 하이드처럼 내가 있고 또 다른 내가 상존한다. 프로이트의 무의식을 거론하지 않더라도 이 같음과 다름을 어떻게 관계 설정을 맺을 것인가. 고민이다.

"하하, 너무 감정적으로 하지는 마세요. 생각이야 다를 수 있지만 틀린 것은 아닙니다. 죽은 마르케스를 불러서 들어봐야 하는데 그럴 수 없어서 아쉽습니다."

회원들은 허당 지은의 말에 한 표를 던졌다. 고립된 지은 씨는 계면쩍다는 듯 말한다.

"생각해 보니 그럴 수도 있긴 하네요. 그래도 인간은 고독과 외로움을 본능적으로 구분하고 느낀다고 생각합니다. 지인들도 그렇다고 하더라고요."

지네 발처럼 빠져나간다. 지네 발의 개수가 궁금하지 않은가? 종에 따라 최소 30개에서 최대 350개까지 있다고 한다. 그만큼 생존을 위해 종의 다양성을 확보했다는 말이자 제각각 진화를 거듭했다는 말이기도 하다. 일면 장점이지만 때로 불리할 수 있다. 환경에 적응했다는 것은 그만큼 변화에 예민하게 반응하고 시류에 맞춰왔다는 것인데, 항상성에 맞췄다가 급변성으로 전환되면 생존은 지극히 불투명해진다. 그래서 종의 다양성이 필요했다. 언제, 어디서든 상시로 꺼낼 수 있는 350개의 발. 고독의 갯수가 350개 안에서 끝난다면 다행이지만 초과한다면 사망이다. 고독, 이 단어에는 여러 의미가 있는 듯하다. 혼자라서 고독할 수도 있고, 함께서 고독할 수도 있고, 이도 저도 아니어서 고독할 수도 있다. 고독은 상시적인 개념이다. 잠시 외로움으로 착각할 수도 있지만 뒤돌아서면 등 뒤에 귀신처럼 들러붙는다. 등 뒤에 귀신처럼 달라붙은 서늘한 고독을 느껴보았는가? 그것이 고독이다. 죽음을 동반한, 아니 저승사자를 달고 다니는 고독, 숙명처럼 느껴지는 고독. 마르케스는 그 귀신 달린 고독을 작품에서 멋지게 그려냈다.

멜키아데스와 푸르덴치오는 귀신이지만 사람처럼 고독하게 살아간다. 귀신이 사람이 되고 사람도 귀신이 된다. 귀신도 느끼는 고독. 생사의 경계는 허물어지고 전혀 다르지 않음을 보여준다. 그런 면에서 마칸도의 생과 사도 별반 다르지 않다. 마칸도가 느껴야 했던 고독을 우리는 놓치고 있다. 고독에 시달리며 죽어가야 했던 생들을 묵묵히 지켜보았던 마칸도. 다르지만 같았던 마칸도는 마칸도라는 이름조차 남기지 않고 영원히 고독 속으로 사라진다. 사라진 마칸도는 귀신처럼 다시 마칸도에 들러붙어 환생하게 될 것이다. 끝나지 않은 이야기, 끝날 수 없는 이야기처럼 마르케스는 후속편 『백년 동안의 귀환』을 준비했어야 했다.

"다음은 문항 4번으로 넘어갑니다. '부엔디아 가문에서 가장 고독한 인물을 골라 주시고 그 이유를 말씀해 주세요.'입니다. 고독은 외로움을 포함하겠습니다. 편하게 말씀해 주세요. 또 지은 씨한테 혼 날라, 하하."

말이 끝나자마자 기다렸다는 듯 지은 씨가 하이에나처럼 달려들었다.

"저는 가장 고독한 인물로 '돼지꼬리 달린 아이'를 선택합니다. 100년 근친상간의 생명, 돼지꼬리 달린 아이입니다. 그 아이와 함께 마콘도는 영원히 사라지는데요, 시작과 마지막을 동시에 느껴야 했던 아이의 고독이 가장 클 것 같습니다. 로드리고라 불릴 뻔한 아이, 아우렐리아노로 불릴 뻔한 아이. 그 아이는 이름이 없습니다. 탄생이 곧 죽음인 아이입니다. 태어나자마자 사라질 아이입니다. 이름이 필요하지 않은 아이, 형체로만 불릴 아이에게 삶의 의미가 있었을까요? 운명 자체가 고독한 아이입니다. 고독이라는 감정조차 느끼지 못하고 하소연조차 못할 고독한 아이. 이 책을 통틀어서 그만큼 고독한 인물은 없을 것 같습니다. 그 아이는 개미 떼에 물려 죽고 개미 밥이 됩니다. 역사의 시초는 나무와 연결되어 있고, 종말은 개미들에게 먹힐지니라.[22]라는 양피지 원고의 예언처럼."

"저는 우르슬라 이구아란을 꼽습니다. 그녀는 마콘도의 시조이기도 하지만 부엔디아 가문의 흥망성쇠를 지켜본 주인공입니다. 그녀가 파란만장한 삶을 살아가면서 느껴야 했을 고독은 그 누구보다도 현실적이었을 것 같습니다. 머리로 느끼는 고독이 아니라 오감으로 체감된 것이라 더욱 그랬을 것 같습니다. 아이들의 죽음과 승천을

---

[22] 『백 년 동안의 고독』, p.458.

지켜본 그녀에게 고독은 삶 그 자체입니다. 그럼에도 고독했다는 증거는 어디에도 찾을 수 없습니다. 항상 두려움에 떨고 항상 대비하고 항상 이해해야만 했던, 고독한 여자 우르슬라 이구아란. 기막힌 모순입니다. 그래서 더 고독했을지도 모르겠습니다. 고독은 그런 존재입니다. 고독하다고 느껴지는 것이 아니라 고독을 못 느낄 때 고독은 불현듯 찾아오는 존재입니다. 죽음에 직면한 찰나적 고독입니다." 김선해 씨의 말이 결론처럼 무겁다.

"저는 부엔디아 가문의 마지막 자손의 아버지, 아우렐리아노인 것 같습니다. 페르난다는 아이를 부엔디아 대령의 작업실에 가두어 버리고 그 아이가 바구니에 담겨서 물에 떠내려왔다는 헛소문을 퍼트렸습니다. 우르슬라는 아이의 정체조차 모르는 채 죽었고 아마란타 우르슬라도 그 소문을 믿었습니다. 결국 이모 아마란타 우르슬라와의 근친상간으로 '돼지꼬리 달린 아이'가 태어나고 가문은 파멸합니다. 이모이자 아내인 아마란타 우르슬라는 숨을 거두고 아이는 개미들에게 산채로 잡아먹힙니다. 이 모든 광경을 지켜본 아우렐리아노는 예언을 떠올립니다. 모든 상황은 촘촘하게 짜인 각본이자 사라질 운명임을 깨닫게 됩니다. 신의 분노 같은 회오리바람 속으로 사라진 마칸도, 기억에서 지워지는 아우렐리아노. 이보다 더한 고독이 있을까요?

어찌 보면 고독은 개별 인간에게 닥칠 숙명이지만 시시때때로 달라지는 형벌과도 같습니다. 누가 더 고독하냐는 중요하지도 않고 의미도 없습니다. 운명이 다르듯 각자의 고독 또한 폭넓은 스펙트럼으로 비쳐질 테니까요. 돋보기는 사물을 확대하는 역할을 하지만 태양 빛이 쏠리는 한 점에서 사물을 불태우고 사라지게 합니다. 고독도 마찬가지입니다. 고독 앞에 각자의 존재는 적당한 거리에서 확대되고 또렷해지지만, 소실점에서는 번뜩이는 불꽃처럼 사라질 존재입니다. 그것이 필연적인 고독의 끝입니다. 우리 인간은 금기를 욕망하는 고독의 허상에 불과합니다."

예은 씨의 말이 착착 온몸에 달라붙는다. 다들 열심히 읽고 준비했다는 생각이 든다.

"감사합니다. 열띤 의견에 감동하고 있습니다. 다음 문항입니다. 5번은 '책에서 사랑은 단지 성적인 욕망을 해소하는 도구로 묘사되는데, 어떻게 생각하시나요?'입니다. 성적 욕망은 본능적인 충동이자 불가피한 과정이기도 합니다. 생존을 위한 필연적 선택인데 사랑이라 하기도 하고 섹스라는 어휘를 사용하기도 합니다. 다르지만 같은 말일 수도 있습니다. 조심스럽지만 함께 의견을 나누면 좋을 듯합니다. 말씀해 주세요."

"회장님이 조심스럽게 말씀하시는데, 독서모임에서는 생각과 말이 자유로워야 한다고 생각합니다. 조심스럽다고 생각하는 자체가 하나의 금기처럼 느껴집니다. 금기를 설정하는 자체가 사고를 마비시킬 수 있을 것 같습니다."

"아, 그런 뜻은 아닌데 선해 씨가 그렇게 이해하셨나 봐요. 자유롭게 의견을 말씀하실 수 있죠. 모임에 남녀가 한자리에 있어 조심스럽단 얘기입니다. 정리해 오신 생각들을 허심탄회하게 말씀해 주세요."

"그럼, 저는 금기에 대해서 먼저 논의해야 한다고 생각합니다. 그 이후에 사랑과 섹스는 자연스럽게 정리될 수 있을 것 같고, 마르케스의 고독에 관한 이해의 폭도 확장할 수 있을 것 같습니다. 성경에도 금기사항이 있습니다. 선악과가 대표적입니다.

> 여호와 하나님이 그 사람에게 명하여 이르시되 동산 각종 나무의 열매는 네가 임의로 먹되 선악을 알게 하는 나무의 열매는 먹지 말라 네가 먹는 날에는 반드시 죽으리라 하시니라.[23]

인간의 탄생과 함께 금기는 시작됩니다. 성경에서는 선과 악이라는 개념에서 시작하는데 『백 년 동안의 고독』에서는 근친상간의 금기로 시작됩니다. 선과 악, 근친상간에는 어떤 연관성이 있을까요? 왜 금기가 등장해야 할까요?

금기는 제한과 부정의 의미가 있습니다. 해서는 안 되는 일이고 범하는 순간, 감당하기 어려운 불이익이 닥치게 됩니다. 선악의 개념으로 볼 때 금기는 악에 해당합니다. 선은 행하고 악은 멀리해야 하는 원리입니다. 선악의 개념은 왜 필요할까요? 없어서 크게 문제가 될까요? 선악을 가르는 기준은 무엇일까요? 누구의 기준일까요?

종교적으로 말하면 절대자의 기준이고, 인간적으로 말한다면 가부장적 질서가 됩니다. 절대자, 가부장적 질서 때문이라면 금기를 설정한 의도는 무엇일까요? 그것은 규정하는 자와 규정 받는 자와의 지배관계로 보입니다. 인간은 절대자의 뜻을 따라야 하고 복종해야 합니다. 인간세계에서도 질서의 이름으로 사회체계를 유지합니다. 그 대표적인 금기가 근친상간으로 드러납니다.

---

23) 『성경』, 창세기, 2장, 16~17절.

인류학자들은 원시 부족들을 연구하면서 공통적인 결혼방식에 대해서 말합니다. 그중에서도 근친혼은 어느 원시 부족에서도 용인하지 않고 있습니다. 그 이유를 프로이트는 사회적 금기로 인해 근친상간의 욕망이 억압되었다고 주장하기도 하고, 우생학자는 근친상간은 열성 유전자의 발현으로 생존 가능성이 위협받는 것을 본능적인 경험으로 인지한다고 합니다. 원시 부족사회에서 근친혼은 무리의 수를 줄여 전체 부족의 생존에 도움이 되지 않기에 근친혼을 금하고 타 종족과의 여성 교환을 시작했다고도 합니다. 근친상간은 인간의 생존에 도움이 되지 않는다고 결론을 내리고 금기시되었습니다. 결국 생존이 금기로, 관습으로 굳어진 것이죠. 근친상간은 생존의 문제인 것입니다. 그렇다면 마칸도에서는 근친상간의 금기가 왜 깨진 것일까요?

　마칸도 자체가 근친상간을 기반으로 세워진 도시입니다. 마칸도를 일군 호세 아르카디오 부엔디아와 우르슬라 이구아란은 사촌 간입니다. 혼인하면 도마뱀을 낳게 된다고 다들 말리지만 결국 근친상간과 친구 살해 후 고향을 등지게 됩니다. 살인은 추방으로 이어지고 근친상간은 마칸도를 고립시켜 사라지게 합니다. 흥미로운 것은 금기를 만든 것도 인간이고 넘어서는 것도 인간이고 보면 성적 욕망, 그중에서도 근친상간의 성충동이 인간 깊숙이 자리잡고 있다는 것입니다. 그만큼 중요하기도 하고 억누르기 어려운 부분인 거죠.

　5번 문항은 일면 잘못된 문항이기도 합니다. 사랑의 외형이 육체적 합일, 교접, 섹스라는 이름이라면 사랑은 욕망을 해소하는 도구가 맞는 것 같습니다. 그 결과물로서의 생명은 어떤 의미를 부여한다 해도 지극히 감각적이고 즉흥적인 운명에 불과합니다. 사랑이라는 감정도 섹스를 가능케 하는 성충동의 판타지일 뿐이죠. 결국 인간은 문화적, 사회적 존재이므로 속물적인 감정이나 감각에 애써 사랑이라는 이름으로 의미를 부여하고 미화하고 있는 게 아니냐는 생각을 지울 수 없습니다.

아이러니하게도 사랑은 성적인 욕망을 해소하는 도구이자 생존을 담보하는 수단입니다. 선택의 대상이 지극히 한정적이라면 생존의 위험에도 불구하고 근친상간도 피할 수 없는 선택이라는 생각입니다. 인간 자체가 역설입니다. 언어도단이죠. 이상입니다."

너무 파격적이고 일방적인 의견이었다. 사랑도 성적 쾌락을 위한 수단이고, 상황에 따라 근친상간도 일어날 수 있다는 게 아닌가. 예시가 너무 극단적이다. 물론 고립이라는 한계상황, 고독에 빠진 인간이 저지를 가능성은 '남매 혼 설화'나 '달래 전설' 등 우리나라 설화에 심심치 않게 등장한다. 그렇다고 직설할 수도 없는 게 아닌가? 아이고 머리야.

이지은 씨는 얼굴이 상기되어 발끈했다.

"저는 그렇지 않다고 생각해요. 사랑을 '교접'이니 '섹스'니 하는 말로 도치시키는 발언 자체가 인간을 동물 수준으로 격하시키는 거라서 참을 수 없습니다. 인간에게는 본능에 앞선 고유성이 있고 자의식이 있습니다. 사랑은 그런 차원에서 평가되어야 하고 존중받아야 합니다. 근친상간이 인간의 속성인 양 표현하고 있다는 점이 평점 2점을 준 이유이기도 합니다. 기본적으로 소설은 사실처럼 느껴지지만 사실상 허구에 불과합니다. 작위적으로 만들어진 거짓일 뿐입니다. 굳이 이런 주제로 혼란스러워야 할 이유는 없습니다. 기존의 질서와 규칙을 부정하고 비판해야 새로운 시도로 평가받는 현실이 사실 우려스럽습니다. 저는 사랑이 쾌락을 추구하는 도구에 불과하다는 말에 절대 반대합니다.

사랑은 섹스를 능가하는 의미가 있습니다. 마음 없는 사랑은 존재할 수 없지만, 섹스 없는 사랑은 가능하다고 생각합니다. 사랑은 죽음을 넘어서는 존재이고 반드시 넘어가야 하는 대상이기도 합니다. 그것은 인간이기에 가능한 일입니다. 사랑을 위해 자신을 희생하는 사례들은 차고 넘칩니다. 우리 스스로 우리의 격을 낮출 필요는 없다고 생각합니다."

지은 씨가 너무 강수를 둔 느낌이다. 사랑에는 마음도 있고 필연적으로 섹스를 동반하는 것이다. 그렇다고 인간의 격이 떨어진다는 말은 과하다. 오히려 무차별적인 성충동의 결과로 마칸도가 멸망했다고 말하는 게 더 현실적이다. 그녀는 너무 예민하고 결벽증에 가깝다.

"아이고, 화내지 마세요. 그럴수록 차분하게 자신의 주장을 말씀하시면 됩니다. 우리 운영 원칙은 '화내지 않기'입니다. 아셨죠?"

"잠깐 흥분한 것 같습니다. 불편하셨다면 죄송합니다. 이해해 주세요."

지은 씨는 바로 안색이 풀린다.

"하하, 괜찮습니다. 문장을 해석히고 풀어가면서 그럴 수도 있다고 말한 거예요. 그저 토론이잖아요."

갑자기 정선 누님이 나선다.

"다들 점구마. 갤혼도 해보고 아도 낳아보고 키우다 보믄 별거 아이다. 그러다보믄 우예 안 살겠노. 의미 없다. 닳고 닳아. 그거이 인간이지. 동물이기도 하고. 우예 알겠노. 그래도 중요하건 내 마음이고 내 추억이라. 마칸돈지 마징간지 영원한 게 어디 있겠노? 기억으로 이름으로 영원히 남는 게지. 사랑은 그런 기다. 따져서 밝힐 수도 없고 알아낼 수도 없다카이."

더 이상 말이 필요 없다. 살아보니 그렇다는데.

"네, 정리되었네요. 6번 문항을 할 차례인데요. 지금이 8시 50분이라 10분 남았네요. 6번은 첫 문장과 마지막 문장을 읽고 느낌을 이야기하는 문항인데요, 지금까지 나눈 토론으로 충분한 것 같습니다. 바로 7번 문항으로 가겠습니다. 이 책을 관통하는 키워드를 찾고 그 이유를 말씀해 주시면 됩니다. 총정리하는 시간이 될 것 같습니다. 단어나 간략한 문장으로 해주세요. 다 함께 참여하는 시간입니다. 정선 누님부터 말씀해 주세요."

"키워드는 '고독'이라. 제목도 그러고, 들어 보니 고독이 키워드라. 여러분들도 더 나이가 들기 전에 많이 경험하고 사랑도 열렬히 해보고 후회는 남기지 마라. 미치면 미치는 대로 단단히 살아가기라. 그라고 여행 마이 해라. 여행이야말로 자신을 돌아볼 좋은 기회다. 젊을 때는 먼 데로 나이들면 가까운 데로. 돈과 시간이 없다고 가까운 곳부터 가면 후회한다. 언젠가 생각 날끼다. '노새 노새 젊어 노새 늙어지면 못 노나니.'"

"예은 씨 말씀해 주세요."

"저는 '생명'으로 정했어요. 이 모든 사달이 생명에서 연유하는 것 아니겠어요? 생명이 없다면 이런 일도 없을 것이고 사라지지도 않을 테고요. 자연은 참 냉혹합니다. 생명의 높낮이를 구분하지 않고 섭리에 맞출 뿐입니다. 그 끝이 영원이든 종말이든 상관하지 않아요. 끝없이 돌고 도는 물줄기 같습니다."

" '슬픔', '눈물' 정도 될 것 같습니다. 이리해도 저리해도 돌이킬 수 없는 결과뿐입니다. 빠져나갈 구명은 전혀 없어 보입니다. 희망도 절망도 없는, 함정 같은 삶입니다. 슬픔이 그래서 더 밀려옵니다." 지은 씨의 말끝마다 절망이 묻어난다.

" 전 고독으로 정리했는데 먼저 말씀하셔서 '놀자'로 정했습니다. 재미없고 슬픈 인생 젊어서 맘껏 노는 게 최선이 아니겠어요? 원 없이 놀아보도록 하겠습니다. 저의 인생관을 오늘부로 바꿉니다. 우리 재미있게 놀아요!"

허당은 달랐다. 아이고, 키워드를 말하라 했지 언제 희망 사항을 말하라고 했나.

"전 '숙명'이라고 하겠습니다. 삶이 괴로워도 다 이유가 있을 겁니다. 그 속뜻을 어찌 알겠어요. 삶을 노는 데만 쓰는 것은 인생을 과소비하는 겁니다. 뜻을 세우고 뜻대로 살아가겠습니다. 그것이 인간이 가야 할 숙명이라고 생각합니다. 순간순간 최선을 다하고 배려하며 살아가겠습니다. 결과는 개의치 않겠습니다."

선해 씨의 결의가 느껴진다.

"잘 들었습니다. 다들 멋진 키워드를 주셨습니다. 지는 '자연의 섭리'로 정했고 섭리를 벗어난 시도는 멸망이라는 메시지를 찾았습니다. 도도하고 장엄한 자연의 섭리 안에서 인간이라는 존재는 미약하기 그지없다는 사실을 작가는 말하고 있는 듯합니다."

 정리하면, 회원들의 키워드는 '고독', '생명', '슬픔', '놀자', '숙명', '자연의 섭리'지만 사실 정답은 없다. 다 맞다. 생각의 결이 중요하지, 옳고 그름은 중요하지 않다. 독서모임의 가치를 새삼 깨닫게 되었다.

 "오늘 첫 모임을 마치도록 하겠습니다. 다음 달 도서는 『너무 시끄러운 고독』입니다. 앞으로 한 달이나 남았으니 미리미리 읽어보시고 참여해 주시기 바랍니다. 선창하면 우레와 같은 박수 부탁드립니다. 마칩니다!"

 회원들 모두 얼굴이 환하고 웃음이 한가득하다. 운영자인 나도 한 수 배웠고 회원들도 매한가지다. 토론이 끝나고 내용을 정리해서 블로그에 서평을 올렸다.[24]

---

24) 토론이 끝날 때마다 서평을 써서 블로그에 올렸다. 이 책의 각 독서모임 뒤에는 블로그의 서평이 실려있다.

< 서평 > : 『백 년 동안의 고독』

세계는 인간 없이 시작되었고,
또 인간 없이 끝날 것이다.

    가브리엘 가르시아 마르케스는 1927년 콜롬비아에서 태어났다. 그는 자기의 경험과 제3세계의 아픔을 자신만의 문학으로 완성했다. 『백 년 동안의 고독』은 마술적 리얼리즘의 백미로 인정받고 1982년 노벨 문학상의 주인공이 되었다.

    이 책은 성경과 닮았다. 아담과 이브가 금기인 선악과를 따먹고 에덴동산에서 쫓겨났듯, 주인공 호세 아르카디오 부엔디아는 친구 푸르덴치오 아귈라를 살해하고 고향을 등지게 된다. 아담과 이브가 땅으로 내려와 새로운 세상을 만든 것처럼 아르카디오와 그의 아내 우르슬라는 '마칸도'를 개척한다. 신화의 구조가 온전한 환상이라면 작가는 환상을 부분적이고 부차적으로 반영하며 현실을 조율한다. 또한 시간이 상실된 마칸도와 고립된 마칸도를 시간적 배경과 공간적 배경으로 이분화시켜 이야기를 전개한다. 영원을 살아가던 그들에게 집시 멜키아데스가 문명의 이기를 소개하면서 마칸도는 착란과 균열이 생긴다. 문명의 상징으로 등장하는 기차는 마칸도를 착취하고 타락을 부추기며 원주민들을 탄압한다. 결국 수천 명이 살해되고 바다에 수장된다. 하나님의 심판처럼, 4년 11개월 이틀에 걸친 대홍수와 10년 동안의 가뭄은 마칸도를 폐허로 만들었다. 황폐한 세상에 버려진 부엔디아 자손들은 근친상간이라는 금기를 극복하지 못하고 '돼지꼬리가 달린 아이'를 끝으로 소멸한다.

근친상간은 신화와 문학에서 흔히 찾아볼 수 있는 소재이지만 이 책은 '시작'과 '끝'이라는 사물의 유한성과 시간성을 작품에 투영해 부엔디아 가문의 흥망성쇠를 독특한 문체로 다루고 있다. 마술적 리얼리즘의 작가로 불리는 마르케스는 사실과 허구를 직조하는 방식으로 의미를 강조하고 이미지로 변형시킨다는 점에서 또 다른 구조를 보여준다.

소설은 100년에 걸친 가문의 시작과 끝을 고독이라는 숙명으로 대체하고 총살 직전, 아우렐리아노 대령이 어린 시절의 기억을 소환하는 장면에서 시작된다. 수많은 상징적 표현 때문에 함축된 의미를 되짚어 읽어야 한다.

좀 더 손쉽게 이 책을 읽으려면 장소와 금기에 집중해야 한다고 생각한다. 고립이라는 공간과 시작이라는 시간의 접점에서 마콘도는 활력과 희망을 담은 쾌(快), 이면에 숨어든 살인과 근친상간의 금기 위반으로서의 불쾌(不快)가 복합적인 양상을 띠고 있기 때문이다. 작가는 인간의 충동이 어떻게 일족에 충격을 가하고 소멸시키는지를 시각적 이미지로 새롭게 해석한다. 이 부분에서 독자는 혼란을 느끼게 되지만 묘한 쾌감에 젖는다.

책에 등장하는 색상의 변화도 무척 흥미롭다. 노란색은 빨간색, 파란색과 함께 삼원색의 하나로 가장 밝고 따뜻하고 열정적인 느낌을 주는 반면, 혼합되면 주황, 갈색, 녹색으로 쉽게 변할 수 있어 불안감을 주기도 한다. 이런 노란색의 특징을 활용해 작가는 주제를 시각적, 감성적으로 각인시킨다. 인간의 삶이 생(生)과 사(死)라는 극단의 경계로 규정된다면, 노란색은 생성과 소멸의 경계를 뭉개면서 차이를 축소하고 유한성을 넘어서는 영원의 세계를 지향한다. 또한 주인공들이 당면한 죽음이라는 한계상황을 노란색이 가진 외적 환희와 쾌락, 내적 절망과 불쾌의 이미지를 활용해 반전의 묘미를 보여준다. 세대를 이어 반복되는 죽음과 삶, 금기와 쾌락이라는 관념에서 꽃과 나비라는 구체적인 사물에 노란색을 입혀 주제를 수려하게 전달한다.

호세 아르카디오가 침실 문을 닫자마자 권총 소리가 집안을 진동했다. 피가 흘러내려 문 밑으로 새어 나와, 거실을 가로질러 바깥길로 나가서, 울퉁불퉁한 테라스를 곧장 건너서 계단을 흘러내리고, 보도를 지나 터키 사람들의 거리로 뻗어나가 길모퉁이에서 오른쪽으로 돌았다가 다시 왼쪽으로 흘러 나가서 곧장 부엔디아 집으로 흘러 닫힌 문 밑으로 들어가서는 응접실을 지나 양탄자를 적시지 않으려고 벽을 타고 가서, 다른 쪽 거실로 갔다가 식당의 식탁을 피해 멀리 한 바퀴 돌아서 베고니아꽃이 핀 현관을 통과하고 아마란타의 의자 밑을 거쳐서 아우렐리아노 호세에게 산수를 가르치는 아마란타의 눈에 띄지 않고 식기를 둔 방을 빠져나간 다음 우르슬라가 빵을 만들려고 달걀 서른 여섯 개를 깨뜨릴 준비를 하고 있는 부엌에 다다랐다. "하느님 맙소사!" 우르슬라가 소리쳤다. 어디서부터 피가 흘러왔는지 알아내려고 핏자국을 되싶어가기로 한 우르슬라는 식기를 쌓아둔 방을 지나서 아우렐리아노 호세가 셋 더하기 셋은 여섯이고 여섯 더하기 셋은 아홉이라고 종알거리며 외우고 있는 베고

니아꽃이 핀 현관을 지나 식당을 건너고 거실을 통과해서 길을 곧장 따라가다가 오른쪽으로 한 번, 그러고는 왼쪽으로 다시 꼬부라져서, 빵을 구울 때 걸친 앞치마와 집 안에서 신는 슬리퍼를 그대로 신고 있다는 것도 잊은 채 터키 사람들의 거리로 가서, 광장까지 나가 여태까지 들어가 본 일이 없는 집의 대문을 들어서서 침실 문을 열었더니 코를 찌르는 화약 냄새로 질식할 것만 같았는데, 우르슬라는 막 벗어놓은 각반 위에 엎어져서 오른쪽 귀에서 피를 흘리고 있는 호세 아르카디오를 보았다.[25]

빨간색 피는 색상이 주는 긴장감과 생명력이 강렬하다. 호세 아르카디오는 부엔디아 가문의 장자로 집시를 따라 수많은 죽을 고비를 넘기며 온 세상을 방랑하고 고향에 돌아왔다. 기골이 장대하고 장사였으며 특히 성욕이 차고 넘치는 인물로, 레베카와 시끄러운 밤낮을 보내는 통에 주민들의 괴로움을 코믹하게 그리고 있다. 그런 그가 의문의 죽임을 당하고 흘린 피가 엄마 우르슬라를 찾아 흘러가는 모양새와 피를 역으로 되돌리는 장면은 죽음과 욕망을 상징적으로 그려 보인다.

호세 아르카디오는 근친상간의 상징적 인물로 그려진다. 죽음조차도 극복할 수 없는 근친상간의 욕망을 붉은 피로 표현하고 있다. 근친상간의 충동은 기생충처럼 우리 속에 암약하며 원죄에 대한 피의 대가를 의미하는 복선일지도 모른다. 여기에 피가 흘러나온 장소가 호세 아르카디오의 '귀'인 것은 언어의 의미를 돌아보게 한

---

[25] 『백 년 동안의 고독』, p.147.

다. 언어의 피는 언어의 사망을 암시하며 근친상간의 충동이 언어를 뛰어넘는 강력한 근본욕망임을 보여준다.

말은 상대를 전제로 발화하는 특징이 있다. 상대가 없다면, 말은 발화될 수 없으며 지시할 수도 없다. 그 대상은 물적 존재지만 언어로 만들어진 산물이며 언어의 지시성, 강제성, 규정성이 상징적으로 표현된다.

언어는 인간이 만들어 낸 사회적, 문화적, 획일화된 규정이며 스스로 그 무게에 짓눌린다. 언어는 강압적이고 폭력적이며, 학습된 언어 속에 길든 주체는 혼돈에 짓눌려 좌초된다.

그때 금기는 달콤하게 던져지고 주체는 스스럼없이 환각에 빠진다. 마르케스는 쉽게 융화될 수 없는 금기와 욕망이라는 차이를 아무렇지도 않게 넘나들며 쾌와 불쾌를 모자이크처럼 현란하게 보여준다.

언어로는 어찌해 볼 수 없는 '알 수도 있을 것 같음'의 환상에서 극단적인 충동으로 자멸하는 것이 인간의 숙명이다.

그래서 미녀 레메디오스는 고독의 사막을 방황하면서 등에는 아무 십자가도 짊어지지 않고, 악몽이 배제된 꿈속에서 성숙해 갔고, 끝없는 목욕을 되풀이하고, 아무 때나 생각나는 대로 식사를 하면서, 기억에도 남지 않을 길고 긴 침묵에 잠겨 지냈다. 그러던 3월의 어느 날 오후, 페르난다는 브라반트 장미를 수놓은 담요를 접어 안으로 들여오는 데 도움을 청하기 위해 집 안에 있는 식구들을 마당으로 불러냈다. 담요를 막 접으려고 하던 아마란타는 미녀 레메디오스의 온몸이 창백한 빛깔로 바뀌는 것을 보았다. "왜, 어디가 아프냐?" 아마란타가 물었다. 다른 한쪽에서 담요를 잡고 있던 미녀 레메디오스는 처량한 미소를 지었다. "아니, 그렇지 않아요." 미녀 레메디오스가 말했다. "아프기는커녕, 난 이제껏 이렇게 기분이 좋았던 적이 없었어요." 이 말이 미처 끝나기도 전에 페르난다는 가냘픈 광선이 비추고 바람이 불어오는 것을 느꼈으며, 손에 잡고 있던 담요가 저절로 빠져나가려고 하면서 눈앞에 활짝 펼쳐졌다. 아마란타는 자기가 입고 있던 속치마의 레이스가 신비스럽게 떨리는 것을 느꼈고 앞으로 고꾸라지지 않으려고 담요를 움켜쥐고 바둥대는 순간, 미녀 레메디오스가 공중으로 떠오르기 시작했다. 이 무렵에 거의 장님이 다 되다시피 한 우르슬라만이 그 신기한 바람이 왜 불어오는지 이해할 만큼 침착했으며, 그래서 광선이 이끄는 대로 담요가 날려가도록 날개를 치는 담요의 한복판에서 손을 흔들며 작별을 고하고, 풍뎅이와 다알리아가 있는 정원을 뒤로하고 오후 4시의 하늘을 날아올라서, 아무리 높이 나는 새도 쫓아가지 못할 만큼 높은 창공으로 영원히 사라졌다.[26]

죽음이 귀신처럼 따라붙는 처녀 미녀 레메디오스, 존재 그 자체만으로도 사내들의 마음을 훔치고 생명의 재앙을 가져오는 여자. 그녀를 사랑하던 많은 구혼자들이 그녀 앞에서 죽음을 맞이했다. 그녀는 금기였다. 존재할 수도 없고, 존재해서도 안 되는 금기다. 그녀의 운명이 금기인 것처럼, 그녀는 '있지 않음'으로 존재해야 했다. 그녀는 처음부터 죽어 있는 존재이며 없음이다. 작가가 거부할 수

---

26) 『백 년 동안의 고독』, p.264.

없는 금기의 치명적 유혹을 미녀 레메디오스로 표현하였다면 하늘로의 비상은 의미 없는 금기, 인식할 수 없는 금기의 허구성을 가리킨다. 인간의 죄를 대속하기 위해 예수가 희생양이 되었듯, 인간에게 금기를 가슴에 새긴 언어와 문화의 죗값을 묻기 위해 비상이라는 이름으로 미녀 레메디오스를 소멸시킨 것인지도 모른다. 역설적으로 인간은 금기를 넘어서야만 자유로워질 수 있다. 금기를 회피하면 관습에, 고정관념에 파묻혀 어차피 죽어갈 뿐이다. 금기를 위반하라는 뜻이 아니라 그 간극을 넘어서야 한다는 것이다.

풍요 속의 빈곤이라는 말이 있듯 문명이 인간의 환상과 결합하면 인간은 탐욕의 괴물이 된다. 인간성은 사라지고 획일성의 충동은 키져만 간다. 획일성은 타인을 인정하지 않으며 오히려 타인과의 차이를 압도적으로 드러낸다. 금기는 그 과정에서 잉태되고 역으로 인간을 소외시킨다.

모든 신화가 파국이듯 마르케스는 이 작품을 통해 인간과 문명의 소멸을 경고하고 그 이전의 상태, 지식 이전의 상태로 돌아가자고 말하고 있다. 수만 년의 시간 길을 걸어온 인간이 과연 다시 그 이전 상태로 되돌아갈 수 있을까. 루소의 자연으로 돌아가자는 말처럼 꿈이 현실인 신화 속으로 돌아가고 싶다는 비원에 불과할지도 모른다.

마르케스가 찾아가는 세상은 지금의 모습이 아니라 신화 속 세상이다. 마르케스식으로 말하자면 '불면증에 시달리지도 않고 200년을 넘게 살 수 있고 흙을 먹어도 이상하지 않고 노랑 꽃비와 노랑나비들이 가득한 하늘을 물고기들이 앞문으로 들어와서 창문으로 나가고 방 안에서 헤엄을 치면서 떠다니는 세상'이다.

『백 년 동안의 고독』을 읽으며 전에 읽었던 책을 불현듯 떠올렸다. 프랑스의 인류학자 레비스트로스[27]가 브라질 내륙의 밀림지대를 탐사하며 원시 부족의 문화와 행동양식을 기술한 『슬픈 열대』[28]가 그것이다. 왜 슬픈 열대일까? 그는 원시 부족사회를 파괴하는 서구 문명의 탐욕성에 분노하고 황폐해진 원시 부족들의 흔적을 찾아낼수록 깊은 비애와 슬픔에 빠졌다. 『슬픈 열대』의 9장 <귀로> 편에서 레비스트로스는 이렇게 적었다.

세계는 인간 없이 시작되었고, 또 인간 없이 끝날 것이다. [29]

『백 년 동안의 고독』은 부엔디아 가문의 소멸이 아니라 무지한 인간들에 의해 천 년 동안의 고독으로, 의미화의 공백으로 이어질지도 모른다고 경고하는 듯하다.

---

27) 레비스트로스(Claude Levi-Strauss, 1908~2009) : 프랑스의 구조주의 철학자, 인류학자.
28) 『슬픈 열대』, 레비스트로스, 박옥줄 옮김, 한길사(1998). 브라질 열대 밀림 속 4개 원주민을 5년간 탐사한 기행문이자 민속지이다.
29) 『슬픈 열대』, p.742.

두 번째 책

두 번째 독서토론은 '체코 소설의 슬픈 왕'으로 불리는 보후밀 흐라발[30]의 『너무 시끄러운 고독』[31]이다. '사랑과 고독'이라는 주제에 맞는 진지한 토론이 될 것 같다. 130쪽의 얇고 작은 책이지만 의미는 무겁고 관점은 광활하다. 제목이 역설적이며 사색적이다.

'시끄럽다'와 '고독하다'의 역설은 어떤 의미일까?

시끄럽다는 다수의 존재, 다수의 발화를, 고독은 단독자의 존재를 의미한다. 다수의 욕망으로 얽히고설킨 단독자 '나'라는 존재에 내재한 다수의 드러남. 욕망과 억압의 발화들로 시시각각 부딪치는 나, 비가시적이고 비가역적으로 파악되는 나. 구석으로 몰린 당혹과 두려움, 돌아서는 민낯이다. 결과적 고독이자 시끄러운 고독.

그 짧디짧은 순간에 등장하는 사유는 견딜 수 없는 불안 앞에서 고독이라는 무거운 질문을 대면하게 한다. 제목만으로도 이 소설의 방향성을 이해하게 된다.

주인공 한탸는 '너무 시끄러운 고독' 앞에서 존재의 질문을 마주

---

30) 보후밀 흐라발(Bohumil Hrabal, 1914~1997) : 체코 소설가.
31) 『너무 시끄러운 고독』, 보후밀 흐라발, 이창실 옮김, 문학동네(2016).

하고 좌절하고 고뇌하며 폐지처럼 사라진다. 주인공 한탸에 대한 회원들의 생각 차이가 어느 정도일지 기대가 된다.

　폐지 압축공 한탸가 지하 작업장에서 대기하는 것처럼, 나는 지하 다목적실에서 기다린다. 한탸와 나는 다른 시공간에 존재하지만, 차이를 분간할 수 없다. 서로 다른 차원의 시공간을 살아가는 두 사람이 같은 운명을 걷게 된다는 '평행이론'의 사례일까? 나는 같은 운명의 좌표로 직진하고 있는 걸까?

　그는 폐지 압축공이지만 나는 독서모임 운영자이다. 나는 책으로 연결된 또 다른 나, 한탸이다. 책을 폐기하는 압축공이지만 책을 사랑하게 된 한탸. 나도 운명의 궤를 같이할까?

　작업 전 침묵의 일상으로 초조하기만 하다. 6시 45분부터 회원들은 항시 그랬던 것처럼 짧은 인사와 함께 하나, 둘 들어선다. 의도적이지는 않지만, 막간의 농담처럼 지각생은 항시 있기 마련이다. 엉겁결에 똥을 지린 만챠처럼 좌석을 깔아뭉갠 회원들. 알기나 할까 그 자리에 깔린 고정관념을. 부정의 강렬한 단호함. 강요된 수갑처럼 강박적이다. 편안한 자리, 낯익은 얼굴, 경직된 근육들이 이제는 익숙해질 만도 하지만, 책에서 다툴 파탄의 원인을 보는 듯하다.

"반갑습니다. 벌써 두 번째 모임입니다. 오늘도 허당 지은 님이 또 지각하셨습니다. 앞으로 1분이라도 지각하면 벌금을 물려야겠어요."

　지각은 습관이다. 고칠 수 없는 지독한 불치병이다. 습관은, 고정관념은 그렇게 무서운 병이다. 35년간 폐지 압축을 하던 한탸도 그랬다.

"죄송합니다. 서두른다는 게 또 2분 늦었네요. 그래도 오늘은 출입문에 헤더를 안 해서 다행입니다. 일찍 다니도록 하겠습니다."

이번 발제 1면에 올린 그림은 초현실주의 화가 르네 마그리트[32]의 1937년 작품 <Not to be reproduced>[33] 이다. 번역하자면 '재생산(혹은 재현) 금지' 정도 되는 것 같다. 검은 양복을 입은 남자가 거울 앞에 서 있는 그림인데, 거울 속에는 남자의 앞모습이 아닌 뒷모습이 있고 거울 하단에 비스듬히 누워있는 책은 정상이다. 이 소설과 어울리는 작품이라 판단했다.

재현 금지

"그림을 봐주세요. 어떤 느낌인지 궁금합니다."

"그림과 소설이 잘 어울립니다. 소설의 황망한 결말처럼 그림도 당황스럽습니다. 우리 삶이 그런 운명일까요? 한참을 헤어나지 못했습니다. 삶의 의미와 죽음에 관해 고민하게 됩니다. 어떻게 살아야 할지, 무엇을 해야 할지."

그렇다! 존재는 원래 우연이지만 필연적으로 당혹스럽게 한다. 우연과 필연 사이에서 발생하는 그 당혹감은 돌발적이고 즉흥적이지만 깊은 사색을 초래한다. 선해 씨는 그 과정에 있다고 고백하고 있었다.

"그림을 잘못 선택하신 것 같아요. 그림이 귀신처럼 느껴져서 섬뜩했어요. 머리카락을 길게 늘어뜨린 채 이목구비가 없는 귀신 말이어요. 소설과 전혀 어울리지는 않습니다. 죽음을 앞둔 주인공이

---

32) 르네 마그리트(Rene Magritte, 1898~1967) : 벨기에 초현실주의 화가.
33) 〈재현 금지(Not to be reproduced)〉, 르네 마그리트, 1937. 네덜란드 보이만스 판뵈닝언 미술관.

마지막으로 되살려낸 사랑의 추억에 방점을 둬야 합니다. 그 외는 소설을 이해하는 데 오히려 방해될 뿐입니다."

'무섭다'는 무지하기 때문이다. 무식하다는 말이 아니라 미처 알지 못한다는 뜻이다. 낯선 대상에 대한 막연한 감상이라고 해야 할까? 마그리트는 낯섦을 통해 고정관념에 빠진 자신을 성찰하고 그 이면을 되짚어 보게 한다. 그래서 이 책을 사랑 이야기로 단순화하는 것은 성급한 판단이며 일상에서 일어나는 돌발적인 깨달음에 대한 성찰이 필요하다. 책에서 사랑 이야기는 극히 일부에 지나지 않는다. 오히려 사랑 이야기를 가벼이 지나치는 바람처럼 기술하고 있다. 물론 죽는 순간에 집시 여인의 이름을 떠올리는 장면이 있지만, 그것은 그 여인에 대한 사랑이라기보다는 죄책감의 발로였을 것 같다. 떠돌이 집시라는 이유로, 영원히 함께하지 못할 거라는 이유로 이름조차 알려 하지 않았던 한탸. 머리로만 영원을 상상했고 시각적인 호감을 표출했던 한탸. 그런 그에게 원하지도 않고 따지지도 않았던 자유로운 영혼 일론카, 아우슈비츠에서 돌아오지 못한 여인. 시신은커녕 이름조차 알지 못했다는 죄책감이다. 사랑은 그 속내에 측은지심과 죄책감을 동반하는 이중감정이지만, 사랑은 함께하고 나눌 때 완성된다. 한탸의 사랑은 그래서 미완성이다.

"네, 잘 들었습니다. 그림이 무섭다고는 생각하지 못했는데 지은 씨가 얼굴 없는 귀신 같다고 해서 깜짝 놀랐습니다. 그나저나 귀신이 왜 두려울까요? 막연함에 대한 두려움일 테죠. 작가는 그 막연함에서 벗어나 사물의 이면을 엿보려는 용기를 원할 것 같습니다. 다음 문항은 모두 참여하셔야 합니다. 평점과 이유에 대해서 말씀해 주세요. 정선 누님입니다."

"이 책의 남녀 주인공 한탸와 일론카가 죽음으로 끝나 슬프다. 죽는다는 거, 사라진다는 거, 남 일처럼 느껴지지 않는다. 주인공이 죽는 장면이 꼭 내가 박살이 나는 거 같다. 평점 4점 '좋아요'."

"저는 마지막 장면에서 눈물이 쏟아졌어요. 주인공이 생을 지속할 수 없다는 결심으로 폐지 압축기에 몸을 던지는 장면입니다.

> 책의 단면이 내 늑골을 뚫고 들어온다. 입에서 비명이 새어나온다. 궁극의 진리를 발견하기 위해 가혹한 고문을 겪는 것일까? 압축기의 중압에 내 몸이 아이들의 주머니칼처럼 둘로 접힌다... 그 순간 내 집시 여자가 보인다.[34]

이야기하듯 담담히 풀어낸 문장이 오히려 가엾고 애련했습니다. 가장 고통스러운 순간에 떠올린 집시 여인. 죽음을 맞이한 한탸에게 그녀는 자신을 드러냅니다. 척추가 꺾이는 고통 속에서 한탸는 그 순간 가장 행복한 미소를 짓고 있을 것 같습니다. 삶은 원래 이렇게 슬픈 건가요? 생각만 해도 먹먹해집니다. 평점 5점 '판타스틱'입니다."

'삶은 원래 이렇게 슬픈 건가요?'라고 묻는 예은 씨.

"예은아, 니 머라노? 인생은 슬프기도 하지만 행복한 일도 많다. 소설은 인생을 줄여 말하지만, 인생은 아이다. 있는 대로 부딪치는 대로 살아가는 기다. 때로 아프기도 하고 슬프기도 하지만 정리되

---

34) 『너무 시끄러운 고독』, p.131~132.

든 행복하게 만들어 삐더라. 너무 단적으로 한 장면으로 보지 마라. 인생을 너무 많이 살아온 할매가 말하는 거니 믿어도 된다."

정선 누님이 다독이듯 말한다. 그 말에 따뜻함이 배어 있다.

"저도 예은 씨처럼 평점 5점 '판타스틱'입니다. 130쪽밖에 안 되는 단편이지만 감동과 충격은 1,300쪽 장편처럼 느껴집니다. 사랑과 삶과 죽음을 이보다 짧고 압축적으로 잘 표현한 작품은 없을 것 같습니다. 인상적인 작품이었습니다. 그가 왜 '체코 소설의 슬픈 왕'으로 불리는지 이해되는 작품이었습니다. 마지막 장면에서 눈물 콧물을 흘렸어요. 너무 불쌍해요." 허당 지은이 울먹였다.

이지은 씨가 손을 든다. 뾰로통한 표정이다.

"어쩌죠. 저만 점수가 짠 것 같아서요. 평점 2점 '별로요'입니다. 소설이 극단적으로 흘러가는 것 같아서 공감하기가 힘들었어요. 마지막 장면이 짠하다고 하지만 어느 정도 상식선으로 전개되었으면 좋았을 것 같아요. 물론 소설이 허구지만 존재의 문제를 너무 쉽게 사랑의 문제로 넘기려는 것 같아서 불만스럽습니다. 초심을 잃었다고 할까요, 주객이 전도된 느낌이었습니다. 첫 주제가 존재의 문제라면 끝까지 그 지점에 몰입했어야 한다는 생각이 듭니다. 무척 아쉽습니다. 그래서 평점을 2점 주게 되었습니다. 그렇다고 이 작품을 깎아내리는 건 아닙니다. 충분히 설득력이 있고 마음을 움직이는 장면도 많았습니다. 제 의견이 정답이라고 생각하지는 않습니다."

"다음 문항입니다. 인상 깊게 읽은 부분을 발췌하고 그 이유를 말씀해 주세요."

"5장 71쪽 중간쯤입니다.

삼촌의 손가락 사이에는 이마누엘 칸트의 아름다운 글귀를 끼워 넣었다. "내 생각을 언제나 더 크고 새로운 감탄으로 차오르게 하는 두 가지가 있다... 내 머리 위의 별이 총총한 하늘과 내 마음속에 살아있는 도덕률이다..."

칸트의 『실천이성비판』의 결구를 장식한 문장이고 묘비명으로도 널리 알려져 있죠. 저는 한탸가 철로 초소에서 직분을 다하다 사망한 외삼촌을 위해 칸트의 문구로 추모하는 장면이 감동이었습니다. '뜻하지 않게 교양을 쌓게 된' 한탸가 아름답습니다. 제가 이생을 다하는 날, 누군가의 진심 어린 추모라면 더 이상 바랄 게 없을 것 같습니다."

지난 모임 때도 지은 씨가 유사한 말을 한 것 같다. 자신을 기억해 주는 사람이 있었으면 좋겠다고.

내 삶의 마지막을 준비하는 것은 자신에 대한 의무이자 권리지만 기대하는 것은 나의 몫은 아닌 듯싶다. 준비한다고 기대처럼 된다고 볼 수 없기 때문이다. 그저 자신의 길을 감동과 매혹에 빠져 묵묵히 걸어갈 뿐이다.

우리는 모르기에 욕망하고 거짓을 말한다. 그 끝을 안다면 우리의 욕망도 절망도 무의미하다. 모른다는 것은 환상을 불러일으킨다. 좋은 뜻이든 나쁜 뜻이든 환상은 삶의 동력이 되기도 하고 움츠리게도 한다. 모른다는 말은 무기력이 아니라 한계를 넘어서는 욕망, 그런 충동을 내포한다. 한탸는 이미 교양의 수준을 넘어서는 지적 충만을 우리에게 보여준다. 외삼촌의 죽음에서 보여준 그의 모습은 한계를 넘어선 존재의 물음에 답하고 있다. 소설의 끝을 예비하고 있다고 할까?

"읽다 보면 각 장의 첫 문장이 유독 반복되는 게 눈에 띄어요." 선해 씨다.

"1장, 삼십오 년째 나는 폐지 더미 속에서 일하고 있다. / 2장, 삼십오 년째 나는 폐지를 압축하고 있다. / 3장, 삼십오 년 동안 나는 폐지를 압축해 왔다. / 6장, 삼십오 년 동안 나는 내 압축기에 종이를 넣어 짓눌렀고, 삼십오 년 동안 이것이 폐지를 제거하는 유일한 방법이라 믿어왔다. / 7장, 삼십오 년 동안 나는 내 압축기로 폐지를 압축해 왔고, 언제까지나 그렇게 일할 거로 생각했다.

4장, 5장, 8장을 제외하고 반복적으로 삼십오 년째 폐지 압축공으로 일했다고 합니다. 그 의미를 오랫동안 생각해 봤어요. '작가는 왜 그랬을까? 어떤 의미일까?' 일상의 의미에 대해서 생각했습니다. 우리의 일상은 지극히 반복적입니다. 그래서 일상인 것이겠죠.

Daum 사전에서 일상을 매일 반복되는 일상의 일이라 정의합니다. '매일, 반복, 일'이라는 세 가지 단어가 일상을 규정하지만, 다른 듯 같은 측면이 있습니다. '매일'은 시간적 개념이고 '반복'은 공간적 개념이고 '일'은 행위적 개념입니다. 결국 일상은 반복적인 시간과 공간 속에서 인간의 행위라는 뜻이기도 합니다. 반복되는 시간, 공간, 행위...

반복은 기준을 어떻게 잡느냐에 따라 양의 차이로 나타납니다. 이

지점에서 인간의 인식능력이 중요해지는 것이죠. 길게 보느냐 짧게 보느냐, 무엇을 어떻게 인식할 것이냐에 따라 인간의 행위는 다르게 반응합니다.

일상의 행위는 고유성을 상실하고 타율성의 지배를 받습니다. 어찌 보면 일상은 타율성의 세계이고 자율성을 규제하는 족쇄와도 같습니다. 무의미의 의미라고 할 수 있죠. 하지만 족쇄는 움직일수록 틀어지고 비켜 갑니다. 인식되지 않는 지점, 상실의 지점에서 필연적인 변화의 몸짓이 터져 나옵니다. 변화는 인간에게 이별의 형태로 나타납니다. 이별은 '헤어짐, 떨어짐, 상실, 공백'의 모습입니다. 일상은 이별을 생산하고 이별은 일상을 다시 시작하게 합니다. 일상이 그만큼 중요하지만, 이별은 그만큼 눈물겹기도 합니다. 그래서 일상이 하늘만큼 중요합니다.

작가는 그 일상을 반복적으로 언급하고 있습니다. 문장 문장마다 일상의 소중함을 말하지만 무너짐을 예고하는 듯합니다. 발제문 첫 장의 그림처럼 이면의 그 너머, 미지의 순간으로 가는 느낌이었습니다. 첫 문장부터 죽음을 예비하고 있다는 느낌이 강해서 복받치는 감정을 내내 주체하기 힘들었습니다."

마그리트의 거울은 자신 앞에 선 남자의 앞모습이 아닌 뒷모습을 괴기스럽게 비추고 있다. 보이는 모습이 아닌, 보이지 않는 그 너머의 모습을 보여주는 것이다. 현실에서 그 거울은 즉물적 기능을 상실한 망가진 거울이지만, 예술적 관점으로 보면 사유를 이미지로 전환하는 마술 거울이다. 인간은 현실을 실체적으로 살아가지만, 마술 같은 그 이면을 사유한다. 하이데거가 말한 현존재, 인간은 존재의 문제를 묻는 존재자이다.

선해 씨는 책 속 문장들에 대해서도 말했는데, 나는 근사한 문장을 통째로 쪼아 사탕처럼 빨아먹고, 작은 잔에 든 리큐어처럼 홀짝대며 음미한다. 사상이 내 안에 알코올처럼 녹아들 때까지. 문장은 천천히 스며들어 나의 뇌와 심장을 적실 뿐 아니라 혈관 깊숙이 모세혈관까지 비집고 들어온다.[35]는 문장이 와 닿았다. 이 부분을 읽고 독서법에 관한 생각을 다시 하게 된다. 숙독의 중요성을 되돌아보는 기회가 되었다. 35년 동안 뇌와 심장을 적실 정도로 읽었으면 그 깊이와 넓이가 어느 정도일지 상상하기도 어렵다. 그에게 삶은 책이라 해도 지나치지 않다.

독서법에는 낱말과 문장에 집중하는 정독, 대략적인 내용을 이해하려는 속독, 미진한 부분만 골라 읽는 재독, 여러 권의 책을 장소와 시간대별로 나눠서 읽는 분리독, 낭독, 필사독 등등 다양한 방법이 있다.

그렇다고 특정 독서법만 고집하는 것도 적절하지는 않다. 자신에게 맞는 독서법을 탄력적으로 적용해야 한다. 그래야 행간의 뜻을 제대로 이해할 수 있다.

"다음은 그림들을 보고 가장 고독해 보이는 그림을 고르는 문항입니다. 각자 말씀해 주시면 됩니다."

그림을 통해 작품을 더 잘 이해할 수 있는 문항을 만들고 싶었다. 취향 차이가 드러나는 흥미로운 문항이며 회원들의 관심을 끌어올리고 의미도 되새김질하는 좋은 기회라고 생각했다.

---

[35] 『너무 시끄러운 고독』, p.10.

그림은 1번은 에드워드 호퍼[36]의 <철학으로의 소풍>[37], 2번은 앙리 제르벡스[38]의 <롤라>[39], 3번은 조지 프레드릭 왓츠[40]의 <희망>[41], 4번은 에드바르트 뭉크[42]의
희망

<비명>[43], 5번은 질리언 웨어링[44]의 <나는 절망적이다>[45], 6번은 폴 델보[46]의 <외로움>[47]을 뽑았다.

그림으로 책을 읽고 책으로 그림을 추상하는 기회였다. 고독에 가장 근접한 작품으로 1번을 지목한 회원은 정선 누님과 예은, 2번은 나, 4번은 지은, 5번은 허당 지은, 6번은 선해 씨였다. 1번 작품이 두 표를 얻어서 1등이었다. 회원들에게 이유를 청했다.

"에드워드 호퍼는 워낙 유명한 분이라 잘들 아시겠지만, 이분의 <철학으로의 소풍>이 현대 사회의 고독을 드라이하게 잘 표현한다고 생각합니다. 사각 침대
철학으로의 소풍

---

36) 에드워드 호퍼(Edward Hopper, 1882~1967) : 사실주의적인 작품을 많이 남긴 미국의 화가.
37) <철학으로의 소풍(Excursion to the philosophy)>, 에드워드 호퍼, 1959. 개인 소장.
38) 앙리 제르벡스(Henri Gervex, 1852~1929) : 프랑스 화가.
39) <롤라(Rolla)>, 앙리 제르벡스, 1878. 파리 오르세 미술관.
40) 조지 프레드릭 왓츠(George Frederic Watts, 1817-1904) : 영국의 상징주의 화가이자 조각가.
41) <희망(Hope)>, 조지 프레드릭 왓츠, 1886. 런던 테이트 미술관.
42) 에드바르트 뭉크(Edvard Munch, 1863~1944) : 노르웨이 표현주의 화가.
43) <비명(The scream)>, 에드바르트 뭉크, 1893. 노르웨이 오슬로 국립미술관.
44) 질리언 웨어링(Gillian Wearing, 1963~) : 영국의 개념 예술가.
45) <나는 절망적이다(I'm desperate)>, 질리언 웨어링, 1992·1993. 모린 페일리. 5점의 초상화 사진 시리즈 중 하나로, 손으로 쓴 팻말에 자신의 생각과 감정을 드러낸 작품.
46) 폴 델보(Paul Delvaux, 1897~1994) : 벨기에의 화가.
47) <외로움(Loneliness)>, 폴 델보, 1956. 벨기에 Beaux Arts de Mons 미술관.

에 멍하니 앉아 고개를 숙인 남성, 등지고 누워있는 헐벗은 여성, 창문을 통해 늘어진 햇빛이 방안의 어둠과 대비되면서 고독감을 잘 표현하고 있습니다. 호퍼의 작품은 각각의 대상이 각자의 특성을 강조하는 방식으로 의미를 강조한다는 생각이 듭니다. 빛의 밝음에 초점을 맞추기보다는 연접한 어둠을 상대적으로 더 짙게 드러내 인물과 건물이 상대의 거침과 고독을 강조합니다. 예를 들면 무표정한 인물들의 고립된 행동양식이 건물의 거침과 고정성을 통해 대중 속의 고독감을 새롭게 강조하는 방식이죠."

예은 씨의 이유는 분명했다.

내가 선택한 2번 그림은 이전부터 좋아하는 작품이었다. 프랑스 작가 뮈세의 시 <롤라>를 화가 제르벡스가 형상화한 것으로, 육감적이고 선정적이기까지 한  그림이다. 순백색 침대에 널브러져 있는 매춘부 마리. 이른 아침 열린 창문가에 서 있는 퀭한 눈, 튀어나온 광대, 어두운 낯빛의 롤라. 멀리서 동터오는 여명을 배경으로 마리를 응시하고 있다. 하얗게 빛나는 마리의 나신을 배경으로 롤라의 거무죽죽한 낯빛이 도드라지게 고독하다. 롤라는 방탕하게 살고 욕망에 좌절한다. 자살을 결심한 롤라는 매춘부인 마리와 뜨겁지만, 차가운 밤을 보낸다. 격정적인 정사 후에 곯아떨어진 무방비 상태의 그녀. 롤라의 차갑고 무감각한 시선을 제르벡스는 극단으로 대립시킨다. 죽음이 썰물처럼 틈새를 벌리지만, 쾌락이 밀물처럼 연접한 작품이다. 롤라에게 죽음은 가장 깊은 고독이다. 인간은 죽음의 찰나에서 질척거리는 경향이 있는데 이 그림은 지극히 차갑고 냉정하고 냉소적이기까지 하다. 롤라의 얼굴에서 미련이나 애착을 찾기는 어렵다. 고독은 그런 것이 아닐까? 끈적거리기보다는 메마른 감정이지 않을까? 그래서 이 그림을 선택했다.

"4번은 잘 알려진 작품이죠. 뭉크의 <비명>. 외계인 같은 희멀건 얼굴, 뻥 뚫린 입 구멍, 내질러진 무언의 비명. 저는 직선 아닌 곡선의 비명을 고독이라고 생각 했습니다.
고독은 형체를 알 수도 없고 명확하지도 않다고 생각합니다. 고독은 심연의 바다에서 툭 하고 터져 나온 파도 같은 비명이겠죠. 직선 같은 곡선의 고독 말입니다. 명확하다면 고독이 아니겠죠. 이렇게 절절한 고독이 있을까요? 가장 고독한 작품입니다."

직선 같은 곡선의 고독! 방향성을 알 수 없는 고독을 의미하는 것일까? 이지은 씨의 고독은 직선일까, 곡선일까?

"다음은 질리언 웨어링의 사진 작품 <나는 절망적이다>입니다. 독특하죠? 사진으로 고독을 표현한다? 쉽지 않은 작업일 것 같은데 웨어링은 생각지도 못한 방
법으로 인간의 내면을 보여줍니다. 내면의 고독을 실감나게 표현합니다. 허당 지은 씨의 의견을 들어 보겠습니다."

"작품에서는 말끔한 양복 차림의 중년 신사가 '나는 절망적이다'라고 써진 A3 크기의 흰색 종이를 들고 있습니다. 들고 있는 종이만 없다면 외관상으로는 전혀 절망적으로 보이지 않습니다. 약간의 미소를 품은 남자는 이 문장으로 절망직입니다. 고독한 인간입니다."

인간의 속마음과 겉모습은 완연히 다르다. 사회문화적 존재인 인간은 마음속을 그대로 표출하지 않는다. 분절하고 융합해서 애매한 형태로 보여준다. 거짓이라기보다는 타인에게 판단 착오를 불러일으키는 방법으로 자신을 보호하려고 한다. 인간은 가면을 쓴 존재다. 가면이 하나쯤이면 안심이 될 텐데 너무 많은 선택지가 있다는 것이 문제다. 가면에 둘러싸인 인간은 가면 때문에 존재의 혼란을 자초한다.

사진은 피사체를 왜곡하지 않고 왜곡된 채로 '있음'을 그대로 반영하는 탁월한 장치이다. 다만, 내면의 진실을 반영하기는 어렵다. 존재는 보이지 않기 때문이다. 보인다 해도 극히 부분적으로 드러난다. 질리안 웨어링은 언어라는 실낱같은 그림자에 천착했고 결과는 대단히 성공적이었다.

고독은 이렇게 언어적이고 알 수 없는 감정이며 짊어져야 할 숙명이다. 공유할 수 없고 나눌 수 없는 혼자만의 고독이다. 질리언 웨어링은 사진의 한계를 뛰어넘어 언어로 내면의 존재를 가늠하고자 했다. 사진의 단점을 보완하고 언어의 장점을 극대화해 고독의 의미를 탁월하게 표현했다.

19세기에 사진이 출현하면서 초상화를 근간으로 사실적 재현에 집중했던 회화는 큰 타격을 받았다. 아무리 세밀하게 표현해도 사진처럼 완벽하게 재현하기는 불가능했다. 회화의 근간을 흔드는 일대 사건이었다. 20세기에 이르러 사진은 또다시 회화에 도전장을 내밀었다. 회화의 전유물처럼 여겨졌던 존재의 내면까지 사진이 표현하게 된 것이다.

"다음은 폴 델보의 <외로움>입니다. 선해 씨 말씀해 주세요."

"델보는 벨기에의 초현실주의 화가입니다. 르네 마그리트와 같은 국적의 화가죠. 두 사람은 동시대를 살았지만, 마그리트는 68세, 델보는 98세에 사망했습니다. 마그리트가 1898년생이고 델보는 1897년생으로 델보가 한 살 형이지만 30년을 더 생존한 겁니다. 인명은 재천이라는 말이 떠오릅니다."

이 그림은 기차역을 배경으로 보름달이 중천에 떠 있고 빨간색 원피스를 입은 여자의 뒷모습이 인상적인 작품이다. 작가는 이 작품의 제목을 외로움으로 표기하고 있다.

외로움

"이분이 초현실주의 작가로 알려져 있는데 그림은 전혀 초현실적이지 않아요. 평이하다고 할까요? 여러분들은 어떠세요?"

갑자기 이지은 씨가 끼어든다.

"그렇지 않아도 궁금했어요. 저 그림이 왜 외로움이고 회장님은 왜 선택하셨는지. 제목만 보고 초이스한 거라면 회장님이 나태해진 게 아닐까요? 제목도 고독과 무관한 생뚱한 작품 같아요. 특이점도 없고 좀 지루해요. 그림 입문자가 소개팅 갔다가 까이고 걸어가는 여자를 그린 느낌입니다. 그래서 외로움일까요, 회장님?"

참 당혹스럽다. 여기서 소개팅이 왜 나오나.

"하하하, 좋은 지적입니다. 그런데 무서워요. 엄청 까시네요."

분위기가 썰렁해질 뻔했는데 인내심으로 파행을 막을 수 있었다. 당혹스러운 표정의 선해 씨의 말.

"심삭해지는 것 같네요. 재미나게 이야기해요. 지는 이 작품에서 빛과 어둠에 관심을 가졌어요. 보름달이 뜬 저녁이 배경인데 굉장히 밝게 그려져 있어요. 상단의 오른쪽 끝점과 하단의 왼쪽 시작점을 잇는 대각선을 중심으로 왼쪽은 어둡고 오른쪽은 밝게 그렸어요. 경계의 그림자도 오른쪽으로 좀 더 기울어져 있어요. 어둠이 밝음을 침범하는 느낌입니다. 그림 속 여인은 지극히 평범한 뒷모습을 보여주고 원피스는 허리춤이 검은 끈으로 묶였어요. 여자는 인도 위 그림자를 밟으며 걷습니다. 어둠과 밝음의 경계를 아슬아슬하게 걷는 모습입니다. 길은 앞쪽으로 갈수록 뾰족한 고깔처럼 좁아지고 그 끝은 짙푸른 어둠으로 이어집니다. 그림에서 가장 어두운 부분은 어둠과 밝음의 경계입니다. 고독은 어둠으로 가는 경계의 길이라는 생각이 들었어요. 고독은 대로를 횡단하는 길이 아니고 언제든지 극단으로 변경되는, 가장 어두운 나락으로 떨어질 수 있는 길이라는 생각입니다. 아슬아슬하고 위태로운 길이죠. 멈출 수 없는 길이기도 하고요. 고독은 가고 싶지 않아도 가야 하는 길, 뒤돌아 갈 수 없는 길입니다. 애매하죠. 그 끝을 가늠할 수 없는 여인, 생각지도 못한 그녀의 뒷모습에 외로움과 고독이 서려 있는 듯합니다. 이 그림을 고독으로 선택한 이유입니다."

"이제 제 순서입니다. 선해 씨가 잘 설명해 주신 듯합니다. 굳이 보충하자면 이렇습니다. 저는 우선 이 길과 철로와 어둠에 주목했습니다. 원근법이 적용된 길은 대로에서 시작하고 먼 끝 한 점으로 사라집니다. 길이라기보다는 깔때기입니다. 블랙홀 같은 구멍, 끝없이 빨려드는 한 점입니다. 그 길 위의 여자는 바라봅니다. 상실의 장소입니다. 공허할 수밖에 없다고 생각합니다. 어둠은 소실점에만 있는 건 아닙니다. 넘치는 곳에서 존재합니다. 그녀를 호시탐탐 노리는 어둠. 작가는 고독을 존재 곁으로 이동시킵니다. 어둠이라는 윤곽을 알 수 없는 뭉텅이로 고독을 보여줍니다. 저 멀리 있는 것이 아니라 너무 가까이 있는 모습으로요. 그 길의 여자는 명확하지 않습니다. 원피스에 가려 다리가 잘려있어요. 그래서 더 불안합니다. 사라진 다리를 가진 얼굴 없는 여자. 선해 씨가 말한 것처럼 불안하고 위험한 그녀는 어두운 고독을 보여주고 있습니다. 작가는 고독이 어둠에 둘러싸인 불길한 존재로 표출된다고 보는 것 같습니다. 설명되었을까요?"

나를 바라보는 지은 씨의 표정이 그림 속 꾸덕꾸덕한 전봇대 그림자 같다.

"고생하셨네요. 결론에 내용을 억지로 끌어 맞춘다는 느낌입니다. 가식적이라고 할까요? 뭐, 흡족하지는 않지만 일면 그럴 수 있겠다는 생각도 듭니다. 전문가도 아니고 나름대로 생각을 공유했다는 차원에서 머, 애매하게 이해하겠습니다."

'와, 저 말본새. 아 다르고 어 다르다 했거늘.'

"이번 문항은 넘 힘드네요. 그림이라 해석하기도 힘들고 적용하기도 어려웠던 것 같습니다. 유추하는 일이 제각각일 수밖에 없는데도 열심히 답해 주셔서 감사합니다."

그림으로 고독을 해석하는 시간이라 말도 많고 탈도 많다. 서둘러야 했다.

"다음은 마지막 문항입니다. 『너무 시끄러운 고독』을 관통하는 핵심 키워드와 그 이유를 말씀해 주세요. 정선 누님, 예은 씨."

"제목 그대로 '고독'이다. 그 외는 없다캐라."

"저는 '사랑'으로 정했습니다. 고독의 끝은 결국 사랑인 것 같습니다. 사랑으로 고독을 치유할 수 있다는 생각입니다. 삶의 어둠이 고독이라면 삶의 밝음은 사랑이니까요."

고독의 끝이 사랑이라면 사랑의 끝은 무엇일까? 혹시 사랑은 그림자가 아닐까? 존재의 그림자. 흐트러지고 감춰진.

"저는 '있음'입니다. 고독도 사랑도 슬픔도 존재하기에 필연적으로 따라오는 게 아니겠어요? 삼라만상 모두 있음에서 시작하는 것처럼 인간도 예외가 아닐 겁니다." 허당 지은 씨가 말했다.

"저는 무엇을 규정한다는 것이 무의미하다고 생각합니다. 성급하게 단정 짓는 걸 죽기보다 싫어합니다. 결론을 내리는 순간, 그 의미는 사라지는 것 같습니다. 사실 주인공 한탸는 어찌 보면 사회 부적응자입니다. 급변하는 사회 변화에 적응하지 못하고 예전의 삶만을 고수하는 사람이죠. 산다는 게 마음에 맞지 않아도 맞춰 살아가는 게 아닐까요? 죽음을 선택하는 장면은 설득력이 없어요. 삶도 죽음도 고독도 슬픔도 정답이 없는 물음표투성이겠지만 그래도 살아야 한다고 생각합니다. 김상용 시인의 「남으로 창을 내겠소」의 마지막 구절로 대신하겠습니다. 왜 사냐 건 웃지요."

지은 씨의 말에 그냥 웃는다. 조금 더 공감력을 발휘했다면 좋았을 텐데. 한탸가 사회 부적응자라? 설사 그렇다고 해도 그의 언행이 부정되어야만 하는가? 그럼, 사회적응자만 선일까? 사회에 적응한다는 건 자신을 잃어버리고 타인의 눈높이에 맞추는 삶이다. 과연 그 삶이 반드시 옳다고 할 수 있을까?

"고독이라 하려 했는데 정선 누님께서 먼저 하시네요. 급조해서 '말'이라고 하겠습니다. 의외죠? 좀 튀는 답변인 것 같습니다만 이

모든 문제가 말에서 생긴 것 아니겠어요? 그래서 말이라 정했습니다. 책은 언어의 집합입니다. 언어는 사고 체계이고 사고 체계인 교육에 길들고 지시되는 것이죠. 언어는 우리가 말하는 일상의 말입니다. 그 말이 달리는 말이 아닌 발화하는 말입니다. 말이 화근인 거죠. 말이 되나요? 호호호." 간단명료, 선해 씨.

"저는 '유한성'으로 하겠습니다. 시작이 있으면 끝이 있죠. 유한하다는 말이죠. 무한하다면 발생하지도 않을 사건들이 유한하기에 생깁니다. 무한하다고 절대자를 지칭하는 말은 아니고요, 유한을 포함하는 무한이라는 뜻입니다. 무한과 유한이 별개로 노는 것이 아니라 한 묶음으로 돌아간다는 뜻입니다. 어찌 보면 유한도 무한이죠. 말장난 같긴 합니다. 우리가 정한 키워드에 정답은 없습니다. 각자의 생각이 정답이고 결론입니다. 우리는 책으로 자유로운 영혼이 됩니다. 그럼, 키워드를 정리하겠습니다. 고독, 사랑, 있음, 웃지요, 말, 유한성으로 정리가 되었습니다. 오늘 고생하셨습니다. 안녕!"

< 서평 > : 『너무 시끄러운 고독』

괴로웠던 사나이, 행복한 예수

보후밀 흐라발은 1914년 체코에서 태어나 1997년 사망했다. 49세 늦깎이로 소설가의 삶을 시작하여 1976년 『너무 시끄러운 고독』으로 국민 작가의 반열에 올랐다.

이 책에는 중요한 3가지 사건이 등장한다. 첫째, 35년간 폐지 압축공으로 일하던 한탸는 책에 빠져 평생 책을 읽고 배우며 살아간다. 둘째, 우연히 만난 집시 여인 일론카와 사랑을 나누지만, 아우슈비츠에서 사망한다. 셋째, 최신식 대규모 압축기의 등장으로 한탸는 설 자리를 잃는다. 자살을 결심한 한탸는 압축기에 허리가 꺾이고 일론카를 떠올리며 소설은 막을 내린다.

한탸의 삶은 신앙을 향한 수도사의 여정 같은 느낌을 준다. 믿음과 신념이 무너지자, 그는 미련 없이 자신을 내려놓는다. 『너무 시끄러운 고독』은 윤동주 시인의 작품 「십자가」의 강렬하고 역설적인 '괴로웠던 사나이 행복한 예수'를 떠올리게 한다.

꽃이 피듯 피를 흘리던 예수처럼, 세네카[48]는 황제의 명으로 스스로 정맥을 칼로 베고 목욕탕에서 사망했다. 그가 담담히 그랬던 것처럼 한탸는 폐지 압축기에 발을 밀어 넣고 녹색 버튼을 누른 채 몸

---

48) 세네카(Seneca, 기원전 4~65) : 로마의 정치인, 사상가, 문학자.

을 웅크린다. 작가는 한탸의 죽음길을 순서대로 무심하게 나열하고 있다.

작가는 책에 집중한다. 책으로 시작해서 책으로 끝난다고 해도 과언이 아니다. 주인공 한탸는 자신이 책을 파괴하는 상냥한 도살자이며 책은 파괴의 기쁨과 맛을 가르쳐주었다.[49]고 자백하고 있다. 책의 속성이 무엇이길래 그는 도살자의 역할과 파괴의 기쁨을 느낀다고 말할까? 책에는 양면의 가치가 있다는 복선을 깔고 있는 것일까? 파괴될 때 비로소 책의 가치를 알 수 있다는 뜻일까?

의미를 파악하기 위해 책의 속성을 먼저 이해해야 한다. 책은 지식을 기록하고 전달하는 매개체이다. 기억과 전달의 속성을 가진다. 기억은 사건과 연관되고 전달은 언어를 통해 유포된다. 사건은 일상의 파괴를 알리는 전조증상이며, 기억은 일상의 장소에서 반복적으로 쌓이고, 압축된 기억으로 지식이 된다. 그 지식의 집합체가 책이다.

지식은 특정 장소에서 발생한 특정 사건의 기억으로 쌓이지만, 조건과 상태에 따라 다르게 이해된다. 지식의 틈새에서 인간의 행동이 작동되고 필연적으로 또 다른 변화를 불러일으킨다. 행동하는 변화를 통해 새로움이 등장한다. 그렇게 지식은 갱신된다.

폐지 압축공 한탸는 그 차이를 인지하고 변화를 들이받는 상냥한 도산자이자 갱신된 지식으로 기쁨을 느끼는 메조히스트이다.

---

49) 『너무 시끄러운 고독』, p.12.

가치 있는 무언가가 담긴 책이라면 분서의 화염 속에서도 조용한 웃음소리가 들려온다. 진정한 책이라면 어김없이 자신을 넘어서는 다른 무언가를 가리킬 것이다.[50]

작가는 가치 있는 책은 명기된 그 이상의 가치를 지향하고 독자가 그 너머의 진리에 도달하도록 도와주고 죽음 앞에서도 웃을 수 있다고 말한다.

그렇다고 그의 말을 곧이곧대로 이해하면 안 된다. 책은 언어의 압축물이고 언어는 사물을 재현한다. 재현에도 내면이 있다. 있는 대로 비추지만 재현이라는 관점에서 언어는 사물의 거울이다.

이 책은 르네 마그리트의 작품 <재현 금지>와 궤를 같이한다. 작품에서 거울은 사람의 앞모습이 아닌 뒷모습을 보여준다. 일상이라는 테두리 안에서는 결코 있을 수 없는 일이지만 그림이라서 가능하다.

마그리트는 재현된다는 것의 공포와 환상을 이해했고 어긋난 책을 거울 앞에 비스듬히 배치했다. 언어도 거울 같은 기능을 한다. 그래서 사물에 대한 언어적 재현도 일면 거울과 별반 다르지 않지만, 반복적인 재현으로 착각을 불러일으킨다.

지구상에 존재하는 생명체 중 인간만이 유일하게 거울을 본다. 인간만이 존재의 욕망을 품은 생명체임을 증명한다. 거울에 비친 자신의 이면에 공포를 느끼고 욕망하며 환상에 빠진다. 한탸는 재현되는 것의 공포와 환상을 정면으로 응시하고 소멸의 나락으로 빠져

---

50) 『너무 시끄러운 고독』, p.10~11.

든다. 그는 재현의 공포를 넘을 수 있는 현자였다. 평생을 바친 삶의 일상에서 추방당한 현자, 한탸.

> 멜란트리흐 인쇄소 지하실에서 백지를 꾸리느니 여기 내 지하실에서 종말을 맞기로 했다.[51]

언어의 공백을 견딜 수 없었던 그에게 죽음은 불가피한 선택이고 다른 여지는 없었다. 한탸는 나락으로 떨어지기보다는 차라리 언어가 되기로 결심한다.

> 책의 단면이 내 늑골을 뚫고 들어온다. 입에서 비명이 새어 나온다. 궁극의 진리를 발견하기 위해 가혹한 고문을 겪는 것일까? 압축기의 중압에 내 몸이 아이들의 주머니칼처럼 둘로 접힌다... 그 순간 내 집시 여자가 보인다. 끝내 이름을 알 수 없었던 어린 여자. 민둥산이 선명하게 자태를 드러낸다. 우리는 가을 하늘에 연을 날린다. 그녀가 연줄을 쥐고 있다... 저 위를 올려다보니 연이 비통한 내 얼굴을 하고 있다. 집시 여자가 밑에서 보내는 메시지 하나가 연줄을 타고 올라간다. 메시지가 불규칙적으로 흔들리며 전진해 마침내 나와 닿을 거리에 이른다. 나는 내 손을 내민다... 어린아이가 쓴 듯한 큼지막한 글씨가 쓰여 있다. 일론카. 그렇다, 이젠 분명히 알 수 있다. 그것이 그녀의 이름이었다.[52]

---

51) 『너무 시끄러운 고독』, p.131.
52) 『너무 시끄러운 고독』, p.131~132.

그는 죽음으로 언어화되었지만 '일론카'라는 의미의 정념은 실처럼 살아남았다. 이승에서 그에게 유일하게 남은 기억은 세네카도 노발리스도 책도 아니었다. 우연처럼 이름 없이 다가온 집시 여인, 영원을 함께 하자고 약속했던 여인이었다.

나는 일부러 '희생'이라 불리는 장소에 이르러 그녀에게 작별을 고하려고 했다. 그런데 웬걸, 그녀도 나와 같은 길로 간다고 했다. 결국 우리는 내가 사는 '영원'이라는 이름의 강기슭까지 함께 걸었다.[53)]

헌신적인 여인, 아무것도 바라지 않았던 여인, 언제나 그 자리에 영원할 것 같았던 나무 같은 여인, 일론카.

한 개비 장작처럼, 성령의 숨결처럼 단순했던 내 어린 집시 여자. 내 난로에 불을 지피는 것 외에는 아무것도 바라지 않았던 여자. 건물 잔해 속에서 찾아낸 무거운 널빤지를 커다란 나무 십자가처럼 어깨에 매고서 끌고 오던 여자. 감자 스튜와 말고기 소시지면 족했고 난로에 불을 지피고 가을 하늘에 커다란 연을 날리는 것 외에는 더 이상 바라는 게 없었던 여자.[54)]

그녀는 집시라는 이유로 게슈타포에 색출되어 아우슈비츠로 끌

---

53) 『너무 시끄러운 고독』, p.78.
54) 『너무 시끄러운 고독』, p.83.

려가 나무처럼 태워졌다. 별안간 사라진 그녀를 하염없이 기다리며 아무것도 알지 못했고 아무것도 할 수 없었던 한탸. 그가 유일하게 할 수 있는 일은 그녀와 함께 날리던 연을 태우는 일이었다.

> 그녀는 마이다네크 혹은 아우슈비츠의 어느 소각로에서 태워져 다시는 돌아오지 못했다. 하늘은 인간적이지 않다. 하지만 그 시절의 나는 아직 인간적이었다… 전쟁이 끝나도 그녀가 돌아오지 않기에 반짝이는 종이로 장식했던 긴 연 꼬리와 연줄도 함께.[55].

한탸는 비원을 담아 어머니의 장례를 치르듯, 제례를 올리듯 자신의 마음을 담았다.

> 엄마가 죽었을 때 내 안의 모든 것이 울었지만 막상 내게는 흘릴 눈물이 남아있지 않았다. 화장터를 나서자, 한줄기 가느다란 연기가 하늘로 피어오르는 모습이 보였다. 엄마가 어여쁜 모습으로 하늘을 오르고 있었다…[56]

제우스의 뜻을 배신하고 인간에게 전해준 프로메테우스의 불처럼 인간은 언어로 신성한 존재가 되었지만, 언어에 의해 슬픈 존재로 전락했다. 온갖 재앙의 원천, 판도라의 상자는 인간에게 마지막 선물인 희망을 남겼고, 선물이자 재앙인 언어는 인간에게 사랑을 남

---

55) 『너무 시끄러운 고독』, p.52.
56) 『너무 시끄러운 고독』, p.24.

졌다.

 이 책은 그런 한계와 끝을 여실히 보여주고 있다. 책을 읽는 내내 가슴이 쪼그라들고 코끝이 시큰해졌다. 『너무 시끄러운 고독』은 얇고 작지만 많은 생각을 하게 하는 시끄러운 책이다.

세 번째 책

『테레즈 데케루』[57]의 날이 왔다. 프랑수아 모리아크[58]의 작품으로 청년 시절 실제 참관했던 독살 사건 재판에서 영감을 받아 집필하였다고 한다. 소설에 등장하는 여인과 위조된 처방전은 사실에 바탕을 두고 있으며 당시 여성에 대한 사회적 억압, 차별, 소외 문제를 고발한 작품으로 알려져 있다.

테레즈에 심취한 모리아크는 테레즈 연작 소설을 이어갔고 이후 문학적 성과를 인정받아 1952년 노벨 문학상을 수상하였다. 원작을 바탕으로 영화 <테레즈 데케루>가 제작되었다.

오늘도 모두 참석했다. 다들 반가운 표정이 역력하고 밝은 목소리로 인사를 나눈다.

"안녕하세요? 다들 무탈하시죠? 오늘도 언제나 그랬던 것처럼 재미있게 놀아봅시다. 일독은 물론이고 토론할 내용도 준비하셨죠?"

---

57) 『테레즈 데케루』, 프랑수아 모리아크, 조은경 옮김, 펭귄클래식(2011).
58) 프랑수아 모리아크(Francois Mauriac, 1885~1970) : 프랑스 소설가.

이번 발제는 1면에 1989년 출간된 초판본의 표지[59]
를 올렸다. 화묵화를 연상시키는 흑백이 흰색의 얼굴
을 불안하게 한다. 살짝 벌린 입과 찡그린 미간, 커다
란 눈이 특징이다. 검은색 머리카락과 어깨선이 경계 없이 연결되
고 검은 배경색으로 이어지면서 묘한 공포감을 불러일으킨다.

 선해 씨가 포문을 열었다.

 "그림이 무채색이라 동양적인 느낌이 듭니다. 여백을 검은색으로
처리해서 폐허 같은 느낌도 있습니다. 작품 성격에 맞춰 표지를 구
상한 것 같습니다."

 "저는 여백을 검은색이 아닌 흰색으로 처리했으면 어땠을까 생각
했습니다. 흑백의 대조는 양쪽을 강조한다기보다는 오히려 한쪽을
강화하는 효과가 있습니다. 차라리 전체적인 톤을 흰색으로 갔다면
오히려 여자 그림이 광야에 선 모습처럼 더 외롭고 고독했을 것 같
습니다."

 예은 씨 평이 짧고 명확하다.

 "네. 그림을 선과 색감으로 말씀하셨고 색감의 변화가 필요하다는
의견도 있었습니다. 무채색이 강조하는 단순함과 명확함이 상충되
는 것 같습니다. 다음 문항입니다. 이 책을 읽고 느낀 평점과 이유를
말씀해 주시면 됩니다."

 "평점 5점 '판타스틱'. 유럽도 여성 인권이라는 기, 울나라하고 별
차이 없는가배. 가부장 사회에서 여성이 도전하고 죽음으로 행동했

---

59) 『Therese desqueyroux』, published by Livre de Poche Sans date, 1989.

다는 사실이 인간 존재의 소중함이라 생각했데이. 테레즈를 지지하고 응원한다는 차원에서 최고점을 주뿌린다."

가장 연장자인 누님도 그러했을 것 같다. 아들 선호가 심했던 시절이 우리에게도 있지 않았던가.

"여성이라는 이유로 이중 삼중의 차별과 소외를 당했다는 사실에 무척 화가 납니다. 이해가 안 돼요. 요즘 여성 인권이 많이 좋아졌다고는 하지만 아직도 가야 할 길이 멀다고 생각합니다. 어떤 기준을 정해 놓고 기준표에 맞추기보다는 존재 그 자체에 집중해서 평등과 상호이해의 폭을 넓혀가면 좋겠습니다. 평점은 5점 '판타스틱'입니다." MZ세대 예은 씨는 테레즈가 가부장적 사회에서 겪어야 했던 고통에 분노한다.

"저는 다 좋은데 테레즈가 남편을 살해하려는 의도에 대해서는 부정적입니다. 남편이 죽는다고 문제가 사라질까요? 전혀 그렇지 않다고 생각합니다. 오히려 문제가 커져서 여성들이 더 힘한 꼴을 당하지 않을까 싶어요. 극단적인 폭력은 반대합니다. 차라리 이혼 소송을 해서 문제를 사회적인 화두로 만들었으면 어땠을까요? 제 평점은 3점입니다."

허당 지은 씨는 좀 보수적인 성향인 것 같다. 혁명이 아닌 개혁을 주장한다. 개혁이 혁명보다 더 힘들다는 말도 있고 민주주의는 피로 세워졌다는 말도 있는데 과연 어느 접점으로 진행되어야 하는 것인지 판단하기 어렵다.

"평점 5점입니다. 주인공 테레즈 데케루의 결정에 동감합니다. 폭력이라고 하시는 분도 계시지만 폭력이 필요하다면 사용해야 한다고 생각합니다. 저는 종종 부당함에 분노하지만 차마 용기가 없어서 폭력을 못 쓸 뿐입니다. 심정적으로는 수백 번도 더 폭력을 사용했을 것 같습니다. 자신의 권리와 존엄을 지키기 위해서라면 이 세상의 모든 폭력도 정당합니다."

무섭다. 지은 씨는 내성적이지만 격했다.

"저는 평점 4점 '좋아요'입니다. 폭력적인 것을 제외하면 여성의 권리와 인권이라는 측면에서 지지합니다. 폭력은 최소한이어야 하지 않겠어요? 이런 생각을 해서인지 일독을 한 후에도 개운치 않다는 느낌입니다. 혹시 '미처 내가 파악하지 못한 복선이 있지 않을까?' 고민 끝에 나름대로 정리했습니다. 인간의 타락을 바닥끝까지 몰고 가서 밑천을 드러내고 절대 허무를 느끼게 하는 것, 모든 걸 포기하는 순간에 신의 구원이 시작될 수 있음을 강조하는 것이 아닐까? 소설에서 구원을 온전히 표현하지는 않았지만, 독자에게 그 이후를 상상하게 하는 복선이라는 생각입니다. 죽음도 해결하지 못하는 난제에서 결국 인간은 신을 선택하지 않을 수 없는 숙명을 예고하는 듯합니다." 모델처럼 큰 키의 선해 씨.

종교인의 끝은 항상 명확한 것 같다. 숙명과 구원이라는 결론으로 끝이 난다. 신의 이름으로 세상을 바라보면 고민할 이유도 없다.

"다음 문항으로 넘어갑니다. 유명 화가들의 그림 4편을 올렸습니다. 소설 『테레즈 데케루』와 유사한 작품을 고르고 이유를 말씀해 주세요."

이번에도 그림을 통해 작품을 평가하는 시간을 마련했다. 지난

번 『너무 시끄러운 고독』에서 회원들이 그림을 통한 작품 이해로 좀 더 깊은 감흥을 느낄 수 있었다는 평을 고려해 만든 문항이었다.

1번 작품은 파블로 피카소[60]의 <우는 여인>[61], 2번은 카라바조[62]의 <성모의 죽음>[63], 3번은 에두아르 마네[64]의 <올림피아>[65], 마지막 4번은 막스 쿠르츠바일[66]의 <노란색 옷을 입은 여인>[67]이다. 과연 회원들의 반응이 어떨지 기대가 된다.

"저는 4번 작품을 선택했습니다. 막스 쿠르츠바일의 <노란색 옷을 입은 여인>인데요, 청록색 소파에 도도하게 앉아 있는 그녀, 노란 원피스가 살짝 기운 얼굴을 고혹적으로 보이게 합니다. 자신감 넘치고 자기만의 세계를 가진 독립적인 자아입니다. 첫 장면의 테레즈가 소극적이고 비극적이었다면 마지막 장에서 카페를 나서는 당당한 모습과 맞닿아 있습니다. 4번 작품과 테레즈는 광야에 우뚝 선 독립적인 자아를 상징하는 것 같습니다."

노란 옷을 입은 여인

---

60) 파블로 피카소(Pablo Picasso, 1881~1973) : 20세기를 대표하는 스페인 입체파 화가.
61) <우는 여인(Weeping woman)>, 파블로 피카소, 1937. 런던 테이트 미술관.
62) 미켈란젤로 메리시 다 카라바조(Michelangelo Merisi da Caravaggio, 1571~1610) : 이태리 화가.
63) <성모의 죽음(The death of the virgin)>, 카라바조, 1602. 파리 루브르 박물관.
64) 에두아르 마네(Edouard Manet, 1832~1883) : 프랑스 화가. 19세기 인상주의 예술 운동의 선구자.
65) <올림피아(Olympia)>, 에두아르 마네, 1863~1865. 파리 오르세 미술관.
66) 막스 쿠르츠바일(Maximilian Franz Viktor Zdenko Marie Kurzweil, 1867~1916) : 오스트리아의 화가.
67) <노란 옷을 입은 여인(Lady in yellow)>, 막스 쿠르츠바일. 1899. 비엔나 뮤지엄.

그렇다. 노란색은 태양을 상징한다. 활력이 넘치고 따뜻한 느낌의 색이자 한여름의 뜨거운 빛, 감히 쳐다보기도 힘든 도도한 색이다. 테레즈는 가부장적 사회를 벗어나 자유로운 여자가 된다. 그때의 색이 노란색이다. 뜨겁고 자유롭고 도도한 자신만의 존재로 거듭난 것이다. 조예은 씨는 그 모습을 잡아낸 듯하다.

"마네의 <올림피아>를 선택하겠습니다. 이 그림은 당시 크나큰 반향을 일으킨 것으로 알고 있습니다. 마네는 고급 창부를 백색의 침대 위에 올려놓습니다. 천
박하지만 당당하고 늘어진 뱃살과 다리를 꼬고 누워 왼손으로 음부를 가린 나신이 인상적입니다. 그녀는 꽃다발을 든 흑인 하녀를 거들떠보지도 않습니다. 발밑에는 꼬리를 치켜세운 검은 고양이가 이목을 끄는 작품으로 당시 천박하고 선정적이라는 논란을 자초했습니다. 종말의 테레즈도 우아하기보다는 천박해 보이고 거만하고 욕망이 가득한 올림피아의 모습과 유사합니다. 그 누구의 시선과 욕망도 테레즈를 대체할 수 없습니다." 선해 씨였다.

"저는 피카소의 <우는 여인>이 가장 근접해 보입니다, 테레즈가 눈물을 흘리며 살아온 모습을 그린 듯합니다. 마지막 장면에서 자유를 말하기도 하지만 절대
자유롭지 않다고 생각합니다. 굴레에서 도피할 수는 있었겠지만, 여전히 불평등과 사회적 편견은 그녀를 옥죄고 고통의 부자유 속으로 몰아넣고 있다는 느낌입니다. 피카소의 우는 여인은 이중의 얼굴을 하고 있습니다. 울지만 찡그린 듯한 모습, 멀쩡하지만 상처투성이의 모습으로 그려지고 있습니다. 테레즈도 그와 같습니다. 그녀는 고통

속에서 슬픔을 참아왔고 그 슬픔 때문에 고통받고 있습니다."

허당 지은 씨의 설명에 고개가 끄덕여진다.

"한 가지 궁금합니다. 4가지 작품 중 3개 작품은 그럭저럭 이해되는데 카라바조의 <성모의 죽음>은 소설과 어떤 연관성이 있는지 의문입니다. 성녀를 테레즈와 비교할 수 있을까요? 회장님은 이해가 되세요? 물론 이해가 되셔서 선택했겠지요. 카라바조가 성모의 모습을 그렸을 당시, 모델은 임신한 창부였다고 합니다. 그 소문이 퍼져 교회에서는 이 그림을 거부했다고도 합니다. 회장님 답변을 기다리겠습니다." 차가운 표정의 이지은 씨.

성모의 죽음

취조받는 느낌이다. 작품 중 가장 적절한 작품을 고르면 그만인데. 적절하냐 아니냐는 논쟁거리가 아니다. 적절해도 그만이고 부적절해도 그만이다. 시비를 걸자는 뜻으로 읽혀 불쾌했다. 이지은 씨는 프로 불평러가 맞다. 언제나 툴툴거린다.

"카라바조의 <성모의 죽음>은 성스러운 작품입니다. 종교적으로 성모 자체가 성스러운 존재이기 때문일 터입니다. 하지만 카라바조는 성스러움을 현실의 세계로 끌어 내렸습니다. 모욕하려는 의도라기보다는 가장 손가락질받는 창부에게서 예수의 흔적을 보았기 때문입니다. 그림 속 성모는 성스럽지도 않고 우아하지도 않습니다. 주변 그 누구의 관심이나 배려 없이 사망한 창부의 모습일 뿐입니다. 작품은 인간적인 슬픔을 유발합니다. 하늘에서 내려온 성모와 비천한 운명의 한 여인은 별다른 차이점을 찾을 수 없고 오히려 일란성 쌍둥이처럼 보이죠. 제가 이 그림을 올린 이유입니다. 카라바조는 성스러움도 비천함의 또 다른 이름일 수 있음을 보여주고 있습니다. 인간적이지 않은 것이 성스러울 수 없고 성스러운 것은 반드시 인간적이어야 한다고 이 작품은 설득하고 있습니다. 이해되셨을까요?" 나는 감정적 대응을 최대한 자제하고 지은 씨의 공감대를 끌어내려 애썼다.

"아무리 변명하셔도 적절치 못합니다. 역설적인 표현만으로 의미를 연관시킬 수 없습니다. 과잉된 표현은 오히려 거리감만 만들 뿐입니다. 회장님의 억지스러운 설명이 그렇습니다. 지난 모임에서도 그림에 꿰맞춘다는 느낌이었는데 지금도 마찬가지입니다. 비유법으로 말하자면 과장법과 역설법을 이중으로 사용하는 느낌입니다. 비유법 없이 일상의 언어로 말씀해 주시기를 바랍니다."

보자 보자 하니 진짜 보인다.

"지은 씨는 뭔가 큰 착각을 하시는 것 같아요. 일상의 언어와 비유의 언어가 따로국밥인가요? 언어는 언어일 뿐입니다. 그럼 한 가지 물어봅시다. 언어를 무엇이라 생각합니까?"

이제부터 씨는 생략이다. 지은이는 질 수 없다는 듯 독한 표정으로 내뱉었다.

"언어는 소리와 뜻으로 만들어진 전달체계입니다."

"그러면 소리는 뭐고 뜻은 무엇일까요?"

"소리는 사물의 호칭이고 뜻은 사물의 특징을 압축한 의미죠."

"그럼, 호칭과 뜻은 같은 개념인가요?"

"그건 때에 따라 다르죠. 같을 수도 있고 다를 수도 있죠."

"그럼, 의미는 직역만 가능하다는 뜻은 아니겠네요?"

"그렇죠."

"지금 스스로 논리의 오류에 빠져있어요. 뭐가 뭔지도 모르면서 떠들고 있다는 뜻입니다. 알아들으시겠어요?"

"아니요. 그런데 무슨 말을 그렇게 기분 나쁘게 하세요? 저하고 싸우자고 하시는 건가요? 기분 나쁘네요. 경고합니다!"

지은이의 목소리가 사시나무 떨리듯 떨리고 있었다. 조금 있으면 거의 울 것 같았다.

"아니, 자기 맘에 안 맞으면 기분 나쁜가 보죠? 세상을 어떻게 그렇게 살아요? 자신을 돌아보고 내가 왜 잘못했는지 생각해 보세요. 세상을 너무 쉽게 살아오셨네요. 세상살이가 그리 만만치 않습니다. 기분 나쁜 건 오히려 접니다."

결국 그녀는 얼굴이 홍당무가 되어 눈물을 흘리고 말았다. 부끄러워서 그랬던 것일까? 억울해서였을까? 아니면 자존심이 상해서였을까?

그녀는 즉시 자리를 떠났다. 누구도 말리지 않았고 침묵했다. 나와 지은이 사이에 벌어진 설전에 대해 회원들은 누구의 편도 들지 않았다. 사물과 사물의 거리감이 비현실적으로 존재를 축소시켰다.

"다음 문항으로 넘어가겠습니다. 여성에게 결혼이란 무엇일까요?"

"분위기가 썰렁합니다만 인내심을 가졌으면 합니다. 제가 생각하는 결혼은 성별에 따라 느낌이 다른 것 같습니다. 예전에는 남성이 주도하고 여성이 따라가는 방식이었다면 지금은 동등하게 진행되는 것 같습니다. 특히 요즘은 맞벌이에 주택, 육아 문제가 대두되면서 경제적 조건에 따라 차이도 생기는 것 같습니다. 출산, 육아, 살림은 아무래도 여성이 많은 부분을 부담하는 거라 비혼주의도 만연한 것 같습니다. 저도 결혼을 했지만, 비혼의 워라밸도 나쁘지 않은 것 같아요. 선해 생각이었습니다."

"저는 20대라 그런지 결혼에 대한 로망은 없습니다. 좀 더 즐겨도 충분하다는 생각입니다. 친구들도 서두르지 않는 것 같아요. 개중에는 외롭다고 결혼하는 친구도 있고 결혼정보회사에 가입해서 소개받기도 해요. 하지만 요즘 이혼율도 높고 다툼도 많다고 해서 부정적입니다. 테레즈의 결혼도 집안과 집안의 결합이었습니다. 부의 대물림이라고 할까요? 요즘이나 그때나 별다른 차이가 없는 것 같아요. 만약에 지금의 테레즈라면 어떤 결정을 했을까요? 저는 감정에 충실해지고 싶습니다. 결혼이라는 제도가 족쇄가 된다면 차라리 비혼의 삶도 고려의 대상입니다."

그동안 침묵을 지키던 누님이 나섰다.

"예은아, 결혼 괜안타. 물론 잘해야지. 좋은 사람 만나 사랑하고 위해주문 삶이 더 행복하다. 내도 무조건 행복했다고 말할 순 없겠지만 남편 보내고 그 빈자리를 실감했다. 나이를 먹어가면 빈자리가 더 커지고 무겁다. 지나보이 아쉽고 그립고 더 사랑하게 됐다. 결혼을 하냐 마냐가 중요한 기 아이라 우찌 사냐가 더 중요하데이. 늙어가면 혼자라는 기 깝깝해 겁 안나나? 허망하다. 둘이가 마 알차고 의미있다꼬 말하지는 않겠지만, 안 하는 기보다 하는 기를 추천한다. 남들도 하는데 나만 안 할 이유 있나. 인간은 관계의 동물이다. 가족 관계만큼 중요한 관계는 없다. 결혼은 그 관계를 확장하는 일이고 자식은 그 정점이라고 할 수 있다. 딩크니 머니 하면서 워라밸 얘기하지만 나는 권하고 싶지 않다. 내 속으로 낸 자식은 무엇보다 더 중요하고 살아가는 이유가 된다. 결혼 괘안타. 별거 없다. 한 이불 같이 덮고 자면 그가 결혼이다."

"제 나이도 만만치 않지만, 결혼은 선택이라고 생각합니다. 혼자여서 하는 것도 아니고 적적해서 해야 하는 것도 아니라 생각합니다. 자식도 마찬가지입니다. 양육의 기쁨이라는 것도 선택의 문제 같습니다. 내 모든 걸 바쳐서 양육한다는 것이 어떤 의미가 있는 건지 아직 확신이 들지 않습니다. 항시 그랬던 것처럼 결혼한다는 것은 무의미합니다. 제 경우는 누구에게 의탁하거나 통제받는 삶이 잘 맞지 않는 것 같습니다. 관계의 틀에서 살아가는 자체가 구속처럼 느껴집니다. 물론 비혼주의자는 아닙니다. 그 모든 걸 포기할 수 있을 정도의 사람을 만난다면 가능하겠지요." 허당 지은 씨다.

결혼은 강요한다고 되는 것도 아니다. 인연이 되면 하고 안 되면 어쩔 수 없는 것이 아닐까? 사람마다의 성향 탓도 큰 것 같다. 마음먹기 나름 같다.

"다음 문항으로 넘어갑니다. 이번에는 다른 책의 내용과 비교하고 느낌을 말씀해 주시면 되겠습니다. 『테레즈 데케루』와 미시마 유키오[68]가 쓴 소설 『금각사』의 장면이 묘하게 닮았다는 느낌입니다. 아르즐루의 소나무와 금각사는 매혹의 대상으로 존재하지만, 테레즈와 미조구치의 대응은 달리집니다. 함께 이야기해 볼까요?"

---

[68] 미시마 유키오 : 일본의 소설가. 1925년 출생. 1970년 우익사상에 심취, 자위대 궐기를 주장하며 할복자살.

나는 『테레즈 데케루』와 『금각사』의 특정 장면을 옮겨왔다. 주인공을 비교하면 테레즈를 이해하는 데 도움이 될 것 같았다.

    피와 살이 있는 존재, 살아 있는 존재 말고 그녀가 관심 가질 대상은 아무것도 없었다. 내가 소중하게 생각했던 것은 돌로 만들어진 도시가 아니야. 강연도, 박물관도 아니야, 내가 소중하게 생각했던 그것은 도시 속에서 동요하고 어떤 폭풍우보다도 더 강한 열정이 만들어 내는 살아있는 숲이야. 어둠 속에서 아르즐루의 소나무 숲이 내는 신음 역시 인간적이기에 감동적이었던 거야. 테레즈는 술을 조금 마셨고 담배를 많이 피웠다. 그녀는 행복한 사람처럼 혼자 웃었다. 그녀는 정성스럽게 분을 바르고 립스틱을 칠했다. 그러고는 길가로 나가 발길 닿는 대로 걸었다.[69]

    소용돌이치는 연기와 하늘로 치솟는 불길이 보일 뿐이다. 나무 사이로 수많은 불꽃이 날리어 금각 위의 하늘은 금가루를 뿌린 듯하다. 나는 다리를 꼬고 오랫동안 그것을 바라보았다. 정신을 차리니, 몸이 온통 물집과 찰과상으로 피를 흘리고 있었다. 손가락에도 아까 문을 두드릴 때의 상처인 듯 피가 배어 있었다. 나는 도망쳐 나온 짐승처럼 그 상처를 핥았다. 호주머니를 뒤지니, 단도와 수건에 싸인 칼모틴 병이 나왔다. 그것을 계곡 사이를 향하여 던져 버렸다. 다른 호주머니의 담배가 손에 닿았다. 나는 담배를 피웠다. 일을 하나 끝내고 담배를 한모금 피우는 사람이 흔히 그렇게 생각하듯이, 살아야지, 하고 나는 생각했다.[70]

---

69) 『테레즈 데케루』, p.190.
70) 『금각사』, 미시마 유키오, 허호 옮김, 웅진지식하우스(2017), p.272.

"선택 문항입니다, 생각해 오신 분들만 의견 내주시면 됩니다. 다음은 네이버 블로그 '우공의 책 읽기'에 제가 올려놓은 서평입니다. 참고로 읽어보시면 발제 문항을 이해하는 데 도움이 될 듯합니다."

이 책은 탐미주의 작품 중 최고로 평가받고 있으며 저자인 유키오도 20세기 일본의 유명 작가로 알려져 있다. 그런데 유키오는 1970년 11월 일본자위대 건물을 점거하고 천황 만세를 부르며 군국주의 부활을 주장하고 할복자살한다. 당시엔 정신이상자로 비난을 받았지만, 요즘 일본의 군국주의 경향을 볼 때 그는 우익집단의 영웅으로 간주될 터이다.

주인공 미조구치는 금각을 모든 판단의 근거로 삼는다. 그에게 금각은 '절대미'이고 '절대선'이고 '절대진'이다. 문제는 절대라는 영원성에서 발생한다. 절대는 예외를 인정하지 않고 모든 사물을 하나의 동일성으로 포획하고 일체화시킨다. 미조구치는 그 절대성으로 자신을 규정하지만, 훼손된 자아에 대해 회의하면서 그 부정의 인식은 행위적으로 표출된다.

미조구치의 말더듬증은 언어적 기표의 결여를 암시하면서 공백을 채우려는 실천적 욕망을 유발한다. 저자는 '쓰루가와'와 '가시와기'를 등장시켜 선악의 내적 갈등을 조장하고 악이 득세하면서 미조구치의 욕망과 결여는 걷잡을 수 없게 된다.

미조구치는 어릴 적 어머니의 불륜으로 상처받고 말더듬증을 비웃는 첫사랑 우에코의 죽음에 고통받는다. 그에게 상처와 고통이 커질수록 금각은 그의 결여와 공백을 채우지만 절대 금각에 대한 회의는 모든 걸 파탄 낸다. 결국 채워질 수 없고 더럽혀진 절대미는 소실됨으로써 다시 채워질 수 있음을 깨닫게 된 미조구치는 금각을 불태워 정화하려 한다. 마치 유키오가 더럽혀진 대일본이라는 절대 가치를 할복이라는 자신의 불태움의 과정을 통해 절대미로 부활시키려던 대목과 같다.

이 책을 통해 일본 우익의 절대미라는 것이 결국 희생양을 통한 결여의 채움이고 탐욕의 살해 충동일 뿐인 것을 보게 된다. 절대성만이 판치는 사회, 유일한 가치만 요구되는 사회, 차이와 간극을 인정하지 않는 사회가 혹시 우리의 사회는 아닌지 항상 감시하고 돌이켜봐야 한다.

"예시된 장면에서 담배를 피우는 모습이 공통으로 등장하는 것 같습니다. 테레즈는 거리를 나서면서 자유를 만끽하는 모습으로, 미조구치는 금각사를 방화하고 쾌감을 느끼는 모습으로요. 두 장면 다 억압을 극복한 후 느끼는 쾌락을 표현하고 있습니다. 쾌락을 느끼는 대상은 아르즐루의 소나무 숲과 금각사인데 주인공들은 어린 시절부터 그 대상들이 갖는 최고의 가치에 세뇌되었습니다. 그들은 최고 지존의 가치를 지닌 대상을 숭배하고 삶을 바치지만 둘 다 그 가치의 허구와 허무에 좌절하고 벗어나려고 합니다. 테레즈는 남편을 독살하려 하고 미조구치는 그 대상을 불로써 소멸시키려 합니다. 자연히 주인공들의 행위는 다르게 나타납니다. 테레즈의 독살과 도피, 미조구치의 방화와 소멸로 말이죠. 테레즈가 대상을 부분적으로 소멸시켰다면 미조구치는 완전히 소멸시킵니다. 미시마 유키오는 프랑수아 모리아크를 숭배하고 그의 영향을 받습니다. 그래서 그랬을까요, 두 작품의 궤적은 다르지만, 왠지 닮아있다는 느낌을 받습니다."

선해 씨가 사전에 준비를 많이 해온 듯하다.

"저는 이 문항 덕분에 생소했던 소설 『금각사』에 관심을 가지게 되었습니다. 『금각사』의 논점에 대해서 이해하면 『테레즈 데케루』를 이해하는 데 도움이 될 것 같아서 말씀드리겠습니다.

미시마 유키오의 『금각사』는 아름다움에 대한 집착에서 시작됩니다. 하지만 미(美)에 집착할수록 거대해지는 '소외'라는 사태가 문제입니다. 맹목적인 미의 추종은 존재를 소외시킵니다. 물론 미의 내용이 형식이라는 모습일 때 숭배의 대상으로 전환되겠지만, 그 순간 정형화되고 구태의연해지며 소외되고 허상이 됩니다. 허상은 올바른 인식을 방해하고 시한폭탄이 됩니다. 그래서 완전체인 금각사의 소멸은 필연입니다. 사라지는 것이죠. 대체 불가능일 때 절대성이 온전히 보존될 수 있는 것입니다.

두 소설은 절대성을 욕망하지만, 규정 받는 순간 무의미의 허상으로 노출되고 의미를 상실합니다. 비상구는 두 가지밖에 없어 보입니다. 온전히 소멸시키든지, 아니면 또 다른 절대성에 자신을 의탁하든지. 그런 의미에서 소설 『테레즈 데케루』는 모리아크의 가톨릭 신앙을 전면에 등장시키는 매개체가 되는 것 같습니다."

생각하지도 못한 결론이었다. 어렵지만 어렴풋하게 이면을 이해하는 순간이었고 함께 하는 독서가 이런 묘미가 있음을 깨닫게 되었다.

"네, 진짜 감사합니다. 허당 지은 씨 덕에 새로운 이해를 하게 되었습니다. 다시 한번 감사드립니다. 이제 마지막 문항입니다. 이 책의 키워드를 정하는 시간입니다. 공통 문항인 만큼 모두 말씀해 주시기를 바랍니다. 정선 헹님, 말씀하시소."

"버팅기믄 죽는다. '테레즈 데케루'. 더 이상 할 말 없다. 내는 진심이다. 이 책의 가해자이자 피해자인 테레즈가 주제어이자 키워드 같다."

"키워드는 '자유'입니다. 자유는 구속과 억압에서 필연적으로 등장하는 주제어입니다. 테레즈의 여정은 자유를 추구하는 과정이자 쟁취하려는 구도자의 행로와 같습니다. 인간에게 주어진 최대의 선물은 자유입니다. 그래서 자유를 키워드로 정했습니다." 예은 씨였다.

"저는 '욕망'이라고 하겠습니다. 인간에게 근본적으로 자리 잡은 무의식의 욕망이 촉발자이자 키워드라 생각했습니다." 욕망어린 허당이었다.

"저는 '희생양'이라고 하고 싶어요. 인간이 살아가면서 사회는 희생양을 요구합니다. 예수님도 인간의 죄를 대속했지만, 인간은 대속의 희생양을 특정 인간에게 강제합니다. 그 강제성을 의무감이나 영웅심으로 감추려 하지만 그 속성은 억압과 폭력일 뿐입니다. 인간은 절대 인간적이지 않고 악을 조작하기도 합니다. 인간은 인간이 만든 사회체계에서 스스로 희생양이 되고 말았습니다. 울적한 기분입니다."

선해 씨의 의견에 딱히 부언할 말이 없었다. 듣기만 해도 그 뜻을 이해했고 실감했다.

"네, 저는 '생명'으로 정했습니다. 생명이 추하다 하더라도 죽음보다는 아름답고 희망을 기약할 수도 있는 것 같습니다. 오늘 이지은 씨가 퇴장하는 불상사가 있었는데요, 회장으로서 자중하지 못한 점 사과드립니다. 토론은 반드시 이겨야 하는 게임이 아니라 상대를 이해하고 존중하는 마음이 우선입니다. 저도 부족했지만, 계속되는 도를 넘는 발언과 태도는 용납하기 어려웠습니다. 회원님들, 넓은 마음으로 이해해 주시기를 바랍니다. 키워드를 정리해 보겠습니다. '테레즈 데케루', '자유', '욕망', '희생양', '생명'으로 다양하게 나왔습니다. 오늘도 알차게 진행된 것 같습니다. 감사드립니다. 파이팅!"

오늘은 영 마음이 편하지 않다. 조금 더 참을 걸 그랬다는 후회와 자책으로 괴롭다. 독서모임은 서로 이해하고 존중하는 것이라고 말한 내가, 왜 지은이의 말은 거부했을까? 독서모임은 '내 말'을 내려놓고 '너 말'을 받들어야 하는 것이다. 그녀의 언어 속에서 겉돌고 미끄러지는 의미, 반복되는 실마리를 찾아야 했다. 그녀가 말하고 싶었던 이면의 것은 무엇이었을까? 아쉽다.

< 서평 > : 『테레즈 데케루』

오, 창조주시여! 그들이 왜 존재하는지...

이 책을 처음 접했을 때, 데.케.루.라는 거친 발음에서 일본작품으로 착각했다. 언어가 지닌 외형의 함정이었다. 언어의 다름에도 불구하고 '테레즈 데케루'라는 이름을 제목으로 정한 작가의 의중이 무척 궁금했다. 작품 해설에는 애초 '로쿠스타의 성녀', '가족의 정신' 등이 제목으로 오르내리다가 최종 '테레즈 데케루'로 확정되었다고 한다. '테레즈'라는 이름의 의미는 무엇일까? 이름을 전면에 세운 것은 존재에 방점이 찍혀있는 것으로 보이고 실존주의 영향을 받지 않았을까 유추하게 된다. 또한 1920년대 프랑스 사회에서 여성이 가지는 지위와 역할을 작가는 테레즈를 통해 어떤 방식으로 풀어갈지 궁금증을 품게 되었다.

'이름'의 사전적 의미를 살펴보면 어떤 사물이나 단체를 다른 것과 구별하여 부르는 일정한 칭호로 규정된다. 그래서 이름에는 차이와 반복을 내포하고 있으며 '차이'는 혈연으로 구별하고 '반복'은 불러줌으로 체화된다. 핏줄 혹은 틀로 체화된 이름은 단순한 칭호가 아닌 사회적 가치를 표출하는 인식표, 즉 존재의 얼굴이 된다.

'테레즈 데케루'는 '데케루 가문의 여인'이라는 일차적 사실을 표방하지만, 텍스트를 통해 사회적 가치를 설정하는 갈등과 소외라는 스토리 구조를 자연스럽게 담는다.

어쩌면 작가는 플라톤이 말한 동굴의 우상에서 작품을 구상한 것처럼 보인다. 칠흑 같은 동굴 속, 쇠사슬에 묶인 인간은 모닥불에 흔들리는 그림자를 세상의 전부이자 실체로 믿는다. 하지만 동굴 밖으로 나오는 순간 모든 것이 허상이었음을 깨닫는다.

구속받는 인간은 누군가에 의해 보여지는 대로 세상을 인식한다. 사회적 사유의 권력은 불빛처럼 인간을 현혹하고 소외시키고 구속한다. 구속한다기보다 스스로 족쇄를 채워 새장 속으로 걸어가게 만든다. 족쇄를 벗고자 하는 인간, 미몽에서 깨어난 인간 테레즈를 통해 작가는 존재를 대상화하는 인식과 체계의 폭력성이 얼마나 파괴적이고 소모적인지 보여준다.

플라톤은 동굴의 비유에서 태양 빛을 본 인간은 더 이상 어떤 폭력에도 길들지 않는다고 하였다. 인간은 대상화될수록 더 거칠어지고 극단적으로 변한다. 더 이상 구속되지 않는 인간. 마지막 선택만이 유효한 순간, 그 첨예한 억압으로부터 작가는 여성을 '테레즈 데케루'라는 이름으로 석방한다.

작가는 존재와 대상의 대립, 자유와 구속의 대립, 자발적인 것과 비자발적인 것의 대립, 쟁취와 허용의 대립을 이어가며 법정의 문을 나선 테레즈와 파리 한 카페의 문을 열고 나선 테레즈를 구별한다.

변호사가 문을 열었다.[71]로 시작되는 첫 문장과 그녀는 행복한 사람처럼 혼자 웃었다. 그녀는 정성스럽게 분을 바르고 립스틱을 칠했다. 그러고는 길가로 나가 발길 닿는 대로 걸었다.[72]의 마지막 문장은 이

---

71) 『테레즈 데케루』, p.25.
72) 『테레즈 데케루』, p.190.

소설을 관통하는 인상적인 장면으로 기억된다. 그러나 인간 주체의 문을 열어젖힌 진일보한 모습에서 자유를 만끽할 수도 있겠지만 마냥 개운하지만은 않다. 그래서 작가도 한계를 지닌 자유, 회피된 자유를 해소하기 위해 테레즈 연작을 진행했는지도 모른다. 아무리 몸부림쳐도 결코 벗어날 수 없는 여성의 한계와 영원에 대한 종교적 신념을 잇고, 풀고, 맺고 싶었는지도 모른다.

  작가의 재판 참관 경험을 모티브로 펼쳐지는 장면은 시각적 효과를 극대화하고 등장인물들의 대화에서 사건의 실마리를 유추해 볼 수 있다.

  심리종결 후 석방되는 테레즈의 모습은 변호사의 등장으로 가려진다. 문을 열어주는 능동적인 변호사, 타인의 도움으로 방면되는 테레즈. 그녀는 법의 심판보다 밖에 있는 누군가를 더 두려워한다. 변호인 뒤로스는 이번 재판이 희생자의 증언으로 무죄가 될 것이라 조언한다. 희생자는 없다고 발끈한 그녀에게서 진실은 혼란스럽다.

  그랬다. 테레즈는 약간의 심장병을 앓던 남편 베르나르를 살해하기 위해 가짜 처방전으로 약제에 비소 함량을 늘려갔다. 베르나르의 이상증세에 의문을 품은 페드메 의사의 신고로 그녀는 법정에 섰고 재판 결과는 뻔해 보였다. 그런데 남편은 그녀를 위해 전혀 다른 증언을 하고 독살 혐의를 벗게 된다. 그것은 남편의 지극한 사랑 때문도 아니고 가정을 지키려는 따듯한 부정 때문도 아니다. 오로지 가문의 명예와 체면을 지키려는 어처구니없는 광기이며 폭력일 뿐이다.

  아버지는 딸에게 명령한다.

너 아주 미친 게냐? 이런 때에 남편 곁을 떠나겠다고? 너희 부부는 한 손에 두 손가락처럼 붙어 다니는 모습을 보여야 한단 말이다. 죽을 때까지 말이야...[73]

네 남편이 시키는 대로만 하면 된다.[74]

가족이라! 테레즈는 담뱃불이 꺼지게 내버려 두었다. 시선을 한곳에 고정한 채, 수많은 인간 철창이 쳐진 새장을 상상해 보았다. 눈과 귀로 둘러싸여 있는 이 새장, 테레즈는 그곳에서 꼼짝하지 않고 웅크려 앉아 팔로 다리를 감싼 채 무릎을 턱까지 당기고 죽기만을 기다리게 될 것이다.[75]

아버지의 권력에 대항하듯 테레즈는 불편한 속마음을 드러낸다. 이해할 수 없고 타협의 기미도 보이지 않는다. 죽을 수밖에 없다고 하소연한다. 도대체 테레즈는 왜 죽음보다 깊은 권태와 고독 속으로 빠져들게 된 것일까? 결혼이라는 삶이 그토록 자신과 타인을 죽일 만큼 불편하고 혐오스러웠을까?

현실의 부에 유난히 관심이 많았던 테레즈에게 지역의 양대 가문인 데케루 집안과의 정략결혼은 당연해 보였고 행복을 보장하는 듯했다. 그녀 스스로 결혼이라는 새장 속으로 들어서자, 강제로 문이 닫히고 권태와 고독으로 숨이 막힌다. 그녀의 꿈은 철창처럼 빽빽이 서 있던 소나무 숲에 갇히고 소외된다. 테레즈가 그토록 소망했던 소

---

73) 『테레즈 데케루』, p.33.
74) 『테레즈 데케루』, p.34.
75) 『테레즈 데케루』, p.73.

나무 숲은 살갗이 까진 피부에 소금을 뿌린 듯 아리고 쓰라렸다.
그녀의 시누이 '안'의 연인, 장 아제바도의 등장은 내재하던 그녀의 권태와 고독을 깨우는 일대 전기를 가져온다.

> 매 순간은 즐거워야 합니다. 이전의 즐거움과는 다른 즐거움을 경험해야 하는 거지요.[76)
> 있는 그대로 자신이 되는 것.[77)
> 자기 자신을 부정하는 것보다 더 끔찍한 것은 없다.[78)

자유로운 영혼의 소유자인 아제바도의 한마디 한마디는 소멸한 그녀의 영혼을 불러내고 부패하던 육신을 살려낸다. 권태가 썰물처럼 사라지자, 고독이 밀물처럼 밀려온다. 말라버린 갯벌에 부글부글 거품이 일듯 사막 같던 그녀의 마음에 손가락처럼 선인장의 가시가 아프게 솟아오른다. 가시투성이 테레즈는 일촉즉발, 힘껏 당긴 활시위처럼 팽팽한 긴장감을 머금는다.

> 쓸모없는 내 인생, 허무한 내 인생, 경계 없는 고독, 출구 없는 운명. 아! 정말 베르나르는 그 행동만은 하지 않을 것이다. 하지만 그가 아무것도 묻지 않고 두 팔을 활짝 벌린다면! 그녀가 인간의 가슴에 머리를 기댈 수 있다면, 살아있는 사람에 기대 울 수 있다면![79)

---

76) 『테레즈 데케루』, p.99.
77) 『테레즈 데케루』, p.105.
78) 『테레즈 데케루』, p.107.
79) 『테레즈 데케루』, p.131.

그녀의 고독은 문둥병자에게 달라붙은 궤양보다 더 찰싹 그녀에게 달라붙어 있다.[80]

석방된 테레즈는 집으로 돌아오는 중, 예전의 자신으로 돌아가는 걸 상상하고 따듯한 포옹을 기대한다. 마중 나온 남편 베르나르의 차가운 표정에서 그녀는 좌절한다. '말 없음'이라는 길 위에서 좌절은 헛헛한 미소로 바뀐다. 자신이 저지른 행위는 정당방위이고 무죄라고 확신하자 더 이상의 고통은 없다. 죄책감도 없다.

뭐라고? 당신이 감히 의견을 내? 소원을 말해? 됐소. 한마디도 더 할 생각 마. 당신은 듣기만, 내 명령을 받아들이기만 하면 돼. 당신은 내 최종 결정에 복종하기만 하라고.[81]

당신은 이제 내게 아무것도 아니오. 당신이 가지고 있는 이름만이 중요할 뿐![82]

그녀는 산 채로 유폐되고 순장된다. 고통은 테레즈를 죽음의 공백 속으로 빠져들게 한다. 휑한 눈동자, 푸석푸석한 피부, 니코틴으로 찌들고 노랗게 물든 손톱, 좀비처럼 길들고 격리된 그녀는 환상이라는 꿈속을 부유한다.

'푸아디에의 감금된 여인', 19세기 프랑스에서 일어난 자녀 감금 사

---

80) 『테레즈 데케루』, p.132.
81) 『테레즈 데케루』, p.135.
82) 『테레즈 데케루』, p.138.

건의 여인은 그녀의 또 다른 이름이었다. 25년간 감금 상태에서 구출된 여인. 이제 그녀는 구출되어서도 안 된다. 변호사가 문을 열어줘서도 안 된다. 아버지와 남편이 진실을 가려서도 안 된다. 이제 그녀는 그녀를 억누르고 통제하던, 테레즈 데케루라는 이름으로부터 탈주를 감행해야 한다. 그것은 도망도 아니고 회피도 아니다. 대상에서 존재로 돌아오기 위한 몸부림이어야 한다. 그 끝이 결코 행복이라고 확신할 수 없어도 그녀는 탈주해야 한다. 돌고 돌아 다시 이곳으로 돌아온다 해도 훗날의 그녀는 처음의 그녀가 아닐 것이다.

안개처럼 적시던 고독과 권태는 전염병처럼 독자를 감염시키지만, 마지막 문장에서 졸이던 마음이 열리게 된다. 마치 칠흑 같은 동굴 속에서 쏟아지는 햇살에 눈이 부신 것처럼, 자신도 모르게 따뜻한 미소를 띠게 된다.

> 테레즈는 술을 조금 마셨고 담배를 많이 피웠다. 그녀는 행복한 사람처럼 혼자 웃었다. 그녀는 정성스럽게 분을 바르고 립스틱을 칠했다. 그러고는 길가로 나가 발길 닿는 대로 걸었다.[83]

마지막 문장의 테레즈 데케루는 영화 <빠삐용>[84]에서 탈출에 성공해 환호하는 스티브 맥퀸의 얼굴과 묘하게 오버랩된다.

---

83) 『테레즈 데케루』, p.190.
84) <빠삐용(Papillon)> : 1973년에 제작된 미국 영화. 감독 프랭클린 샤프너. 주연 스티브 맥퀸, 더스틴 호프먼.

네 번째 책

오늘 토론 도서는 알베르 꼬엔[85]의 대표작 『주군의 여인』[86]이다. 1,300쪽이 넘는 장편소설이다. 부담스러운 양이지만 사랑 이야기라 편하고 쉽게 읽을 수 있다.

이 책에 대해서는 유부남, 유부녀의 불륜에 불과하다는 의견이 강해서 회원들의 의견이 양극으로 갈릴 것으로 예상됐다. 회원들 간 의견이 다를 경우 발제의 내용이 중요하다.

"반갑습니다. 오늘의 독서토론을 시작하겠습니다. 도서는 『주군의 여인』입니다. 완독했을 거라 믿습니다. 첫 번째 문항, 평점 매기기 시간입니다. 각자 이 책을 읽고 느낀 평점을 말씀해 주세요."

"우째 아이겠나? 재미있게 읽었다. 그런 사랑을 못 해서인지는 모르지마 주인공들의 사랑을 높이 평가한다. 그들의 격렬한 사랑이

---

85) 알베르 꼬엔(Albert Cohen, 1895~1981) : 오스만튀르크 국적의 유대인으로 그리스에서 태어나 프랑스에서 생활하고 스위스에서 삶을 마쳤다. 유엔기구에서 일을 하다 소설가의 길을 선택했다.
86) 『주군의 여인(Belle du Seigneur)』, 알베르 꼬엔, 윤진 옮김, 창작과 비평(2018).

마음을 움직인다. 어차피 한 번 살아가는 인생이라몬 뜨겁게 사랑하고 강렬하게 마침표를 찍는 것도 나쁜 선택은 아니제. 80년을 넘게 살아보니 뜨뜻미지근하게 길게 사는 것도 좋지마 뜨겁고 짧게 사는 것도 좋다. 다시 살 수 있다믄 심각하게 고민해서 아리안처럼 살아보는 것도 괜안다. 그라도 아니라카믄 별수 있겠나. 평점은 최고점인 5점 '판타스틱'."

누님에게도 그런 사랑이 있었나 보다. 후회를 남긴 사랑이. 사랑에 후회가 남아서는 안 된다고 생각한다. 후회가 남는 사랑은 고통이다. 일부러 고통을 남길 필요는 없지 않겠는가.

"저는 평점 2점 '별로요'입니다. 막장 드라마 같은데 이 작품이 사랑의 소설로 찬사를 받는 이유를 모르겠습니다. 결국 불륜이잖아요. 유부남과 유부녀의 바람입니다. 주인공들은 현실을 극복하지 못하고 결국 자살을 선택하는데, 그마저도 너무 미화하는 것은 아닌지 우려가 됩니다."

예은 씨는 불륜은 사랑이 아니라고 말한다. 또 하나의 족쇄가 아닐까? 혹시 사회구조가 변하면서 당연하게 지켜온 결혼제도에 하자가 생긴 건 아닐까?

"저는 평점을 1점 '싫어요' 주겠습니다. 읽는 내내 불쾌했습니다. 사랑에 귀천이 없다지만 굳이 그렇게까지 사랑하는 건 아닌 것 같습니다. 인간의 절반이 남자고 그 나머지 절반이 여자입니다. 그중에서도 미혼이 절반일 텐데 굳이 유부남, 유부녀를 사랑해야 할까요? 상대 배우자에게 과연 어떤 잘못이 있을까요? 그들도 사랑해서 결혼하고 살아가고 있을 것입니다. 아무것도 모르는 배우자에게 너무 가혹한 형벌입니다. 두 사람을 사랑한다는 건 거짓이며 농락하는 일입니다. 믿음에 대한 배신이며 용납해서도 이해받아서도 안 될 사기입니다. 왜 이런 책을 추천했는지 이해불가! 회장님, 혹시 일부러 하신 건가요?"

예은 씨는 이성적인 반면, 이지은 씨는 감정적이다. 소설에 불과한 것을 저렇게 정색하면서 흥분할 필요가 있을까. 인습과 도덕의 잣대로 비난하기보다는 그렇게 될 수밖에 없었던 이유와 변화 가능성에 대해서 주목해야 한다. 누수되는 지점을 찾아, 붙이거나 이을 수 있는지 생각해 보든지 아니면 새로운 가치척도를 고민해야 한다. 사건으로 드러난 결과에 히스테리 반응을 보일 필요는 없을 터이다.

"저는 평점 5점 '판타스틱'입니다. 하늘 아래 새로운 것이 없다는 말처럼 사랑도 마찬가지입니다. 사람 얼굴처럼 많은 사랑 중에서 전혀 다른 사랑이 있던가요? 비슷하고 접점이 뻔한 사랑일 확률이 높습니다. 그런데 우리가 그 사랑 이야기에 빠져드는 것은 그 사랑이 나에게 유일하고 독립적인 감정이기 때문입니다."

타인의 사랑이 나에게 미치는 영향은 미미하겠지만 나의 사랑은 크든, 적든, 깊든, 얕든, 그 자체만으로 내게는 전부요, 유일한 것이다. 불륜이라 손가락질을 받는 사랑도 그들에겐 사랑일 것이다.

"모든 사랑은 순결하고 고결합니다. 나에게 중요한 것은 내가 느끼는 사랑 바로 그 자체입니다. 그 대상이 유부남이든, 총각이든, 할아버지든, 할머니든, 남자든, 여자든 구분하지 않아야 하고 충실해야 한다고 생각합니다. 사회적, 도덕적 비난이 따르더라도 그 장벽을 넘을 수 있고 고통을 감수하겠다면 그 사랑이 중요하겠죠. 사랑은 대상을 구별하지 않습니다."

허당 지은 씨의 파격적인 발언이 이어졌다. '사랑은 대상을 구별하지 않는다.' ― 맹목적인 것으로 들릴 수도 있지만 강렬하게 느껴진다.

"저도 평점 5점 '판타스틱'입니다. 영원한 사랑이 어째서 예전에만 있었던 것일까요? 전설처럼 말입니다. 요즘에도 순애보는 존재합니다. 과거의 전유물만은 아닙니다. 그런 측면으로 이 작품을 이해해야 할 것 같습니다. 로미오와 줄리엣을 보면서 그들의 애처로운 사랑에 우리는 가슴 졸이며 공감하지요. 그런데 왜 이 작품에서는 혐오감을 느낄까요? 혹시 그것은 첫사랑이 아니라는 선입견에서 시작된 것은 아닐까요? 반복된 사랑이라 생각하는 거죠. 물린 사랑, 아니 동물적 본능 정도로 헐뜯는 것이죠. 사랑이 습관적이고 상습적이라면 당연히 그럴 수 있다고 생각합니다. 하지만 이 작품에서 주인공들은 모든 걸 포기하고 모든 비난을 기꺼이 수용합니다. 사랑을 위해 모든 걸 포기한 그들입니다. 저는 인정해야 한다고 생각합니다. 과연 그런 상황에서 여러분들은 쏠랄과 아리안처럼 포기하실 수 있나요? 포기하지 못한다면 사랑이 아니라 불륜이 맞습니다. 지탄받아 마땅합니다. 하지만 삶조차 포기하고 사랑을 선택한 그들의 진정성은 인정받아야 합니다. 그래서 이 작품이 높은 평가를 받은 것입니다." 선해 씨가 말했다.

그런 상대를 만났을 때 나의 모든 걸 포기할 수 있는가? 상대가 기혼이든 미혼이든 남자든 여자든 서로 사랑한다면 돌이켜 봐야 할 것이다. 내가 상대를 사랑한다고 하는데 과연 그 감정이 사랑인가, 유희인가? 가진 것을 포기하고 선택할 수 있는가? 고민하고 숙고해서 행하면 그뿐이다. 사랑이라 믿는다면 사랑하고, 망설여진다면 냉정하게 돌아봐야 한다. 과연 나는 상대를 있는 그대로의 모습으로 사랑하고 있는가? 혹시 막연한 무엇인가에 빠진 충동적 감정은 아닌가?

우리는 인생을 살아가면서 수많은 사랑의 경험을 한다. 처음이라 애달프고 두 번째라 가볍지도 않다. 사랑에 빠지면 순서에 상관없이 그대만 보일 뿐이다.

분명한 것은 닥칠 결과이다. 모든 결과를 온전히 감당해야 하는 것이다. 그럴 용기가 있다면 과감히 선택해도 좋다. 어차피 삶은 한 번뿐이다. '삶에 사랑을 건다.' — 생각만 해도 얼마나 가슴 뛰는 이야기인가.

지은 씨는 기분 나쁜 듯 손을 치켜든다. 찌푸린 표정으로 반박하려는 심산이다.

"네, 지은 씨가 하실 말씀이 있는 듯합니다."

"저는 부담스럽습니다. 현실을 부정하는 말씀을 하시는데 듣는 내내 마음이 불편하고 부당하다는 느낌이었습니다. 말이 씨가 된다고 합니다. 부당한 오해를 받을 수 있는 의견은 자제되어야 합니다. 책임과 사랑이라는 말에는 대상과 주체에만 초점이 맞춰져 있고 약속과 배신을 방기하려는 의도가 엿보입니다. 어떻게 책임을 진다는 것인지도 막연하지만 남겨진 사람에 대한 배려는 일도 없습니다. 떠나면 그만이라는 것인가요? 그들이 논하는 사랑에는 너무도 큰 어폐가 있습니다. 무책임합니다. 규제하고 처벌할 때는 다 이유가 있는 법입니다. 최소한의 도덕과 상대에 대한 배려는 갖춰야 합니다."

"다음 문항입니다. 인상 깊게 읽은 부분을 발췌하고 이유를 말씀해 주세요."

"짧고 굵게 가겠습니다.

바르바라가 숨을 거둔 다음 날 나는 그녀의 손을 보았다. 보는 것만으로도 그 손이 대리석처럼 무겁다는 것을 느낄 수 있었다.[87]
가슴 깊이 사랑하던 존재가 떠나간 아픔도 시간이 가면 결국 줄어든다는 사실이 참 가증스러워요.[88]

두 문장인데요. 죽음과 삶의 무상함이 느껴집니다. '손이 대리석처럼 무겁다.' — 죽은 이의 고정되고 경직된 손, 그러면서도 무겁고 차가운 손의 느낌을 잘 표현해 준 것 같습니다. 죽음이 꼭 그런 느낌이겠죠. 경직되고, 차갑고, 무거운. 그리고 영원할 것 같은 마음도 변한다는 것이 가증스럽다는 문장이 실감이 납니다. 사랑의 아픔도, 이별도, 열정도 시간이 지나면 언제 그랬냐는 듯 희미해지고 옅어집니다. 슬픈 삶이고 애처로운 인간이죠.

사랑과 용기는 쌍둥이라는 생각이 듭니다. 사랑이 왼팔이면 용기

---

87) 『주군의 여인』 1권, p.29.
88) 『주군의 여인』 1권, p.43.

는 오른팔 같은 것 말입니다. 용기는 사랑을 추동시키는 발동기입니다.

> 사랑, 그리고 사랑의 무모한 용기, 그가 갑자기 램프를 껐고, 그녀는 겁이 났고, 무엇 때문에, 무얼 하려는 걸까? 어둠 속에 젖가슴이 드러났고, 가슴의 부드러운 빛이여, 달빛으로 빛나는 가슴 위에 남자의 손이 닿았고, 여자는 부끄러움과 감미로움에 젖었고, 그녀의 벌어진 입술이 기다렸고, 그에게 복종하는 것이 두렵고 행복했고, 두렵고 감미로웠고, 남자가 고개를 숙였고, 어둠 속에서 용기를 냈고, 사랑이 남자에게 용기를 주었고, 그녀가 그 용기를 받아들였고, 몸을 내맡겼고, 이내 적극적으로 되어, 오 길게 늘어진, 타액 가득한 그녀의 거친 숨결이여, 아마도 숨을 거두는 순간에도 이런 숨결이리라. 오 죽어가는 여인의 미소여, 달빛으로 창백해진 얼굴이여, 넋을 잃은 살아있는 죽은 여인이여, 자기 모습을 본, 혼란과 행복에 허우적거리는 여인이여, 자기 가슴 위로 고개를 숙인 남자의 머리카락 속을 헤매는 손, 행복을 따라가며 조심스레 애무하는 손, 감사하고 사랑하는, 더 원하는 손이여. 사랑이여, 이 밤 그대의 태양이 빛나노라, 그들의 첫날밤.[89]

사랑을 갈망하는 욕망의 민낯을 묘사한 장면입니다, 낯 뜨거운 부분이기도 하지만 살짝 떨리는 대목입니다. 소리 내 읽어보면 사랑의 행위는 정말 아름다운 장면이라는 생각이 듭니다. 영화로 제

---

89) 『주군의 여인』 1권, p.537.

작한다면 정말 멋진 장면이 나오지 않았을까요? 사랑은 아름답습니다."

허당 지은 씨의 말에 나는 상상의 나래를 펴고 제멋대로 우주를 날아다닌다.

"네, 잘 들었습니다. 너무 야한 내용은 자제해 주시기를 바랍니다. 표정 관리하려니 아주 힘듭니다. 또 다른 분 말씀해 주세요."

사랑 앞에서 어쩔 수 없는 게 아닐까? 누가 그놈을 어찌 이길 수 있겠는가. 장사가 따로 없다. 다들 밝은 표정이다. 지은 씨만 빼고.

"이 부분이 좋았습니다.

> 그가 옆에 누워 그녀를 믿고 잠들면, 그녀는 그 모습이 측은하게 느껴져 가슴이 뭉클했다. 그녀는 그런 연인을 바라보는 것이, 잠든 연인을 지켜보는 것이 좋았다. 모르는 남자였는데 이제는 삶의 전부가 되어버린 남자의 잠든 모습을 보며 야릇한 연민을 느끼는 게 좋았다.[90]

사랑하는 연인에 대한 감회를 표현하는데 그 마음이 느껴집니다. '모르는 남자였는데 이제는 사랑하게 된 남자' ― 그 감회가 남다를 것 같습니다. 모든 만남이 그런 것 같습니다. 모든 만남은 첫 만남이고 그중에 사랑하게 되는 경우는 극히 일부에 지나지 않겠죠. 사랑은 그 우연과 필연으로 만들어진 거라 새롭고 애틋할 것 같습니다. 마음에 와닿습니다. 나를 믿고 자는 남자, 사랑하는 남자. 그를 물끄

---

90) 『주군의 여인』 1권, p.569.

러미 바라보는 여자. 한 폭의 그림 같습니다. 그래도 불륜은 NO!"
 귀엽게 웃는 그녀, 예은 씨였다.
"제 표현이 좀 적나라하더라도 이해해 주시기를 바랍니다.

 그의 눈에 그대로 드러난 너무도 아름다운 그녀는 입을 벌리고 고개를 젖힌 상태로 움직이지 않았다. 그에게 모든 것을 맡겨버린 무력한 행복에 젖어 멍청한 미소를 지으며, 다시 시작되기를 기다렸다. 이어 벨벳처럼 보드라운 밤이, 그녀의 가슴 위로 고개를 숙인 사랑하는 남자의 감미로운 고문이 다시 시작되었다. 그녀가 갑자기 그의 어깨를 끌어내리며 자기 안에 들어오라고 말했다.
 처음의 밤들, 더듬거리던 길고 긴 밤, 욕망이 끝없이 되살아나던 밤, 서로 껴안고 비밀을 속삭이던 밤, 빠르고 무겁게 부딪치던 격정적인 정념의 밤, 노예가 된, 제단이자 제물이 된 아리안이 신음하며 연인의 목을 깨물었다. 오 흰자위만 남은, 황홀경에 빠진 성녀의 눈이여. 그녀는 내 안에 있는 것이 행복하냐고, 좋으냐고 물었고, 가지 말라고, 영원히 함께 있자고 말했다. 처음의 밤들, 치욕적인 육신의 싸움, 성스러운 리듬, 원초적인 리듬, 허리를 올렸다가 내리고, 깊고 빠르게 냉정하게 찌르고, 그는 냉혹하게 집요했고, 미친 듯이 취해 있던 그녀는 한순간 활처럼 휜 몸으로 그에게 가닿았다.[91]

 정말 성애 영화의 한 장면 같습니다. 예민하게 반응하는 몸짓, 감성선을 유연하게 타고 쾌락과 격정을 호느끼듯이 토로히는 멋진 문

---

91) 『주군의 여인』 1권, p.566~567.

장입니다. 이 장에서 이런 묘사들이 아름답게 펼쳐지는데, 하나 더 소개하겠습니다.

> 처음의 밤들, 오 그들의 고귀하고 거친 결합, 사랑에 취한 격정이여, 오 그의 밑에서 한순간 딴사람이 되어버린, 발작에 빠진 듯 넋을 잃은 아리안이여, 다가오는 쾌락에 신경을 집중하고 조심스레 기다리며 거친 신음을 내뱉는 아리안, 그가 오는 시간을 재촉하기 위해서 눈을 감는 아리안, 가까이 온 쾌락을 알리는 그녀의 비장한 알림, 연인을 향한 호소, 같이, 내 사랑, 기다려요, 내 사랑, 지금, 지금, 내 사랑, 딴사람이 된 그녀가 말했다. 그는 검은 하늘로 혼자, 혼자 떨어졌고, 죽음이 골수에 사무쳤고, 마침내 생명이 요동치며 분출했고, 승리의 오열, 그의 생명이 경이로운 죽음으로 흘러가 마침내 그녀에게로 갔고, 그녀 안에서 그 풍요를 받아들이며 채워졌고, 그녀 안에서 행복했다. 분출의 순간 그는 좀 더 강렬하게 느끼기 위해 힘을 주었고, 그의 아래 피어 있는 피처럼 붉은 꽃 위로 무너져 내렸다. 오, 더, 더, 감미롭고 기묘한 여인이 애원했다. 그대로 있어요, 그녀가 그를 꽉 껴안았고, 그를 들이마셨고, 그대로 있게 하려고, 붙잡으려고, 감미롭게, 마술을 부리듯, 세게 껴안았다.[92]

이 얼마나 아름다운 장면인가요? 보통 섹스 행위를 숨기고 감추려는 경향이 강한데 알베르 꼬엔은 섹스를 이렇게 아름다운 사랑으로 승화시켜 표현하고 있습니다. 사랑의 쾌락이라고 해도 좋고 환희의

---

92) 『주군의 여인』 1권, p.570.

순간이라 해도 좋을 듯합니다. 아리안과 쏠랄은 사랑으로 미친 듯이 서로를 탐닉하고 있습니다. 그들에게 섹스는 육체적 성행위만을 의미하는 것이 아니라 사랑을 확인하고 증명하는 제례 의식과도 같습니다.

사랑이란 나와 그녀가 정신적, 육체적으로 동일시되는 일대 사건입니다. 주체와 타자의 경계가 무너지고 합체되는 순간이자 일자의 순간이라 할 수 있습니다. 사랑만 남고 주체와 타자가 사라지는 공백의 순간, 쾌락의 순간, 환희의 순간 말입니다.

이 작품은 그 의미를 아주 세밀하고 충만하게 각인시켜 주고 있습니다. '멋지다', '아름답다' 외에 더 이상의 말은 필요 없을 것 같습니다."

나는 잠시 이성을 잃고 들떠서 말했다. 이 장면이 이 소설의 백미이자 압권이라 생각된다. 하지만 그들은 바닥을 보고 말았다. 더 이상 드러낼 수 없는 맨바닥. 분출된 쾌락에 내던져진 그들에게는 그 어떤 것도 무의미하다. 절대 빠져나오지 못할 수렁이자 늪이다. 긴 침묵을 깨는 쉿소리가 들린다.

"총각, 그리 좋노?"

"바람댕이 맞네. 꼭 저런 장면만 좋아서 헐떡이는 째깐한 아들이 있지."

누님이 한 말씀 하신다. 한꺼번에 웃음이 터져 나온다. 더 얽히기 전에 다음 문항으로 넘어가야 한다.

"이 책이 20세기 로맨스 소설 중 가장 아름답고 숭고한 사랑의 이야기로 문단에서 평가받는 이유에 대해서 생각해 봅시다. 자신이 겪은 사랑과 비교해서 말씀해 주세요. 희망자만 하십니다."

 자신의 사랑과 비교해달라는 말이 부담스러운 듯하다. 누구도 선뜻 나서지 않는다. 누군가 분명 눈물겨운 사연이 있을 터인데.

 갑자기 이지은 씨가 손을 든다.

 "이 문항은 모임의 장이시며 발제하신 회장님께서 먼저 말씀해 주시는 게 합당할 것 같습니다. 기대됩니다."

 다들 좋은 생각이라고 손뼉을 치고 와자지껄 떠든다. 말 못 할 뭔가 있을 거라고.

 "다음 문항으로 넘어가겠습니다."

 다들 안 된다고 난리다. 꼭 해야 하는 항목이라고 한다. 뭐 어려운 것도 없다. 한번 까볼까?

 "인간은 동물입니다. 그렇게 신성하거나 고결한 존재가 아닙니다. 아무리 아름답고 고상해도 껍질에 불과하고 그 이면은 다 똑같은 사람-동물일 뿐입니다. 당연히 사랑도 동물의 교미와 다를 바 없습니다. 다만 발정기에만 교미하는 동물과는 달리 인간은 시도 때도 없이 충동을 느낀다는 점이 다를 뿐이죠. 그것이 인간이 위대한 이유입니다."

 인간이 위대한 이유가 고작... 다들 처음 듣는 말이라고 호들갑을 떤다.

 "그래서 인간은 부끄러움을 알게 된 것이죠. 시도 때도 없이 느끼는 충동에 대한 사회적 통제가 필요한 것이고 교육을 통해 부끄러움이라는 단어를 각인시킵니다. 도덕적 잣대를 성관계에 들이대는 것입니다. 태곳적에는 모계사회였고 부계사회로 전환되면서 통제는 더욱 정교해지고 일부일처제가 자리를 잡으면서 성관계에 대한 관리가 엄격해집니다. 과연 사회적 필요에 따른 통제를 무조건 따라야 하는지에 대한 논란이 계속되고 있습니다. 도덕이라는, 종교라는 윤리와 믿음은 인간의 자율성을 파괴하는 장치일 뿐이라고 주장하는 자유주의자들도 등장합니다.

저는 인간의 사랑이 타인의 대리만족을 위한 수단이어서는 안 된다고 봅니다. 그 자체로 존중받아야죠. 물론 그 결과에 대한 책임을 다해야 합니다. 문어발식으로 여기저기 발을 뻗는 것이 아닌, 책임지는 행위가 선결 조건입니다. 그 조건을 받아들이고 감수한다면 그 사랑은 자유롭고 순결한 사랑이라고 봐도 무방합니다. 그래서 저는 이 책의 가치가 그 점에 있다고 봅니다. 섹스를 사랑이라고 과도하게 숨기지도 않고 있는 그대로 온몸으로 느끼고 표현하고 있습니다. 정신적 사랑은 육체적 관계를 통해 정화되고 승화된다고 생각합니다. 그래서 이 소설이 20세기 최고의 로맨스 소설로 인정받고 있습니다.

진정한 사랑은 육체적 관계 없이는 절대로 성취되지 않습니다. 우리가 초등학생입니까? 마음으로 머리로 사랑합니까? 소아병적 사고입니다. 한마디로 철딱서니 없는 짓이죠. 추억으로 간직할 수는 있겠지만 말입니다.

한 사람과 백년해로하는 것이 과연 합당한 것일까요? 그것이 진정한 사랑입니까? 오랫동안 함께했다는 이유가 진정 사랑의 조건일까요? 무의미합니다. 하루를 살아도 가슴이 뜨거워야 진정한 사랑이라 할 수 있습니다. 싸늘한 가슴을 부여안고 긴 세월을 보낸다는 것이 습관이지 사랑일까요? 가슴이 뜨거워지지 않으면 사랑하지 않는 거라는 말이 있습니다. 그럼 항상 가슴이 뜨거울 수 있겠냐고 반문할 수도 있습니다만, 생활 속에서 잊혀서는 안 됩니다. 잊힌다면 사랑이라 할 수 없습니다.

저는 과감하게 제안합니다. 현재의 결혼제도는 폐지되어야 합니다. 시기상조라고 한다면 딱 1년만 살도록 규정해야 합니다. 약정 기간이 만료되면 헤어지고 다른 상대와 또 결혼하는 것이죠. 서로의 사랑이 뜨겁다면, 양쪽이 100% 동의한다면 예외적으로 한 차례만 결혼 기간을 2년 연장하는 조항을 만들면 됩니다. 그 이상은 절대 안 됩니다. 사랑하는 사람과의 3년은 너무 짧기에 소중하고 애틋할 것입니다. 하루하루가 금쪽같은 시간이고 사랑만 하기에도 부족합니다. 만약 아이가 생긴다면 육아는 국가에서 전적으로 책임지고 부양하고요. 인간은 평생 사랑만 하다가 삶을 마감하는 것이죠. 정말 행복할 것 같습니다. 헤어지는 아픔도 지루함도 싫증도 없고요. 게다가 출산율 저하를 걱정할 이유도 없습니다. 이상입니다."

여기저기서 난리다. 그게 뭐냐고, 말도 안 되는 멍멍이 소리라고 소리친다. 노쇼라는 비난도 들린다. 예수님도 그러셨다. 고향에서는 천대받는다고. 적지에서의 경기가 그러하듯 야유가 쏟아진다. 그래도 할 수 없다. 나는 소신 있는 남자니까.

"조용히들 하시고 다른 분 말씀해 주세요. 없으면 넘어갑니다."

정선 누님이 손을 든다.

"몬 소리꼬? 어찌 그런 멸치 똥 같은 말을 하나. 반대라카이. 뜨거운 가슴을 유지한다는 거, 아주 좋은 말이긴 한데, 굉장히 피상적이고 뜬구름을 잡는 기다. 그리할 수가 없다. 오래 살아본 내가 잘 안다. 사랑은 그런 게 아이다. 사랑이 육체적 결합이라는 말은 공감하지만 그렇다고 마지막이 아닌 언제나 사랑이라믄 무책임하다. 책임질 수도 없으면서 책임진다는 거이 방종이자 섹스중독자 아이가. 사랑은 오랜 시간이 지난 후에 불현듯 다시 깨닫는 기다. 그 순간, 사랑을 느끼고 사랑하게 되는 기지. 상대가 곁에 있든, 이별을 했든 상관이 없다. 있고 없고의 문제가 아이고 내가 느끼는 사랑이 중요하다. 사랑은 고독할 때 느끼는 기다. 누구 말을 들어서가 아니라 내가 온몸으로 체험한 이야기다.

남편이 갑작스레 떠나고 홀로 남은 내한테 사랑은 고독과 함께 왔다. 외로움과 상실감으로 온몸을 떨 때 한 줄기 바람과 한 뼘의 햇살에서 사랑을 느꼈다. '아, 내 곁에 그이가 있구나. 무서워하지 말고 평온하게 살아가라고...' 한없이 눈물을 흘리고 사랑을 느꼈다. 그 이후 용기를 얻었고 다시 세상으로 돌아왔다. 나는 사랑으로 더 강해졌다. 이 책을 읽으면서 나 혼자 마이 울었다. 텅빈 그곳에 함께 같이 가지 못했음을 후회했다.

쏠랄과 아리안의 사랑이 부럽다. 80줄이 돼야 알았다. 미처 사랑을 다하지 못했음을. 상부(喪夫)하고 1년 동안 미친 여자처럼 세상을 떠돌았다. 어딘가에 그이가 멀쩡하게 살아있을 것 같아 희망을 품었다. 전 세계를 혼자 돌아다니며 간절히 기원했다. 어떤 년과 살고 싶어서 나를 속이고 떠난 기라고. 딱 한 번이라도 그이의 뒷모습이라도 볼 수 있다면 내 다 용서하고 그이의 행복을 빌며 훌훌 떠날 수 있을 기라고.

1년을 넘게 온 세상을 다녔지만 찾을 수 없었다. 어디에도 없더라. 차라리 속였으믄 좋았을 것을. 없다고 느꼈을 때 슬펐고 고독했다. 희망도 사라지고 혼자가 되었다. 우야튼 이제 바램이 있다면 이승을 떠나는 일뿐이다."

사랑은 그것을 간직한 기억이라고 하신다. 기억은 인간에게 어떤 의미일까? 본능일까? 본능은 생존하기 위해 지식처럼 쌓인 기억일 텐데. 단지 그 이유만이라면 기억은 너무 가혹하다. 어떤 감정의 발로이든 기억한다는 말은 견딘다는 말과 같다.

고대 그리스 신화에서 죽은 이들은 다섯 개의 강을 건너야 하데스의 사계(死界)로 갈 수 있다고 한다. 슬픔의 강 아케론(Acheron), 탄식의 강 코키투스(Kokytus), 불의 강 플레게톤(Phlegethon), 증오의 강 스틱스(Styx), 그리고 망각의 강인 레테(Lethe)를 건너야 한다. 특히 마지막으로 건너는 레테의 강에서 강물을 마신다. 한 모금의 강물이 이승에서의 모든 기억을 지우고 잊게 한다. 하늘은 그 마지막 남은 단 하나의 기억조차 용납하지 않는다. 고통도 잊히지만 기쁨도 사랑도 사라진다. 기쁨도 없고 슬픔도 없고 사랑도 없다. 저승은 기억을 잃어버린 사람들로 그득하다. 서로를 알아보지 못하고 공감하지 못한다. 죽어서라도 다시 만나겠다는 사랑의 말이 공허한 이유다. 그래서 누님은 만나겠다고 하지 않고 떠나겠다고 하신 것일까? 대면하지도 못하고 마주하지 못할 바에는 차라리 사라지겠다는 마음이 아닌가.

인간은 사라지는 존재다. 기억하지 못하는 존재다. 우리의 사랑은 이승에서만 가능한 견딤이자 헌신이다. 그래서 하나뿐인 삶에서 사랑한다는 것은 무거운 결단이며 존중받아야 할 선택이다.

'사랑을 결단하라! 그래야 삶이 살아갈 가치가 있는 것이다.'

삶의 모토이자 주제어가 분명하다.

"다음 문항입니다. 문학은 '미지의 것을 드러내는 작업'이라고 말하기도 합니다. 꼬엔의 『주군의 여인』에서 '미지의 것'이란 무엇을 의미하는 것일까요? 있기나 한 것일까요? 언어와 미지의 현실은 어떻게 연결되는 것일까요? 여러분들의 적극적인 의견 개진 부탁드립니다."

막연하고 어려운 주제인 것 같다. 미지의 것은 무엇이고 문학은 무엇일까?

"Daum 단어 사전을 찾아보면 문학은 사상이나 감정을 상상의 힘을 빌려 언어로 표현한 예술. 또는 그 작품. 시, 소설, 희곡, 수필, 평론 등을 이른다.라고 정의하고 있습니다. 사상과 감정을 언어로 표현한 것, 한마디로 내 생각을 글로 쓴 것인데 '미지의 것'이란 볼 수 없는 이면의 사상이나 감정을 말하는 것으로 보입니다. 모든 언어는 고유한 기의(記意)를 가지고 소통하는 체계인데 '미지의 것'은 언어로 새롭게 만들어지는 의미를 말한다고 유추할 수 있습니다. 그렇다면 책을 통해서 저자가 전달하려는 '미지의 것'은 무엇일까요? 언어의 집합체인 소설이 생성한 이차적 의미는 영원한 사랑입니다. 무궁한 사랑, 끝이 없는 사랑을 이루기 위한 몸부림 정도 되는 것 같습니다. 그런데 이 사랑을 이루기 위해 그들이 신댁한 빙법은 헌실에시의 도주와 영원으로의 도피입니다. 현실을 피해서 다른 곳으로 가는 것, 도주와 도피는 모두로부터 도망가는 행위일 뿐입니다. 현실에서 영원이란 고통을 피하기 위한 허구의 목적지를 설정한 것에 불과합니다.

　그래서 이 작품은 구성 단계부터 주제 의식의 한계를 내포하고 있습니다. 예측할 수 있고 뻔한 구닥다리 주제일 수 있다는 것입니다. 그런데도 이 작품은 구태의연한 주제를 신선하고 생동감 있게 만들고 한계를 훌쩍 넘어섭니다. 주제를 새롭게 해석해서 그 의미들을 다시 한번 더 생각하게 하는 것이죠. 사랑과 죽음의 의미를 다시 보게 하는 겁니다. '아, 이런 측면도 있구나!' 하는."

　기존의 의미에 새로운 해석을 추가하는 방식이다. 선해 씨는 그렇게 생각하는구나. 지은 씨가 손을 든다.

　"제가 꼭 반대만 하는 것 같은데 반대를 위한 반대가 아님을 알아주시면 감사하겠습니다. '미지의 것'이란 애초부터 없습니다. 언어가 표현하는 대상에 한계가 없는 것처럼 미지의 것도, 숨겨진 의미도 있을 수 없습니다. 단지 해석의 차이일 뿐입니다. 사실은 분명하게 남아있고 그 사실을 바라보는 언어적 차이, 느낌일 뿐입니다. 미지의 것이란 인간이 그 시간, 그 장소에서 미처 인식하지 못했을 뿐 사실로 이미 존재하는 것입니다. 문학이 미지의 것을 드러내는 작업이라고 정의한다면 그 순간, 그 지점에서 문학은 파산하게 됩니다. 제 개인적 생각으로 문학은 이미 파산에 들어갔고 결국 사라지게 될 것 같습니다."

　과연 그럴까? 당신이 그렇게 단정하는 '그 순간, 그 지점'에서 이미 진실은 소멸했다고 지은이의 귀에 확성기를 대고 소리지르고 싶다. 귀에 피가 나도록.

인간의 역사는 단정의 역사라고 해도 무방하다. 어설픈 단정, 위험한 행동으로 인간은 수차례 괴멸 직전까지 가곤 했다. 그래서 우리는 겸손해야 한다. 인간이 과거를 통해 미래를 예측할 수는 있지만 확정하기는 어렵기 때문이다. 항상 가능성을 열어두고 대비하고 준비할 뿐이다. 인간 진화의 역사가 이를 증명하는 바이기도 하다. 문학은 인간이 존속하는 한 이어질 것이고 변화를 거듭하며 갱신될 것이라고 믿고 싶다.

"마지막 문항입니다. 『주군의 여인』을 관통하는 핵심 키워드와 그 이유를 말씀해 주세요."

"내는 '사랑'이다. 달리 머가 있겠노."

누님이 시크하게 던졌다.

"저는 '믿음'이라 하겠습니다. 믿음 때문에 벌어진 사달 같아요. 영원할 거라는 믿음, 이 사람이 아니면 안 될 거라는 믿음 등등요. 어찌 보면 불가피한 일인 것 같아요. 믿지 못한다면 행동하기 어렵고 머뭇거리게 되고 불확실해지는 것이죠. 살아갈 수가 없는 것입니다. 아쉽지만 인간은 그 믿음이 거짓이든 허위든 망상이든 믿고 살 수밖에 없는 존재 같습니다." 예은 씨가 힘없이 말했다.

"키워드는 '착각'입니다. 믿음을 동반하는 단어지만 배부른 투정 정도로 생각하고 싶습니다. 주인공들은 사회적으로나 경제적으로 상당한 지위를 차지하고 있는 사람들입니다. 제목처럼 주군의 위치에 있는 겁니다. 가진 자의 사랑이 진정성을 가진다고 보지 않습니다. 사랑이라기보다는 가진 자의 오만이라고 말하고 싶어요. 버려도 금세 채울 수 있다는 맹목적인 자만, 어처구니없는 사랑놀이로 폄

하하고 싶습니다. 사실 제목부터 맘에 안 들어요. 주군의 여인. 시작부터 여성은 소유되는 존재, 누군가의 대상일 뿐입니다."

이지은 씨는 불만이 가득했다.

"'짐승'이라고 정했어요. 남자들은 다 짐승이에요. 사실 아리안도 남편에 실망하고 성적 불만족이 심했지만 그렇다고 처음부터 불륜을 저지를 생각은 아니었어요. 짐승 같은 남자들이 악착같이 달려드니 어어 하다가 넘어간 것이죠. 달려든다고 다 넘어가는 여자는 뭐냐고 할 테지만 마음이 흔들린 거죠. 너무 아쉽습니다. 견뎠어야 했는데…"

허당 지은 씨도 뿔난 듯하다.

"저는 '인간'이라고 하고 싶어요. 인간이기에, 인간 때문에 발생한 일인 것입니다. 인간이 아니었다면 일어나지 않았을 일이죠. 짐승은 목숨을 버려가면서까지 사랑하지 않기 때문입니다. 지구상에 인간이 존재하지 않았다면 이 지구는 어떤 모습이었을까요?"

선해 씨는 우리가 인간이므로 감내해야 하는 업보라고 말했다.

"네, 감사합니다. 저는 '일상'이라고 하고 싶습니다. 특별하다고 말하고 싶지도 않고 언제 어디서든 벌어질 일상이었다고 말하고 싶습니다. 두둔하고 싶지도 않지만 비난하지도 않겠습니다. 생각대로 사랑하고 믿는 대로 착각하고 맹목적으로 사랑했습니다. 모두 인정합니다. 일상이었기에 그렇습니다. 깎아내릴 수도 없고 격려할 수도 없지만 그런 일상은 소중합니다. 일상이기 때문입니다. 오늘의 모임을 마칠 시간입니다."

이지은 씨가 의사진행 발언을 하겠다며 급하게 손을 든다. 뜬금없다는 듯 일제히 시선이 그녀에게 쏠린다.

"오늘은 다른 때보다 30분이나 일찍 끝났네요. 이제 겨우 8시 30분입니다. 왠지 서운한 느낌이 드는데 번개 어떠세요? 치맥 한잔하면 어떨까요? 그동안 교류의 시간은 없었던 것 같은데요. 아마 회장님이 크게 쏘실 것 같아요."

얼떨떨하다. 올 것이 온 것 같다. 외면하기 어려웠다.

"모두 가신다면 제가 쏘고 아니라면 번개를 요청하신 지은 씨가 쏘는 게 좋을 듯합니다."

얼떨결에 던진 승부수였다. 예상이 적중했다. 정선 누님이 늦은 시간이라 어렵다고 고개를 저었다. 나는 서운하다는 표정과 아쉽다는 멘트를 날렸다.

"어쩌나, 함께 하면 정말 좋았을 텐데요. 아쉽다."

그런데 누님은 항상 돌발적인 제안을 하신다.

"그라믄 우리 집 근처로 가자. 아파트 상가에 페리카나 치킨집이 있는데 야외에서 치맥 먹으믄 괘안타. 아니 좋다."

"누님, 이동하다 보면 시간이 안 맞을 것 같아요. 30분은 더 걸릴 거 같은데요."

가만있던 선해 씨가 나선다.

"제 차 타고 가면 괜찮을 것 같아요. 집에 갈 때는 대리 부를게요."

생각지도 않게 누님이 사시는 아파트 상가로 이동하게 되었다. 야간에 인적이 뜸한 야외에서 마시는 호젓한 치맥이 나쁘지 않았다. 책 이야기는 뒷전이고 서로 궁금한 게 많았나 보다. '우공의 책 읽기'는 회원 조건에 어떤 제한도 두지 않고 토론에 집중했다. 장점도 많았지만 모임이 건조해지고 잔재미가 없는 단점도 있었다. 오늘같이 모임 중간에 한 번쯤 뒤풀이를 시도해 보는 것도 나쁘지 않겠다는 생각이 들었다.

무대디자이너 20대 조예은, 남편을 여읜 최고령 80대 정선 누님, 치과 선생님 40대 김선해, 간호사 30대 허당 이지은, 회계직원 40대 이지은, 50대 공무원 박동장. 직업도, 나이도, 성격도, 취향도 모두 제각각. 몇 번 만난 것도 아닌데 오랫동안 만나온 사이 같다. 부담이 없다. 이해관계가 없어서일까? 나는 맞은 편에 앉아 있는 지은 씨에게 번개를 제안한 이유를 물었다. 그녀는 어색하게 머뭇거렸다.

"그냥 아무 말이라도 하고 싶어서요."

짧은 순간 꺼림칙했다. 아무 말이란 없기 때문이다. 없는 말을 하고 싶었다는 고백인데, 그녀는 오히려 말이 더 없었다. 정녕 말을 하고 싶어서였을까? 듣고 싶어서였을까? 아니면 말하는 사람들 사이에 있고 싶어서였을까?

말은 트임이다. 단절된 경계를 연결하고 이어주는 트임. 말은 함으로 연결되고 트인다. 그녀는 말을 트고 싶은 욕망이 간절했지만 트인 후에 닥칠 황망함이 두려운 듯하다. 어떻게 풀어야 할지 감을 못 잡는 미숙한 모습이었다.

그녀는 특이한 성격의 소유자라기보다는 예민한 사람이라는 생각이 든다. 타인을 해치려 한다기보다는 자신에게 몰두하며 자신에게 가혹한 사람 같다. 그녀가 무심하게 묻는다.

"회장님은 왜 이런 모임을 하세요?"

할 일이 없냐는 듯한 뉘앙스로 들렸다.

"그냥 아무 말이라도 하고 싶어서요."

그녀는 사레라도 걸린 듯 울컥한다. 왜 날 따라 하냐는 눈빛이다.

"내 생각을 말하고 싶었고 사람들은 어떻게 생각하는지 듣고 싶었어요. 이런 모임이 아니면 누구에게 말할 수 있을까요? 혼자서만 하는 독서 말고 생각과 감상을 누군가와 나누고 싶었어요."

눈을 깜빡이며 그녀가 다시 물었다.

"흡족하신가요? 그냥 궁금해서요."

"만족할 때도 있고 불만스러울 때도 있어요. 상대에게 새로운 걸 배울 때 만족하는 것 같고요, 토론이 불에 달군 칼날처럼 벼리거나 감정적일 때 불만족스럽습니다."

"그러면 저는 어떤 경우일까요?"

"매우 벼립니다." 즉답했다.

"지은 씨는 자신에게 강박적인 것 같습니다. 열중하는 건 좋지만 자신에게 매몰되는 건 아닌 것 같습니다. 첫 만남에서도 말씀드렸죠? 혼자 하는 독서는 위험하다고요. 자기 생각만 옳다고 느끼거든요. 그래서 함께하는 독서가 필요한 겁니다. 지은 씨는 들어주고 말하는 연습이 부족합니다. 내 말만 하려면 굳이 독서모임에 나올 필요가 없어요."

그녀의 표정이 어두워지고 마음의 문이 닫혔다. 그녀의 얼굴은 나를 향하고 있었지만, 시선은 비껴가고 있었다. 마네킹처럼 창백하고, 눈물처럼 서글프고, 모래처럼 부서지는 표정. 바라보는 것만으로도 울컥하게 하는.

우리의 대화는 그렇게 끊기고 회원들의 잡담에 묻혔다.

마칠 시간인데 지은 씨가 보이지 않는다. 전화도 받지 않는다. 계산대로 갔는데 회색 티를 입은 여자분이 이미 했다고 한다. 어리둥절하다. 멈칫거리는 사이, 메시지가 도착했다.

"먼저 가는 게 불참이나 마찬가지겠지요? 제가 없었던 걸로 하겠습니다. 계산했습니다."

이후 마음이 영 불편했다. 토론 시간에 잘해줘서 고마웠다고 말할 걸 싶었다. 불만족스럽다는 말이 상처를 주지나 않았을지 걱정이 된다. 맺힌 말을 하고 싶어서 술자리를 제안했을 텐데 침울하게 떠난 그녀를 잊기 어렵다. 다음 모임에서는 항시 찬반 의견이 있어야 활력이 넘친다고 꼭 말해야겠다. (그런데 지은 씨는 마지막 모임까지 불참했다. 연락도 없었고 응답도 없었다. 메시지 확인도 없었다. 나는 말할 기회를 영영 놓쳤다. 말 트임은 사라지고 초과하는 감정 트임뿐이었다. 누수가 생긴, 흘러내리는 공간 속에 갇히고 침몰한다. 고통스럽다.)

< 서평 > : 『주군의 여인』

Szeretlex, 당신을 사랑합니다.

　알베르 꼬엔은 그리스 코르푸섬에서 태어나 프랑스로 이주했다. 어릴 적 '더러운 유대인'이라는 욕설에 충격을 받아 디아스포라(Diaspora) 트라우마를 지닌 유대인의 고뇌가 작품에 생생히 등장한다. 국제노동기구 등에서 일하며 에세이와 소설을 발표하다가 소설 창작에 전념한다.

　『주군의 여인』은 프랑스 사회를 뒤흔들었던 1968년 5월 혁명의 사회적 분위기와 맞물려 큰 성공을 거두고 '현대판 트리스탄과 이졸데'라는 찬사를 받았다. 하지만 이 소설이 기성 사회의 통념을 거부하는 점은 혁신적이지만 영원성이나 절대성이라는 고전의 틀에서 빠져나오지 못한 한계도 분명해 보인다. 유한한 인간이 갈구하는 영원성이라는 문제는 앞, 뒤가 뒤틀린 문과 같으며 결코 닫을 수 없는 운명이기 때문이다.

　『주군의 여인』은 총 7부, 105개의 장으로 구성되어 있고 쪽수는 1,300여 장이 넘는 장편소설이다. 남자 주인공 쏠랄은 훤칠하고 매혹적인 외모의 국제연맹 사무차장으로, 운명적 사랑을 꿈꾼다. 파티장에서 우연히 만난 아리안에게 빠져 사랑을 고백하고 도발한다.

　그녀는 부하직원의 부인이었다. 남편 아드리앵 됨은 착한 성정에 말수가 적은 사람이었지만, 오직 출세만을 꿈꾸었다. 쏠랄은 자신에게 사랑하는 여인이 생겼다고 아드리앵을 희롱하고 승진을 이유로 해외근무지에 파견한다. 형식적인 부부라는 이름의 아내는 사랑의 도피를 감행하고 남편은 자살을 시도한다. 어찌 보면 TV 아침 드라마에 등장하는 치정 이야기일 수 있지만, 열렬한 사랑에 빠진 여인들의 영원과 순간이라는 심리를 유효적절하게 보여준다.

하지만 사랑의 도피가 길어질수록 사랑의 강도는 떨어지고 주위의 시선은 따가워진다. 그들의 사랑이 좁혀지고 짧아지자, 조바심과 불안감이 엄습한다. 쏠랄의 가학적인 행동과 욕설은 아리안을 고통에 빠지게 하고 마조히즘적인 수용과 자기 학대를 지속한다. 약물에 취한 그들의 사랑은 마지막 종착역을 향해 빠르게 달려간다. 견딜 수 없는 사랑의 갈구와 죽음의 공포는 엇박자를 내며 들이치고 나락으로 빠져간다. 그들은 고독의 끝이 존재의 비움이라는 것을 확인하자 강박적으로 사랑에 집착하며 동반자살을 선택한다. 마지막 순간까지 서로를 끌어안고 영원한 사랑을 갈구한다. 예상하지 못한 엔딩 장면이 파괴적이고 당혹스럽지만 그들이 갈망하는 절대적 사랑에 대한 막다른 애절함이 독자의 눈시울을 뜨겁게 한다.

그녀의 눈까풀이 한번 깜빡였고, 나를 쳐다본 건 아니라 해도 내 쪽으로 눈길을 보냈을 때, 그 순간은 영광이었고 봄이었고 태양이었고 따스한 바다였고 바닷가의 투명한 물이었으며, 그때 내 젊음은 되살아났고, 그렇게 세상이 생겨났습니다. 난 알 수 있었습니다. 그녀 이전의 그 누구도, 아드리엔도 오드도 이졸데도, 찬란했던 나의 젊음을 거쳐간 그 어떤 여인도, 결국은 그녀가 올 것을 예고했을 뿐이고 그녀를 섬기기 위해 존재했음을 말입니다. 그렇습니다. 그녀 이전에 그 누구도 오지 않았으며, 그녀 이후에 그 누구도 오지 않을 겁니다.[93]

첫눈에 반한 쏠랄의 고백이다. 운명적 사랑은 찰나의 시간조차 필요치 않다는 뜨거운 고백이 가슴을 뛰게 한다. 첫눈에 반한 사랑을 경험하였다면 쏠랄의 감정에 당연히 동의하게 된다. 사랑에 빠지면 먼지처럼 가볍고 초라해지고 가소롭기조차 하다. 부하직원의 부인인 아리안을 사랑하게 된 쏠랄에게 사랑은 도전이며 난관이다. '하필 이제서야 그녀를 만나게 되었을까? 왜 그녀였을까?' 애꿎은 하늘만 응시하며 온갖 잡생각에 머리가 지끈거린다. 도덕적 비난을 생각하면 차마 고백하기도 어렵고 포기하기도 두렵다. 물리적, 도덕적 한계가 뚜렷해질수록 더욱 집착하고 상상과 환상의 프레임으로 쾌감을 재촉한다. 쏠랄과 아리안은 누가 먼저랄 것도 없이 격렬하게 반응하고 뜨겁게 결합한다. 능력을 인정받고 높은 지위를 확보한 중년의 남성, 쏠랄은 애타게 기다리던 운명적인 사랑을 대면하자 주저하지 않았다. 그녀가 하급자의 부인이라는 도덕적 비난과 물리적 지위와 권위로부터의 몰락도 장해가 되지 못했다. 그의 눈엔 오로지 아리안이라는 기표민이 존재하고 세상은 아리안으로 그

---

93) 『주군의 여인』 1권, p.53.

득했다. 온 세상이 미친 짓이며 광기라고 손가락질해도 그는 받아들인다.

오 멍청한 남자가 날 아프게 해 그러면서도 그 사람이 불쌍해 가엾게도 아주 부지런히 위에서 움직여 애를 써 내가 자기를 쳐다보며 무슨 생각을 하는지 알지도 못해 그 사람에게 모욕을 주고 싶지는 않지만 어쩔 수 없어 난 박자를 맞춰... 수치스러워 나 자신이 싫어 불쌍해 착한 남자인데 어쩔 수가 없어... 내 위에서 수치스러워 드디어 끝났어 간질 발작 같아 우스꽝스러운 간질 발작 위임통치 영토들을 맡아 관리하시는 분이 내 위에서 식인종같이 야만스러운 비명을 질러 이제 끝이니까.[94]

아리안의 결혼 생활은 그녀에게 모욕적이고 수치스럽기만 하다. 사랑의 순간조차 그녀에게는 고통이며 무의미하다. 어린 시절이 풍족하진 못했어도 촉망받던 승마선수였으며 주네브 귀족 가문 출신의 우아함과 자유로움을 간직한 아리안에게 애정없는 결혼이 초래한 당연한 귀결이었다. 그녀는 현실을 타개하려고 '히말라야 여인'이라는 기표를 만들고 헐벗고 답답한 '아드리앵 됨'의 기표를 질식시킨다. 무겁고 뜨거운 그녀의 기표는 존재를 일그러뜨리고 불안과 공포를 불러일으킨다. 불안이 커질수록 집착은 강화되고 현실 부정은 극단으로 치닫는다. 히말라야 등반은 크레바스에 빠져 목숨을 버려야 할지도 모르는 위험천만한 여정이다. 강인하고 담대한 사람

---

94) 『주군의 여인』 1권, p.236~237.

이 아니고는 시도조차 할 수 없는 길이다.

그녀는 자신의 허무를 무너뜨리고 사랑을 맹목적으로 추종한다. 충동의 클라이맥스는 지위와 권력의 존재 의미를 상실하는 순간으로, 아리안의 사랑은 광기에 젖은 불꽃처럼 뜨거워질 것을 예고하고 있다.

오 내 사랑, 세게 안아줘요, 난 온전히 당신 거예요, 그녀가 말했다. 당신은 누구죠, 어떻게 했기에 이렇게 내 전부를 가진 거죠, 내 영혼을 가지고 내 몸을 가진 거죠… 오 내 사랑, 행복에 겨운 그녀가 눈물을 흘리며 말했고, 오 내 사랑, 당신 이전에 그 누구도 없었고 당신 이후에 그 누구도 없을 거예요… 이 세상에 당신밖에 없어요, 당신 없인 안 돼요, 그녀가 넋 나간 듯 매달리며 간절하게 말했다.[95]

사랑의 묘약을 마신 트리스탄과 이졸데가 모든 가치와 질서를 부정한 것처럼, 쏠랄과 아리안은 고정관념과 제도를 전복시키는 사랑에 빠져든다. 어떠한 구속도 없는 자유로운 영혼의 결합은 진정한 사랑이 된다. 영혼과 육체는 이율배반적인 관계지만 상대를 배제하고서는 완성될 수 없는 필연적인 사랑의 절차이다.

절대적 사랑에 빠진 트리스탄과 이졸데에게 사랑의 묘약이 있었다면 쏠랄과 아리안에게는 무엇이 있었을까? 아마도 그것은 모든 한계와 고정관념을 뛰어넘는 돌발적인 사랑의 욕구일 것이다. 그들에게 절대적인 사랑은 왜 필요했을까? 그 해답은 유사 이래 수천 년

---

95) 『주군의 여인』 1권, p.536~537.

간 이어온 인간의 철학적 고민 '나는 누구인가?', '존재의 의미는 무엇으로 완성되는가?'에 있지 않을까.

주체성에 대한 고민, 주체와 타자와의 관계 설정에서 혼란을 거듭하며 자문하는 질문이자 결론이지 싶다. 그렇다면 타자에 둘러싸인 주체가 과연 주체로서 존재할 수 있을까? 사랑도 타자를 상정했을 때 가능한 주체적 결정인데 그것조차도 타자에게 휘둘린 비주체적 대리 욕망에 그치지 않을까? 사랑은 욕망의 또 다른 기표이다. 그래서 사랑은 존재와 뗄 수 없는 주체의 존재적 표현이며 풀어낼 수 없는 수수께끼이자 혼란이다. 혼란이라고는 하지만 사랑은, 존재의 외피를 유지하고 합리화시키는 원동력이다. 그들은 존재를 담보로 도발적이고 운명적인 사랑의 광기에 빠져든다. 광기는 욕망의 너머를 지시하며 허무의 자리를 예비하고 아리안과 쏠랄은 뜨겁게 응답한다. 모든 걸 내려놓고 허무와 공백이 지배하는 무중력의 상태, 현실을 비켜나는 비현실, 비존재의 상태로 빠져든다. 그들의 일탈은 일시적이고 한시적이며 존재를 갱신하지 못한다. 단지 지연시킬 뿐이다. 그렇다면 그들에게는 무엇이 남는 것일까? 거짓과 착각만 남는다면 사랑은 한여름 밤의 꿈에 불과하다. 허망한 꿈. 끝없이 회전하는 바람개비처럼 존재를 현혹하고 지연시키는 거짓된 이미지다. 교묘하고 빈틈없는 각본의 연쇄일 뿐이다. 연쇄는 뫼비우스의 띠처럼 끝이 없다. 주체적 사랑은 있지만 없고 없지만 있다. 믿게 하고 믿어야 한다. 결국 인간은 사랑에 포박되고 좌절하고 절단 나게 된다.

오 내 안에 들어 있는 나의 사랑, 오 끊임없이 내 안에 가두었다가 또 끊임없이 내 속에서 꺼내 바라보는 사랑, 그런 다음 다시 접어서 내 안에 가두어두는 사랑, 너무 좋아서 잊지 않기 위해 적어두었던 문장이다. 어느날 저녁 그가 작은 거실에 들어왔고, 벼락처럼 닥친 엄청난 사랑 앞에서 그들은 서로를 마주 보며 무릎을 꿇었다. 테이블 앞에 앉은 그녀는 상자에서 약봉지를 하나씩 세어가며 꺼냈다. 서른 개, 두 사람에게 필요한 양보다 세 배가 많다.[96]

그는 죽음에 이르는 사랑의 힘을 다해 힘껏 그녀를 안았다. 더요. 그녀가 말했다. 더, 더 세게 안아줘요. 오, 그녀는 그의 사랑을 원했고, 곧 문이 열릴테니, 빨리 갖고 싶었고, 많이 갖고 싶었다. 그의 품에 더 깊이 파고들었고, 그를 느끼고 싶었고, 죽음의 힘을 다 바쳐 힘껏 안겼다. 그녀가 열에 들뜬 목소리로, 나지막하게, 그곳에 가서도 우리가 만날 수 있을까요 물었고, 미소 지으며 분명 그럴 거라고, 우린 그곳에 가서도 만날 거라고 스스로 대답했고, 미소 짓는 입가에 거품 섞인 침이 흘러내렸고, 우리는 그곳에서도 함께 있을 거라고, 진정한 사랑, 그곳엔 진정한 사랑밖에 없을 거라고 그녀가 말했고, 목 위로, 그를 기다릴 때 입던 원피스 위로, 침이 흘러내렸다. 무도회장에서 다시 왈츠, 그들의 첫날 저녁과 똑같은, 긴 왈츠의 선율이 올라왔다. 그녀는 현기증을 느끼며 춤을 추었고, 자기를 잡고 춤을 이끌어주는 주인과 함께, 주위 사람들은 아랑곳없이 서로의 모습만을 음미하면서, 빙글빙글 돌았다. 높이 달린 거울에 비친 우아한, 감동적인 여인, 사랑받는 여인, 주군의 여인.[97]

---

96) 『주군의 여인』 2권, p.686.
97) 『주군의 여인』 2권, p.690.

롤랑 바르트는 『사랑의 단상』, <사랑해요> 편에서 사랑은 '난 널 사랑해.'라는 뜻의 헝가리어 세레틀렉(Szeretlex)으로 이해해야 한다고 말한다. 세레틀렉은 주어도 목적어도 없고 오직 동사만 있다. 몰아지경이라고 할까? 보통 사랑이라는 언어가 발화됨으로써 타자에게 자신의 존재를 맡기겠다는 의사를 전달한다. 통상적으로 '나는 당신을 사랑합니다.'라는 문장이며 응답을 요구하는 조건적 표현이기도 하다. 이것은 사랑이 일방적으로 충족되는 개념이 아니라 조건적이며 존재의 상실까지도 전제한다는 의미다. 당신을 사랑하기에 사랑을 위해 나 자신조차도 흔쾌히 불태울 수 있다는 의미다. 바르트에게 사랑은 세레틀렉이라는 합일된 사랑의 동사만 유효하다. 주체와 대상을 전제하는 사랑은 의미 없이 반복되는 언어적 유희에 그칠 뿐이란 생각이다.

바르트는 첫 번째 발화만이 의미가 있을 뿐 그 이후의 발화는 습관적인 반복에 지나지 않기에 무가치하다고까지 기술한다. 사랑이 유의미한 경우는 오직 더 이상의 발화가 없어야 한다는 조건뿐이다. 영원한 사랑은 주체도 없고 대상도 없고 오직 사랑한다는 동사만 존재한다. 주체와 대상을 전제로 한 사랑은 사랑이 아니며 존재하기 위해 영원을 지향해야 한다. 영원한 사랑은 완전성과 절대성만 존재하며 필연적으로 타나토스라는 죽음의 충동에 빠지게 한다. 현실을 초극한 영원한 사랑 — 그래서 연인들은 고독해진다. 고독해져야 한다.

『주군의 여인』에서 쏠랄과 아리안이 애타게 찾아 헤매던 사랑은 스스로 주체와 대상이라는 존재를 소멸시킴으로써 진정한 사랑으로 완성될 수 있었다.

 이 책을 읽을 때 도덕적, 종교적 신념이 아니라 그들이 추구했던 영원한 사랑의 관점에서 바라본다면, 인간의 삶이 얼마나 애틋하고 수수롭고 덧없는 것인지 다시금 깨닫게 될 것이다.

다섯 번째 책

 오늘은 허먼 멜빌[98]의 『필경사 바틀비』[99]이다. 정선 누님은 건강상 불참한다는 메시지를 남겼고 이지은 씨는 모습을 보이지 않았다. 누님이 책을 추천하고서 불참이라니 웃음이 난다. 그 연세에 얼마나 걱정이 되셨을까? 줄어든 두 자리가 먹장구름처럼 어둡고 비명처럼 날카롭다. 한숨 돌리고 나면 괜찮을까? 지은 씨에게 감정 서린 말을 뱉었다는 후회(後悔)와 잘못에 대한 이해를 구하려는 후회(後會)가 서로 치받으며 실타래처럼 얽힌다.
 "정선 누님이 진행하셔야 하는데 불참하셨습니다. 제가 대신 진행합니다. 평점 매겨 주세요."
 "평점 5점 '판타스틱'입니다. 뭐라 할까요? 이해가 되지 않으면서 이해되는 작품 같다고 할까요? 갑작스럽게 모든 걸 거부하는 주인공 바틀비가 이해되지 않았지만, 마지막 부분에 해고의 아픔이 트

---

98) 허먼 멜빌(Herman Melville, 1819~1891) : 미국의 소설가, 수필가, 시인. 대표작 『모비 딕』.
99) 『필경사 바틀비(Bartleby, the Scrivener)』, 허먼 멜빌, 공진호 옮김, 문학동네 (2011).

라우마처럼 새겨진 그에게 저항이 숨어있음을 알게 되었습니다. 저도 피고용인일 때가 있어서 이해됩니다. 죽음으로 저항하는 바틀비의 마음을 조금은 안다고 할 수 있죠." 이제는 자영업자가 된 예은 씨의 말이다.

"저는 평점을 3점 '슬퍼요'로 하겠습니다. 이 단편은 처음부터 끝까지 슬픔이 배어 있는 듯합니다. 막연하게 애처롭습니다. 왜 하지 않겠다는 것인지, 왜 그곳을 떠나지 못하는지, 왜 곡기를 거부하고 죽어야 했는지도요. 저도 막연히 하기 싫을 때가 있어요. 해도 안 될 것 같은 감상에 빠져 끈을 놓아버리고 싶은 충동을 느낄 때가 있어요. 여러분들도 그럴 때가 있지 않았나요?" 피고용인 허당 지은 씨.

"저는 4점 '좋아요'입니다. 최고점을 주기에는 이야깃거리가 부족하다는 생각이 들고요, 독자의 상상만으로 해석해야 하는 어려움이 있기도 합니다. 뉴욕이라는 대량생산의 대도시 월스트리트에서 인간 소외와 고독을 표현했다고 하지만 그것만으로는 부족하다는 생각이 듭니다. 너무 막연해요. 고용주는 선의를 가진 사람이었고 그에게 과중한 책무를 주는 것도 아니고 갑질을 부리는 것도 아니라면 오히려 바틀비에게 정신적 장애가 있지 않나 싶어요." 치과의사 선해 씨의 입장이다.

나는 평점 5점 '판타스틱'으로 정했다. 바틀비의 이유 없는 반항, 이유 없는 거부, 이유 없는 행동, 이유 없는 죽음. 우리는 그 이유 없음을 찾기보다는 반대로 이유 있음을 생각해 보면 어떨까?

"우리 삶에서 노동자의 이유 있는 반항, 거부, 행동, 죽음은 어떤 경우일까요? 우선 임금 문제, 노동시간 문제, 노동환경 문제가 대표적인 경우입니다. 이 소설에서는 딱히 임금 문제를 언급하고 있지 않지만, 내용 중에 바틀비가 한정된 음식을 섭취하며 장시간 노동으로 사무실에서 숙식을 해결하고 있음을 알 수 있습니다. 바틀비는 저임금에 장시간 노동, 열악한 노동환경에 놓여있습니다. 고용주는 미친 듯이 일하는 바틀비를 칭찬합니다. 요즘이라면 갑질에 부당노동행위라고 불릴만합니다.

　관점을 바꾸면 새로운 사실들이 드러납니다. 한 노동자가 감옥에서 금식으로 사망했는데 왜 분노하지 않을까요? 오히려 왜 죽었는지 모르겠다고 전혀 다른 이야기를 합니다. 고용주는 선하고 노동자는 악하기 때문인가요? 우리의 관점이 노동자의 관점이 아니라 고용주의 관점으로 박제된 것은 아닐까요? 한 인간이 금식으로 저항한다는 것은 처절한 몸부림입니다. 어떤 방법을 사용해도 관철되지 않자 금식이라는 최후의 수단으로 저항한 것입니다. 우리 사회에서도 숱하게 발생하는 노동자의 투쟁이 있었습니다. 단식하고, 철탑으로 올라가고, 분신하고, 투신하기도 합니다. 70년대 열악한 노동환경을 개선하기 위해 노동자 전태일은 노동법이라는 사회적 언어를 부여안고 목숨을 버립니다. 바틀비도 시혜적 음식을 버리고 영원한 자유를 선택합니다. 그도 전태일만큼 절박했던 것은 아닐까요?

　작가는 최소한의 사연으로 최대한의 진실을 담았다고 생각합니다. 이유 없는 것처럼 보이지만 너무 많은 이유를 담고 있습니다.

　다음 문항입니다. 바틀비가 필사 이외의 업무에 대해서는 '안 하는 편을 선택하겠다.'라고 말한 이유는 무엇일까요?"

"저도 궁금했어요. 회장님 말씀을 듣다 보니 놓쳤던 부분이 있었던 것 같습니다. 관점의 차이가 중요하고 행간의 의미를 능동적으로 찾아간다는 것이 관건이 될 수 있다는 생각입니다. 바틀비는 자신에게 주어진 일을 하지만 부가적인 업무는 거부했습니다. 근로계약대로 하겠다는 것이죠. 맞는 말인 것 같습니다. 다만 필요하면 상호대화를 통해 조건을 수정하고 합당한 대가를 제공하는 절차가 생략된 것 같습니다. 소설이라 과정이 축약되어 기술되다 보니 오해의 소지가 있는 것 같습니다." 예은 씨이다.

"저도 처음에는 막연하게 거부하고 싶은 마음이라 생각했는데 토론하면서 생각을 바꾸게 되었습니다. 세상에 막연히 결정되는 일은 없습니다. 다 이유가 있는 것이죠. 사장은 '어째서 필사하지 않겠다고 하는지 그 이유'에 관해 묻습니다. 바틀비는 "그 이유를 스스로 보지 못하세요?"라고 되묻습니다. 사장의 이기심을 매섭게 지적한 것이죠. 처지를 바꿔서 생각해 보라고 요구하지만, 사장은 끝내 거부하고 이해하려고 하지 않습니다. 사장은 노동자를 시혜의 대상으로 간주할 뿐입니다." 허당 지은 씨는 단호했다.

"저도 그 이유가 너무 막연하다고 생각했습니다만, 이야기를 통해 점차 이해하게 되는 것 같습니다. 그 당시 월스트리트는 거대 자본주의에서 발생하는 모순과 불평등이 적나라하게 표출되는 장소였습니다. 열악한 노동환경에 처한 노동자가 소모품으로 간주되어 상실의 시대를 겪게 됩니다. 바틀비는 침묵과 행동으로 저항하였습니다. 작가는 현실을 역설적으로 보여준다고 생각됩니다. 문제는 합당한 이유를 대고 대응해야 하는데 구체적인 사항에 대해서 함구하고 있는 것입니다. 작가는 무엇을 생각하고 있는 것일까요? 모든 걸 의미 없음이라고 생각했을까요? 아니면 당시 사회의 무언의 압력 때문이었을까요?" 비판적인 선해 씨.

"바틀비의 '말하지 않음'의 의미가 이 소설을 설명해 주는 쟁점이라는 생각이 듭니다. '말함'의 의미가 무엇일지 생각해 보면 정답에 근접할 수 있지 않을까요? '말함'은 나와 타자와의 관계 설정입니다. 바틀비의 '말 없음'은 원천적으로 관계 설정 자체를 거부합니다. 시작부터 불평등하고 부당한 관계일 것임을 예측하고 기대하지도 않습니다. 바틀비에게 그 예측과 기대는 관계로 해결할 사안이 아니라 노동자가 완전한 주체로 거듭날 때 가능하다는 생각 때문이었을까요? 그렇다면 바틀비가 추구한 그 완전한 주체는 무엇일까요? 사회적, 경제적 족쇄로 작용하는 자본주의 체제를 뒤엎겠다는 혁명적 자아입니다. 한마디로 기존의 모든 억압구조를 거부하는 것입니다. 음식을 먹는 것을 택하지 않겠다고 선언하는 순간, 바틀비는 비타협적, 혁명적 주체로 이미 거듭나 있습니다. 그래서 들뢰즈, 아감벤, 지젝 등 좌파경향의 철학자들이 이 작품을 찬미하는 것이 아닐까요? 하지만 혁명을 찬양한다기보다는 주체의 완전한 자유를 찬양하는 의미라고 애써 강조해도, 요즘같이 다변화된 세상에서는 과한 주장이라고 생각합니다."

선해 씨의 말에 빠져들게 된다. 그런 의미가 있을 수 있다는 해석이 놀랍다.

"저도 토론을 통해서 배우고 있습니다. 하지만 선해 씨의 언급에는 일부 다른 생각을 하게 됩니다. 바틀비가 혁명적 자아로 우뚝 선 존재라고 판단하는 것은 좀 성급해 보입니다. 그는 처음부터 혁명가는 아니었고 무조건 거부하지도 않았습니다. 항시 여지를 두곤 했습니다. 긍정도 부정도 아닙니다. 원문 I would prefer not to에서 'prefer'가 그 증거입니다. 여러 선택지를 두고 가치 판단을 하기보다는 자신에게 적합하고 이유 있는 경향성을 선언합니다. '말 없음'이라기보다는 '말 흘림' 정도가 적절한 것 같습니다. 그는 혁명가라기보다는 구도자 같은 느낌을 받습니다. 그는 화두 같은, 예언 같은 말을 던지고 상대가 깨닫기를 바라는 것 같습니다. 바틀비는 자신의 주체성이 중요한 만큼 상대의 주체적 결정을 존중하고 기대합니다.

처음에는 필사한 문서를 교차 점검하지 않겠다고 거부합니다. 그에게 필사는 고단한 업무의 하나였지만 문서를 검증하는 작업은 자신의 일이 아니라고 판단했기 때문입니다. 또한 일 처리에 자부심이 있었기에 검증해야 할 특별한 이유를 찾지 못합니다.

두 번째로 사무실을 방문한 고용주에게 문을 열어주는 것을 거부합니다. 사무실이지만 휴무일에 주어진 공간인 만큼 사생활 보호라는 측면에서 방문자가 아무리 사장이라 해도 예고 없는 방문은 수용하기 어려웠습니다.

세 번째로 그동안 하던 필사마저도 하지 않겠다며 거부합니다. 이유를 묻는 사장에게 스스로 생각해 보면 알 것이리고 말입니다. 분노한 사장은 해고하지만, 바틀비는 부당하다며 떠나기를 거부합니다.

네 번째로 업무 방해와 불안감 조성이라는 죄명으로 구속되자 음식을 거부하고 저항합니다.

상황은 악화일로를 걸으며 파국으로 치닫게 됩니다. 초반에 해결할 수 있었던 일이었지만 고용주는 이유를 알지 못했고 이해하지도 못했습니다. 결국 바틀비의 비보를 접하고서야 죽음의 의미를 깨닫고 탄식합니다.

> 절망하며 죽은 자들에게 용서를, 희망이 없는 상태에서 죽은 자들에게 희망을, 구제 없는 재난에 질식해 죽은 자들에게 희소식을 전하는 편지가 나오기도 한다. 생명의 심부름을 하는 그 편지들은 급히 죽음으로 치닫는다. 아, 바틀비여! 아, 인류여![100]

한 가지 토론 주제를 제안합니다. 죽음에 대해 한 번쯤 생각해 보면 좋겠습니다. 각자의 경험도 좋고 막연한 느낌이라도 좋습니다."

바틀비의 죽음은 많은 논란을 불러왔다. 그의 죽음이 특별해서라기보다 죽음이 갖는 의미가 존재의 형식을 결정하는 일대 사건이기 때문일 것이다. 경험하지 못했지만 가늠해 보고 싶었다.

"어린 제가 죽음을 말한다는 것이 어색합니다. 먼 훗날의 이야기처럼 느껴지고 낯설기만 합니다. 차라리 죽음을 말하기보다는 어떻게 살아가야 할지 더 고민하고 싶습니다."

예은에게는 삶이 우선이며, 죽음은 그다음 문제라는 말이다. 그럼 삶은 무엇일까? 살아간다는 것은 어떤 의미일까?

---

[100] 『필경사 바틀비』, p.93.

"다음(Daum) 사전을 보면 죽음은 생물의 목숨이 끊어지는 일이라고 정의하고 있습니다. 삶의 끝이라는 말인데요, 죽음은 삶의 종착역, 혹은 목표가 된다는 말과 같습니다. 죽기 위해 살아가는 것일까요? 삶은 잃어버리기 쉬운 우산처럼 보입니다. 필요할 때만 찾게 되고 손쉽게 잊히고 나중에 아쉬워하는 우산입니다." 허당 지은 씨다.

"죽음은 삶의 끝이 아닙니다. 추억하기와 되돌리기입니다. 기억하는 누군가가 있는 한 죽음은 무의미하며 삶은 계속될 것입니다. 저는 죽음을 『잃어버린 시간을 찾아서』 6권에 등장하는 마르셀의 문장으로 대신하겠습니다.

몇 시간 후 프랑스아즈는 할머니의 아름다운 머리칼을 마지막으로 아프지 않게 빗길 수 있었다. 희끗희끗 세긴 했지만, 그 머리칼은 지금까지 할머니 연세에 비해 젊어 보였었다. 그러나 지금은 오히려 머리칼에만 유일하게 늙음의 관이 씌워졌을 뿐, 그렇게 오랜 세월 동안의 고통으로 새겨진 주름살이나, 오그라들고 부풀어 오른 살, 팽팽하거나 늘어진 살로부터 해방된 얼굴은 이제 다시 젊음으로 돌아가 있었다. 아주 오래전 할머니의 부모님이 남편을 골라 주던 날처럼 할머니의 이목구비는 순수함과 순종으로 섬세하게 새겨져, 뺨에는 세월이 점차 파괴해 버린 순결한 희망과 행복에의 꿈, 결백한 즐거움마저 빛나고 있었다. 할머니로부터 조금씩 물러가던 삶은, 삶에 대한 환멸마저 앗아가 버렸다. 할머니 입술에 미소가 떠오르는 듯했다. 장례침상에서 죽음은 중세의 조각가처럼 할머니를 한 소녀의 모습으로 눕히고 있었다.[101]"

죽음이라 불리는 낯선 새로움이 마르셀을 혼란스럽게 하고 관계를 단절시킨다. 영원할 것 같았던 관계는 뜻하지 않게 '이해 불가', '대답 없음'으로 다가오고 또렷이 기록된다. 죽음 앞에서 마르셀이 할 수 있는 일은 아무것도 없었다. 슬픔을 느낄 순간도 없이 의아함이 공백을 채우고 있을 뿐이다. 유일하게 죽음만 남았다.

"할머니께서 돌아가셨다."

허망한 인식과 막연한 불안으로 스스로 가르치듯 반복적으로 중얼거린다. 시간이 지날수록 믿기지 않는 사실을 부정하고 말을 바꾼다.

"할머니께서 돌아오실 거야."

마르셀은 죽음을 그의 꿈으로 조각한다. 고통의 저 너머에 있을 것만 같은 젊음, 순수, 순결, 희망, 행복, 미소로 할머니를 단장한다. 그가 할 수 있는 일은 할머니의 죽음을 그의 언어로 채우는 일, 돌이키는 작업뿐이다.

죽음은 상속된다. 자산이지만 부채와 같다. 추억이라는 자산을 얻

---

101) 『잃어버린 시간을 찾아서』 6권, 마르셀 프루스트, 김희영 옮김, 민음사(2015), p.60.

었지만, 몸과 마음을 해치는 비수와 같다. 상처를 치유하기 위해 기억하기와 되돌리기는 불가피한 절차이다. 그 과정이 성공적일 때 인간은 온전히 살아갈 수 있으며 실패하면 피폐해진다. 그래서 죽음은 삶의 끝이라기보다는 삶을 잉태하고 지속시키는 힘이 된다. 잘 살아간다는 말은 현명하게 죽음을 맞이해야 한다는 말과 같다. 선해 씨는 이 말이 하고 싶었을까?

죽음이라는 무거운 주제에 회원들은 말이 없다. 미지의 대상이기에 두렵고 아득하기만 하다. 내 일이 아닌, 남의 일이 되길 희망하지만 죽음은 처음처럼 달려오고 마지막처럼 포기하게 된다.

"죽음에 대한 다른 의견이 없으면 마무리하고 『필경사 바틀비』를 관통하는 핵심 키워드를 말씀해 주세요."

"저는 '바틀비'로 하고 싶습니다. 조금이라도 그를 기억하고자 합니다. 역사적으로도 인간답게 살기 위해 많은 희생자가 있었죠. 그 누가 죽으라고 등 떠밀지 않았지만, 시대와 환경이 필연적으로 누군가를 희생하게 만드는 것 같습니다. 슬픈 일입니다. 우리 시대에 더 이상의 바틀비가 나오지 않기를 희망합니다. 믿음은 죽음을 극복할 수 있는 유일한 수단입니다. 바틀비의 믿음이 죽음을 극복했다고 믿습니다." 선해 씨의 바틀비였다.

"저는 '견딤'과 '소통'이라고 하고 싶습니다. 죽음은 마지막 결과입니다. 삶이 제 뜻대로 움직이지 않지만 견디고, 또 견뎌야 한다고 생각합니다. 인위적으로 삶을 마무리한다는 것은 그 뜻이 아무리 정당하다 해도 견딤보다는 못합니다.

인간사회에서 이해관계의 충돌은 필연적입니다. 충돌에 앞서 이견을 조율할 수 있는 소통의 장이 필요합니다. 책임과 권한 없는 소통이 아닌 조율하고 조정할 수 있는 소통입니다." 예은 씨의 견딤과 소통이었다.

"저는 반대로 생각해 봅니다. 인간은 관계의 존재입니다. 우리가 원하든, 원하지 않든 인간은 관계 속에서 살고 사라집니다. '자연사'가 사회관계 속에서 존재하는 개념이라면 자살과 안락사도 죽음의 한 방편일 수 있습니다. 생명을 자의적으로 선택한 존재는 없습니다. 주어진 삶을 자의적으로 결정짓는다고 죄악시할 필요가 있을까요? 그래서 저는 키워드를 '저항'이라고 하고 싶어요. 자신의 권리를 위해 침묵하지 않고 단호하게 거부하는 바틀비의 결단에 감동했습니다. 인간의 역사는 저항의 역사라는 말이 실감 납니다. 그 저항으로 사회는 조금씩 발전했고 인간성을 회복해 가는 것 같습니다. 내 일이 아니라고 방기하지 말고 끊임없이 고민하고 관심을 가져야 합니다."

허당 지은 씨는 단호했다. 그런데 죽음으로 극복할 수 있을까? 자의적인 죽음을 인정하고 그 나름의 의미를 인정한다면 결과적으로 삶은 의미가 없는 일이며 반드시 살아야 할 이유도 없게 된다. 저자는 절망을 말한다기보다는 새로운 소망을 말하는 듯하다. 구치소 안마당의 풍경에서 바틀비는 부활하는 모습으로 그려지고 있다.

안마당은 쥐 죽은 듯 조용했다. 일반 수감자들에게는 접근 금지 구역이었다. 굉장한 두께로 둘러친 벽은 밖에서 들려오는 모든 소리를 차단했다. 그 석조 건물의 이집트적인 특징이 음울하게 나를 내리눌렀다. 그러나 발아래에는 푹신한, 감금된 잔디가 자라고 있었다. 그것은 영원한 피라미드의 심장인 듯하다. 새들이 떨어뜨린 잔디 씨가 알 수 없는 마법에 따라 갈라진 틈새로 돋아난 것이다.[102]

부활한 예수처럼 바틀비의 죽음은 마법처럼 새파란 풀을 무성하게 피워낼 것이라는 암시를 주고 있다. 작가는 그의 죽음이 헛되지 않을 것임을 믿고 기원하고 있었다.

---

102) 『필경사 바틀비』, p.89.

< 서평 > :『필경사 바틀비』

오, 바틀비여! 오, 인류여!

허먼 멜빌은 1819년 뉴욕에서 8형제 중 셋째로 출생했다. 아버지의 파산으로 생계를 위해 온갖 잡일을 전전했으며, 포경선의 선원이 되기도 했다. 저서로는 『타이피』(1846), 『오무』(1847), 『마디』(1849), 『레드번』(1849), 『하얀 재킷』(1850), 『모비 딕』(1851), 『필경사 바틀비』(1853) 등이 있다.

『필경사 바틀비』를 일독하게 되면 '이건 뭐지?'라는 의문이 자연스럽게 떠오른다. 타자나 복사기가 없던 시절, 필경사는 서류나 공문서를 작성하거나 대필하는 직업이었다. 우리 사회도 필체가 좋은 사람들이 대우받던 시절이 있었다. 바틀비는 성실하고 차분한 성격에 나름 성과도 좋았던 필경사였다. 그는 어느 날부터 "더 이상 안 하는 편을 선택하겠습니다."라는 말을 입에 달고 살아간다. 어떤 지시에도 반복적으로 말한다. "저는 더 이상 안 하는 편을 선택하겠습니다." 결국 왕따가 되어버린 바틀비는 해고당하지만, '해고당하는 편을 선택하지 않고 사무실도 떠나지 않는 편을 선택하겠다.'라고 버틴다. 견디다 못한 사장이 몰래 이사를 하고 새로운 업체가 입점해도, 묵묵부답 자신의 자리를 지킨다.

사무실에서 쫓겨난 바틀비는 건물 앞에 앉아 있다가 경찰에 의해 투옥되지만 '투옥되지 않는 편을 선택하겠다.'라며 죽음을 맞이한다. 독자들은 당혹스럽다.

"이유가 뭐지? 왜 그랬을까?"

'하지 않겠다.'와 '선택하겠다.'에 모든 게 있는 듯하다. '하지 않겠다.'는 '있음'의 반대이며 '선택하겠다.'는 '강요'의 반대이다. '있음'은 일방적으로 주어진 것에 대한 반대이며 선택은 자유에 대한 확신이다. "더 이상 안 하는 편을 선택하겠습니다."라는 말은 결국 고정관념과 차별이 가득한 이 세상 모든 기득권에 대한 저항이며 자유 선언이다. 그것은 생명보다 더 소중하다는 자기 고백이자 자기 확신이다.

바틀비는 폭력적이지도 않고 강압적이지도 않다. 그는 구도자의 길을 가듯 화두를 던지고 또 다른 주체인 진정성 있는 타자의 이해와 동의를 요구할 뿐이다.

이 책은 미국 자본주의를 상징하는 월스트리트의 법률 사무소를 배경으로 고용주인 변호사와 필경사 바틀비의 대화를 통해 자본주의의 비인간화, 불평등, 열악한 노동환경을 함축적으로 그리고 있다. 소설에서는 고용주인 변호사가 노동자인 필경사에게 시혜적 존재로 묘사되고 있지만, 사실상 열악한 환경의 노동자들에게 저임금의 노동을 강제하고 있다.

나는 그의 책상을 방의 측면에 난 작은 창문 가까이에 놓았다. 원래는 그 창을 내다보면 옆으로 더러운 뒤뜰과 벽돌이 보였지만 잇따른 건축으로 인해 현재는 아무것도 보이지 않고 빛만 약간 새어 들어올 뿐이었다. 창문에서 옆 건물의 벽까지는 삼 피트도 되지 않았고, 마치 돔의 아주 작은 틈으로 새어 들어오듯 빛이 멀리 위에서 두 고층 건물 사이로 내리비쳤다. 나는 조금 더 만족스러운 배치를 위해 높은 초록색 칸막이를 구했다. 그러면 바틀비가 내 시야에서 완전히 벗어나 있으면서도 내가 부르는 소리를 들을 수 있으리라는 생각이었다.[103)]

피고용인 필경사 바틀비는 밤낮으로 필사하며 일을 하지만 가혹한 노동환경과 저임금에 고통받는다.

바틀비는 처음에는 엄청난 양의 필사를 했다. 마치 뭔가 필사할 것에 오랫동안 굶주린 사람처럼 그는 내 문서를 닥치는 대로 먹어 치우듯 했다. 소화를 위해 쉬지도 않았다. 그는 밤낮을 가리지 않고 일하면서 낮에는 햇빛으로 밤에는 촛불을 켜고 필사했다. 만약 그가 즐겁게 일하기만 했다면 나는 그의 근면을 상당히 기뻐했을 것이다. 그러나 그는 말없이, 창백하게, 기계적으로 필사를 계속했다.[104)]

그의 저항은 극히 단순하고 명확하다. 'I would prefer not to ~'(~하지 않는 것을 선택하겠다)라는 표현대로 필사한 서류를 검증하지 않는 편을 선택하고, 심부름하지 않는 편을 선택하고, 문을 열지 않는 편을 선택하고, 필사하지 않는 것을 선택하고, 해고당하지 않는 편을 선택하고, 식사하지 않는 편을 선택하고, 결국 삶을 살아가지

---

103) 『필경사 바틀비』, p.26~27.
104) 『필경사 바틀비』, p.27.

않는 편을 선택한다. 외적으로 고용주인 변호사에게는 잘못이 없는 것으로 그려지고 있다. 오히려 바틀비를 설득하려 하고 온정을 베풀고 투옥된 그에게 음식값을 내주기까지 한다. 하지만 바틀비는 앵무새처럼 '하지 않는 것을 선택하겠다.'라고만 하면서 고용주의 주체적 결단을 촉구한다.

아니 어째서? 더 이상 필사하지 않겠다고? 네. 그 이유가 뭐지? 그가 냉담하게 대답했다. 그 이유를 스스로 보지 못하세요?[105]

변호사는 채용 후 밤낮으로 열심히 일만 하던 바틀비가 갑자기 일을 거부하는 것을 전혀 이해하지 못한다. 독자도 그 이상 이해하기가 힘들다. 그래서였을까? 작가는 마지막에 바틀비가 왜 일하기를 거부했는지 슬쩍 흘린다. 변호사는 바틀비가 죽고 몇 달 후에 소문을 듣게 된다.

소문은 이렇다. 바틀비는 워싱턴의 사서(死書) 우편물(배달 불능 우편물)계의 하급 직원이었는데, 관련 행정기관에 뭔가 변경되는 게 있어서 갑자기 해고를 당했다. 이 소문을 곰곰이 생각할 때 나를 엄습하는 감정은 제대로 표현할 길이 없다. 사서라! 사자(死者)처럼 들리지 않는가! 날 때부터 그리고 운이 나빠서 창백한 절망에 빠지기 쉬운 사람을 상상해보면, 끊임없이 시서를 취급하고 분류해 불태우는 것보다 더 그 절망을 키우는 데 적합해 보이는 일이 또 어디

---

105) 『필경사 바틀비』, p.57

있겠는가? 그 우편물들은 매년 대량으로 소각된다. 창백한 직원은 이따금 접힌 종이들 사이에서 반지를 가려내기도 한다. 그 반지가 끼워져야 했을 손가락은 어쩌면 무덤 속에서 썩고 있을지 모른다. 누군가가 즉각적인 자선을 베풀어 발송한 지폐가 나오기도 한다. 그것으로 구제를 받았을 사람은 더 이상 먹지도 배고파하지도 않는다. 절망하며 죽은 자들에게 용서를, 희망이 없는 상태에서 죽은 자들에게 희망을, 구제 없는 재난에 질식해 죽은 자들에게 희소식을 전하는 편지가 나오기도 한다. 생명의 심부름을 하는 그 편지들은 급히 죽음으로 치닫는다.[106]

바틀비에게 우편물을 태우는 작업이나 필사하는 작업에는 큰 차이가 없다. 고단하고 의미 없는 일상의 반복일 뿐이다. 언어적 의미 상실과 텅 빈 관계는 죽음과도 같다. 그 끝은 해고였고 해고는 노동자에게 죽음이다.

필경사 바틀비는 필연적으로 존재의 문제에 직면하게 된다. 존재하는가? 어떻게 존재할 것인가? 존재 의미를 찾는 주체적 결정이란 무엇인가? 현실을 수긍하고 일면적인 불협화음을 조율하고 부담하며 살아갈 것인가, 아니면 기존의 족쇄를 거부하고 끊어낼 것인가? 그는 구도자처럼 고뇌하며 최소한의 언어로 문제를 제기하고 기다린다. 이리저리 떠밀려 쓰러진 그는 타자에 대한 공격이 아닌 자기 소멸을 선택한다.

---

106) 『필경사 바틀비』, p.92~93.

고용주이자 변호사는 그제야 깨닫게 된다. 그에게 남은 것은 이제 탄식뿐이다.

아, 바틀비여! 아, 인류여!

이 소설의 마지막 문장은 1968년에 나온 영화 <혹성탈출>을 떠올리게 한다. 유인원 지역을 벗어나 말을 타고 달리던 주인공 테일러는 상반신만 땅 위로 튀어나온 자유의 여신상을 발견한다. 테일러가 불시착한 행성은 외계행성이 아닌 핵전쟁으로 멸망한 미래의 지구였고 원숭이들이 점령한 지구였다. 진실을 알게 된 테일러는 절망하며 외친다.

이 미친놈들! 너희들이 다 망쳤어! 젠장! 다 지옥에나 떨어져 버려!(You maniacs! You blew it up! Damn you! Damn you all to hell!).

우리의 곁에는 수많은 필경사 바틀비의 모습이 파노라마처럼 펼쳐지고 있지만 우리는 고개를 돌린다. 인간은 스스로 죄를 짓고 있으며 그 죄로 인해 인간의 미래는 공백으로 남게 될 것이다. 테일러의 비명처럼, 변호사의 탄식처럼 우리에게 그대로 되돌아오게 될 것이다.

결국 다시 원점으로 돌아오게 된다. 존재 의미는 무엇일까? 존재다움이란 어떻게 이루어지는 것일까? 주체로 바로 서기 위해서는 어떻게 할 것인가? 바틀비의 '큰 죽음'이 남기는 숙제이자 선물이다. 설명되지 않지만 느낄 수 있는, 소유할 수 없지만 쉽게 포획되는 '큰 죽음'이다.

마지막 책

 마지막 토론이다. 시작이라는 소망으로 첫발을 내딛자, 중력이 사라지며 헛도는 쾌감과 고립감이 부유한다. 중력은 당김이고 폭력이다. 시작은 중력과 같다. 시작의 주체는 자신이지만 중력처럼 타인을 강제한다. 폭력적 쾌감이다. 마지막은 무중력이다. 자신과 타인의 당김으로부터 자유롭다는 뜻이다. 마지막은 자유여야 한다. 어디에도 귀속되지 않는 무중력같은 조건적 상황이다. 자유롭지 않다면 마지막이라 할 수 없다. 마지막은 존재의 소실이라기보다는 관계의 종말이며 쾌감의 역전이다. 당김과 쾌감의 후퇴는 존재를 커다랗게 흔든다. 후련하고 기쁘다기보다는 공허 자체이다. 그래서 마지막은 항상 회한과 미련을 동반한다. 오늘도 지은 씨는 불참했다. 마지막이라 환한 웃음으로 등장할 줄 알았는데. 마지막이지만 자유롭지 않다.
 오늘은 선해 씨가 토론을 진행한다.
 "그동안 특정 주제를 정해 토론을 세세하게 진행했다면 오늘은 가볍게 하기로 했어요. 우선 발제문부터 생략했어요. 자유롭게 의견을 개진하고 회원들이 서로 질문하고 답하는 오픈 테스트 같은 방식으로 하려고요. 틀에 얽매이지 않고 즉흥적으로 참여하시면 좋겠어요. '평점 매기기', '서로 질문하기' 두 가지로 진행할 거예요. 모임을 시작하겠습니다. 살만 루슈디[107]의 『한밤의 아이들』[108]에 대해 평점을 매겨주시고 이유를 소개해 주세요."

"이 책을 색으로 보면 회색 같습니다. 아주 어둡지도 않지만 그렇게 밝지도 않은 옅은 그림자 같습니다. 뿌연 스모그 같다고 해야 할까요? 답답함, 우울함이라 표현하고 싶습니다. 평점은 3점 '슬퍼요'입니다." 예은 씨는 회색이다.

"글쎄요, 저는 이 작품을 색상으로 이해하기보다는 욕망의 관점에서 바라볼 필요가 있다고 생각합니다. 욕망은 비현실의 꿈입니다. 꿈이 현실이라면 욕망은 더 이상 꿈을 꿀 수 없겠죠. 그래서 욕망은 충동적이고 애매해 보일 수 있습니다. 하지만 욕망은 인간을 움직이는 유일한 근저입니다. 유일하다는 것은 인간 존재의 개별방식이지만 실존의 총체적 방식이기도 합니다. 이 작품은 살림 시나이의 가족사를 꿈처럼 보여줍니다. 비현실적이지만 시간을 공유한 쌍둥이 같은 공간으로 변형시킵니다. 다른 듯 비슷한 현실로 말입니다. 변형의 결과는 다르지만, 결국 유사한 형태로 진행되고 동일화됩니다. 그것이 자발적이든 강제적이든 말이죠. 평점은 5점 '판타스틱'입니다. 내용은 읽기 뻔해 보이지만, 이해는 복잡하고 어렵습니다. 돌리고 돌려서 이야기한다고 보면 됩니다. 돌다 보니 어지럽지만 행간을 읽는 재미가 있습니다. 이 책을 읽는 팁은 기술된 대로 그

---

107) 살만 류슈디(Ahmed Salman Rushdie, 1947~) : 인도계 영국 작가.
108) 『한밤의 아이들』, 살만 루슈디, 김진준 옮김, 문학동네(2011).

냥 그대로 이해하는 것입니다. 마술이면 마술처럼, 꿈이라면 꿈처럼요."

선해 씨는 꿈같이 허망한 이야기를 한다. 어려운데 어떻게 쉽게 읽을 수 있을까? 한 점으로 이해하기보다는 흐름으로, 맥락으로 파악하라는 뜻이지만 말처럼 쉬운 일은 아닐 터.

"어느 날 식민지 인도는 독립합니다. 강자들이 베푼 시혜적 독립이었기에 시작은 폭력적입니다. 과정도 강제적일 수밖에 없습니다. 강제로 이식된 얼굴이지만 어디선가 본 듯한 모습이죠. 일부는 속임수라 여기지만, 대중은 마술처럼 느끼고 받아들입니다.

'뒤바꿈'이라는 폭력과 거짓으로 '시나이'의 이야기는 시작됩니다. 갈등과 분열을 내포한 태동은 개인과 국가의 관계를 마술처럼 환희와 절망으로 이어갑니다. 개별화된 삶이 모이고 쌓여 방향성을 제시하고 다수의 소망이 국가와 민족의 변화를 촉발하는 양상으로.

평점 5점 '판타스틱'입니다. 최고점을 준 이유는 우리나라와 인도가 제3세계이면서 식민지였다는 점, 독립 이후 진행 과정이 우리나라와 유사하고 분열, 혼돈, 전쟁으로 이어지는 이야기를 꿈과 현실이라는 마술적 장치를 통해 수려하게 전달한다는 점 때문입니다."

선해 씨는 분량이 부담이었지만 재미있었다고 한다. 우리나라와 비슷한 역사적 과정을 공유해서인지 이해도 높은 편이다.

다음으로 허당 지은 씨가 나선다.

"저도 최고점을 주고 싶어요. '판타스틱'입니다. 이 소설은 시간성에 특별한 의미를 부여하는 듯해요. '1947.8.15 자정'이라는 시간이 그 좌표입니다. 그 시간을 공유하는 아이들에게 특별한 능력이 부여됩니다. 특정 시간이 중요하기에 동시성은 숙명처럼 비밀을 틀어쥐고 있습니다.

1947.8.15 자정은 화자이자 주인공 살림을 포함한 1,001명의 아이가 탄생하는 시간이고 인도가 영국으로부터 해방되는 시간이기도 합니다. 강제로 이식된 식민지 질서가 붕괴하는 지점입니다. 댐이 무너지면 쌓인 물이 걷잡을 수 없이 터져 나오는 것처럼, 신질서는 쏟아지고 저항에 부딪혀 역선택을 강요합니다.

시나이는 비천한 아이로 태어나지만 조산사 메리가 바꿔치기하면서 전혀 다른 삶을 살아야 하는 운명에 처합니다. 메리는 평등한 세상을 만들고 싶었습니다. 뒤바꿈이라는 방식으로요.

'1,001'이라는 숫자는 특별한 의미를 가집니다. '1,000+1'이라는 형식입니다. 그들 중 하나가 아니라 그들보다 뛰어난 1, 같은 1이 아니라는 복선을 깔고 있습니다. 특별함의 특별함이라고 할까요? 그 아이가 살림 시나이입니다. 그렇다면 애초부터 특별했을까요? 뒤바꿈으로 특별해진 것일까요? 적어도 작가는 '특별함'을 '뒤바꿈'의 결과물로 쓰고 있다는 생각이 듭니다. 읽다 보면 이야기가 전환되는 장면에서 이 뒤바꿈이 등장합니다. 비밀이 드러나고 혼란을 일으키고 파란으로 점철되지만, 종착점은 결국 일상, 평범함으로 돌아온다는 것입니다. 특별함의 해소, 절멸? 시간성의 상실?

국가를 사람의 관계성, 동시성을 공유하는 자들의 집합체로 이해한다면 특별함이란 결국 일시적이고 찰나적 현상이라는 생각입니다. 특별함이 드러나는 순간, 일반성으로 감춰지고 흡수되면서 사라질 운명인 거죠. 그런데도 개별적 특별함이 뒤바꿈으로 나비 효과를 불러일으키게 됩니다."

결론은 '특별함은 없다. 있다면 개별적이고 파괴적인 역사성이다.'

"그럼, 지금부터는 궁금했거나 함께 토론하고 싶은 주제에 관해서 이야기해요."

"살림의 텔레파시 이야기가 나오고 어둠의 아이들이 서로 연결되지만, 코가 막혀 냄새를 못 맡는다는 장면이 있는데 이것이 어떤 의미가 있는지 이야기해 보면 좋을 듯합니다." 허당 지은 씨다. 흥미로운 발상이다. 텔레파시와 후각이라.

"텔레파시는 관계를 의미하는 것 같습니다. 소통의 채널이라고 보면 될 것 같습니다. 텔레파시는 1947.8.15 자정에 태어난 '한밤의 아이들'을 연결하는 수단으로 작용합니다. 후각은 화학적 작용을 인지하는 수단을 넘어 감정적, 충동적 욕망을 탐닉하는 기능을 합니다. 제 생각에 후각은 현실의 문제에 직접적으로 영향을 받고 능동적으로 참여하는 원초적 운명임을 보여줍니다. 특히 악취에 민감한 부분이 그렇습니다." 통증에 예민한 치과의사 선해 씨의 판단이다.

"우리 선해가 똑똑하데이. 그럼 한가지 묻자. 살림이 갸가, 친구들과 놀다가 오른쪽 가운뎃손가락이 잘려 병원에 갔어. 병원서 친아들이 아님이 밝혀져. 와 가운뎃손가락일꼬? 욕하는 건 아닐테고, 이유가 있을 것 같은데."

"글쎄요, 제 생각에 가운뎃손가락은 정중앙을 의미하고 물건을 들어 올릴 때 중심을 잡고 무게를 분산하는 기능을 한다고 볼 수 있습니다. 그런 중지, 가운뎃손가락이 잘린다는 것은 균형을 잡지 못하고 무게를 분산하지도 못하는, 불편한 비정상을 나타냅니다. 또한 남자의 성기, 동성애자를 의미하기도 합니다. 당초 동성애자를 의미하는 그저 그런 보통명사였는데 이후 욕설의 의미로 쓰이게 되었다고 합니다. 가운뎃손가락 절단 사건은 살림의 비정상, 타인에 대한 욕설 등 다중소재로 사용되고 있습니다. 특히 거세는 육체적, 정신적 피폐를 감당해야 하는 의미도 있지만 숨겨진 진실이 회복된다는 뜻일 수도 있습니다. 또한 소설 후반부에서 살림은 시바에 의해 강제로 불임수술을 당하고 시바의 자식을 키우게 됩니다. 살림의 앞날이 평탄치 않음을 예고하며 뒤바뀐 진실을 봉합한다는 의미일 수 있습니다. 신생 독립국 인도의 운명과도 같은 것입니다. 설명이 적당했을지 모르겠습니다."

"그 먼 말이고. 아이고, 내는 모른다. 다들 알아듣나?"

그저 웃을 뿐이다. 무슨 말인지는 들리는데 딱 뭐라 설명하기가 어렵다. 선해 씨가 이어간다.

"저도 궁금한 점이 하나 있어요. 인도군의 폭격으로 살림은 기억을 잃어버립니다. 붓다라는 닉네임으로 인간 사냥개로 참전하고 뱀에게 물려 기억이 돌아옵니다. 마술적 리얼리즘이라고 치부하고 넘어가면 그만이겠지만 기억과 뱀은 어떤 의미일지 궁금합니다."

"제 생각을 말씀드리겠습니다. 기억상실은 존재가 부정되는 일대 사건이라 볼 수 있습니다. 살림이 부인되고 붓다라는 닉네임으로 전환되는 것이죠. 이전의 존재가 부정되면 살림에게 남는 것은 본능뿐입니다. 후각을 이용한 개의 역할인 것이죠. 살림은 붓다라는 닉네임으로 본능만이 지배하는 존재에 그치게 됩니다. 존재라기보다는 산물로 취급받을 뿐입니다. 뱀은 성경에서 선악을 분별할 수 있는 능력을 인간에게 부여합니다. 선악을 분별한다는 것은 인간의 고유한 도덕 양식이자 존재 양식이 됩니다. 그 판단 기준으로 기억이 필연적으로 소환되는 것입니다. 뱀은 붓다의 존재를 살해하고 붓다는 더 이상 붓다가 아닌 살림으로 다시 태어납니다. 살림이 부활하지만, 이전의 살림과는 전혀 다른 존재로 돌아오게 됩니다." 예은 씨가 수채화를 그리듯 투명하게 말했다.

"다들 뜻은 알고 말하나? 다행타. 오늘이 마지막이라."

"누님, 걱정하지 마세요. 저도 몰라여. 망신 안 당할라꼬 입다물고 있는 거여요. '침묵은 금이다. 침묵하면 중간은 간다.'" 허당의 믿음이자 마지막 보루다.

"회장입니다. 주인공 살림이 끌려가서 거세되는 장면이 있어요. 이 의미를 어떻게 생각하시나요? 거세가 종말을 의미하는 걸까요? 아니면 소설적 구성 중 하나에 불과한 것일까요?"

"네끼, 큰일이지. 그 아가 놀랬을 끼다." 누님이 역정을 내신다.

"제가 말씀드리겠습니다. 거세의 대상은 어떤 특정 부위라기보는 고유한 남성성입니다. 생식능력이 남성의 상징성인데 그것이 사라졌다는 것은 살림의 특별함이 용도 폐기된다는 의미라고 생각해요. 남성 여성도 아닌, 이도 저도 아닌 소외된 존재, 분류되지 않는 제3의 존재가 됩니다. 특별성과 일반성이 만나 새로운 정체성을 만드는 것이죠. 소멸과는 다른 뜻입니다. 살림의 탄생이 인도 독립으로 상징된다면 거세는 제자리를 찾기 위한 대가입니다. 거세는 인도의 소멸, 몰락을 얘기한다기보다는 새로운 질서를 만들기 위한 희생이라는 의미입니다. 그때 등장하는 인물이 살림과 대척점에 서 있는 시바입니다. 뒤바뀐 운명의 시바. 아이러니하죠. 시바는 힌두교에서 '파괴'라는 속성을 가지고 있는 무소불위의 신입니다. 세상은 무에서 시작했습니다. 텅 빈 곳에서요. 시바는 시작하기 위해서는 반드시 등장해야 하는 신이 됩니다. 그래서 최고의 반열에 자리잡은 존재입니다. 힌두교에서 시바 신이 숭배받는 이유겠죠. 그 시바의 아들이 아담 시나이입니다. 아담은 성경에 등장하는 최초의 인간입니다. 시바의 절대성이 도드라지는 순간이자 파괴와 창조의 기능이 뒤바뀌는 순간입니다. 뒤바뀜의 역설입니다."

"허당 지은씨는 확실히 칭찬받을 만합니다. 내가 귀가 얇은 건지 원. 들으면 듣는 대로 이해는 되는데 딱 10초만 지나면 까먹게 되네요. 그 10초 동안만 칭찬하겠습니다."

"회장님, 하나 더 할게요. 이 책도 영화가 있네요. <Midnight's Children>이라는 제목으로 2015년에 영국에서 개봉되었어요. 회원님들도 궁금하시죠? 저 칭찬 받을 만하죠?"

이 작품의 마지막이 눈물겹다. 온갖 고난을 겪고 처량한 신세가 된 살림은 메리를 만나고 피클 공장을 운영하며 파드마를 아내로 맞이한다. 만신창이가 된 살림의 행복한 엔딩이랄까. 1947.8.15 태어난 자정의 아이들, 그중에서도 살림과 시바는 선과 악을 표현하지만, 뒤바뀐 삶처럼 악이 선의 가면을, 선이 악의 가면을 쓴 어이없고 무의미한 이야기에 불과할 수 있다. 선과 악은 태동부터 전혀 다를 수 없고 일란성 쌍둥이처럼 뭉치고 섞여간다. 손바뀜이라는 말처럼 서로 다른 존재가 순환되는 존재의 또 다른 표현이다. 불교의 윤회 같은 삶이다. 인간은 참 슬픈 존재임을 이 작품을 통해 또다시 깨닫게 된다. 나는 물먹은 솜이불처럼 무섭게 쪼그라든다. 흔적도 없이.

"벌써 마칠 시간입니다. 과정을 마치면서 저는 6권의 책으로 6번의 삶을 살아온 느낌입니다. 회원님들께 많이 배웠습니다. 함께 읽고 생각하고 토론한다는 경험이 얼마나 중요한지 깨닫게 됩니다. 모두에게 변화의 계기가 되었을 걸로 믿어 의심치 않습니다. 마지막까지 함께 해주신 회원님들께 감사드립니다. 자축하는 의미로 힘찬 박수로 함께 격려해 볼까요?"

문득 어릴 적 겨울이면 연을 만들던 기억이 떠오른다. 뒤뜰에 있는 대나무를 자르고 쪼개 풀을 이겨서 마름모꼴 한지 위에 붙인다. 어머니에게 깨끗이 쓰고 드린다는 약속을 하고 명주실을 얼레에 감는다. 언덕배기에는 바람이 천지다. 투박한 한지를 길게 이어 붙인 흰 꼬리는 바람난 수말처럼 상하좌우 뜀박질을 한다. 락앤롤. 바람과 소리와 꼬리연이 파란 하늘빛에 질려 하얗게 일어선다. 흰 명주실, 흰 꼬리연이 파랗게 아름답다.

< 서평 > : 『한밤의 아이들』

사람들 사이에 사이가 있었다.
그 사이에 있고 싶었다. 양편에서 돌이 날아왔다.[109]

인도의 뭄바이에서 태어난 살만 루슈디는 영국으로 이주해 케임브리지를 졸업하고, 카피라이터로 생활했다. 28세 때 소설『그리머스』로 데뷔하고『한밤의 아이들』로 3번의 부커상을 수상한다. 1981년 출간과 함께 부커상, 1993년 '부커 오브 부커스' 특별상, 2008년에는 '베스트 오브 부커' 특별상을 차지한다.

『한밤의 아이들』에 서술된 내용을 두고 인도 총리 인디라 간디가 고소하자 작가는 공개 사과를 한다. 1988년 출간한『악마의 시』가 이슬람교를 모독했다는 이유로 이란 호메이니는 루슈디를 처형하라는 종교법령 '파트와'를 발표한다. 작가는 영국 정부의 보호 아래 10여 년 동안 숨어 지내고, 미국으로 이주한 후 2022년 8월 12일 미국 뉴욕주의 한 강연장에서 흉기 테러를 당하기도 했다.

『한밤의 아이들』은 주인공 살림 시나이가 태어난 1947년 8월 15일 인도 독립 전후 30년을 배경으로 벌어지는 이야기이다. 영국의 식민지에서 벗어나 신생 독립국으로 거듭나는 인도와 뒤바뀐 운명의 살림 시나이를 비유와 은유로 잘 보여준 작품이다.

---

109) 박덕규 시인의 시 「사이」

천 쪽에 달하는 장편이지만, 마술적 사실주의라 불리는 독특한 언어유희는 다양하고 유의미한 실마리를 풀어가는 재미가 있다.

인도의 주요 정치적 사건들을 배경으로 주인공 살림이 사건마다 개입하고 전쟁과 비상계엄을 통한 가족들의 죽음, 기억상실과 치유의 과정이 이어진다. 화자인 살림 시나이는 각 장의 제목과 이야기를 피클병에 비유하며 연인 파드마에게 하나씩 들려준다.

이 소설은 1부 8장, 2부 15장, 3부 7장 등 총 3부 30개의 장으로 구성되어 있다.

1부는 인도의 독립과 분리, 주인공 살림이 태어나기까지의 이야기로 시나이 가의 할아버지, 아버지, 어머니 등 일가친척이 등장한다. 독립된 날 태어난 시나이 가의 장자 시바는 비천한 신분인 윙키의 아들 살림과 뒤바뀌며 출생의 비밀이 시작된다.

2부는 살림이 태어난 뭄바이를 배경으로 이슬람교도들의 자산 동결, 마하트마 간디 암살, 인도·파키스탄 전쟁이 중요한 역사적 사건으로 등장한다. 죄의식에 시달리던 조산사 메리는 가족들에게 출생의 비밀을 자백하고 떠난다. 살림은 1947년 8월 15일 태어난 1,001명의 아이가 각자 특별함을 타고났음을 깨닫고 한밤의 아이들 협회를 조직하여 대장이 되지만 시바와 대립한다.

3부는 1970년대를 배경으로 전쟁통에 기억을 잃어버리고 붓다라 불리게 된 살림이 서파키스탄의 군인이 되어 전장에 투입되는 모습을 그리고 있다.

인디라 간디가 비상계엄을 선포하여 전국이 침묵과 공포에 휩싸이고 전쟁영웅 시바는 한밤의 아이들의 초능력을 빼앗는다. 또한 비상사태가 발효되던 1975년 6월 25일 열두 시 정각, 어둠에 잠긴 빈민굴에서 살림의 아내는 아들, 시바의 핏줄을 낳는다.

한밤의 아이들은 역사의 주인인 동시에 제물이 되어 조국과 하나로 이어진다. 평화롭게 살지도, 죽지도 못하는 것이 특권이자 저주라고 말한다.

이 소설은 부커상을 세 번씩이나 받을 만큼 작품성을 인정받았지만, 읽어내기는 쉽지 않다. 마술적 환상이 갖는 의미를 추적해 간다고 해도 이해하기 어렵다.

작가는 서문에서 살림 시나이와 인도를 이란성 쌍둥이로 표현하며 연관성을 가진다고 언급하지만, 전개되는 서사적 구조는 쉽게 공감하기 어렵다. 일부 평자는 살만 루슈디가 제3세계 출신이라는 정체성과 한계성을 동시에 가진 작가로서 탈식민 국가의 특징을 드러내고, 리얼리티를 강조하는 마술적 사실주의 표현이 압권이라고 평가한다. 하지만 이것만으로 부커상의 다회 수상을 기록하진 못했으리라.

이 작품이 현실을 꼬아 만든 환상 소설이라고 한다면 겉으로 드러난 사실이 아닌 숨겨진 행간의 내적 상태에 좀 더 주의를 기울여야 한다. 시작과 끝이 연대기 순으로 나열된 것처럼 보이지만 1장 '구멍 뚫린 침대보'와 30장 '아브라카다브라'가 사슬처럼 서로 연결되는 구조이다.

침대보 한복판에 지름 18센티미터가량의 원을 대충 잘라내서 만든 둥그런 구멍 하나가 뚫려 있었다. 아지즈는 아직도 구멍 뚫린 침대보를 보고 있었다. 가니가 말했다. "자, 그럼, 이제 우리 나심을 진찰해 주게, 어서." "그런데 따님은 어디 계십니까? 가니 어르신, 따님을 보지도 않고 어떻게 진찰을 합니까?"

"자네는 우리 딸래미 몸에서 어디를 살펴봐야 하는지만 말해주면 돼. 그러면 내가 딸아이한테 그 부분을 저기 저 구멍에 갖다 대라고 할 테니까."

"불쌍한 녀석! 아주 심한, 정말 무시무시한 복통일세."[110]

구멍은 공백을 의미한다. 텅 빈 구멍이자 틈이다. 공백은 블랙홀처럼 사물들을 끌어당기고 삼켜버린다. 욕망의 중심인 쾌락과 불안의 온상이다. '말하는 대로, 써지는 대로' 보이고, 드러나길 간구하는 욕망의 무대이자 죽음의 유령이 숨을 쉬는 곳이다.

이 단락은 소설에서 가장 중요한 부분으로 '보고, 말해지는' 현상과 구멍 너머의 '보이지 않고, 말해지지 못하는' 실재를 연결하는 실타래로 등장한다.

작가는 1장에서 구태의연한 관습과 인습에 얽힌 인도의 전근대적 상황을 풍자하고 있지만, 구멍이 내포하는 인간의 내재적 욕망을 비유적 수사와 상징적 표현으로 자연스럽게 그려내고 있다. 또한 얼굴의 이목구비 정도만 드러낼 수 있는 크기인 지름 18cm의 구멍을 전근대 사회가 근대 사회로 이행하는 관문으로 비유하며, 사회 체제의 변화에 따른 극심한 혼란을 복통으로 표현한다. 고정된 제제, 고립된 시공간으로 시작되는 '구멍'이라는 소재와 나심이 겪고

---

[110] 『한밤의 아이들』 1권, p.56~57.

있는 '복통'이라는 증상을 통해 이야기는 무작위적이고 갈피를 잡을 수 없는 비고정성과 무질서로 변형될 것임을 예고하고 있다.

> 빨래통 속에는 거울이 없다. 짓궂은 농담도 조롱하는 손가락도 들어오지 못한다. 아버지의 성난 음성도 더러운 침대보도 벗어던진 브래지어가 다 막아준다. 빨래통은 세상의 구멍이고 문명의 울타리를 벗어난 곳이다. 그래서 최적의 은신처다. 빨래통 속에서 나는 지하세계의 나디르 칸처럼 모든 핍박으로부터 안전하고, 부모와 역사의 온갖 요구도 피할 수 있고...[111]

빨래통은 지극히 상징적이다. 쌍방향으로 뚫린 구멍과는 다른 차원의 비대칭적인, 일방의 산물이다. '구멍'이 입구와 출구라는 설정에 따른 개념이라면 '통'은 입구이면서 출구로 기능하는, 혼합적이지만 절대적인 유일성을 보여준다. 구멍이 변화와 새로운 질서를 확립하는 매개체라면 통은 터짐을 통제하는 축적과 회귀를 뜻한다. 퇴적층이 지각변동에 따라 이동하고 압력을 받아 만들어지듯, 통은 단절의 축적이 연쇄되는 돌발적인 공백이다.

살림은 사면초가에 빠진다. 태어날 때부터 유달리 커다란 코는 놀림감이 되고 텔레파시 능력을 갖춘 마귀 같은 놈으로 취급받는다. 어머니의 불륜을 지켜본 곳은 공교롭게도 빨래통 안이었다. 더러워지고 때가 묻은 오염된 피륙 따위를 담는 통이자 미궁이다. 한번 들어가면 결코 나올 수 없는 출구 없는 입구로서의 미궁이다. 빨래통

---

[111] 『한밤의 아이들』 1권, p.335.

안에서 바깥세상을 지켜보지만 바깥세상에서는 혐오와 방치의 대상일 뿐이다.

그 도시의 다른 곳에서는 9만 3천 명의 군인들이 포로수용소로 실려 갈 예정이었지만 마녀 파르바티는 나를 꼭 맞는 뚜껑이 달린 고리버들 바구니로 들어가게 했다.[112]
굉장한 만남... 고리버들 바구니의 어둠 속에서 살림은 오래전의 자정들을 — 존재 의미와 존재 이유에 대해 입씨름을 벌이던 어린 시절을 — 다시 떠올렸다. 그러자 벅찬 그리움이 밀려들었지만 그때까지도 나는 무엇이 그토록 굉장하다는 뜻인지 알아차리지 못했다. 그때 파르바티가 다시 몇 마디를 중얼거렸고, 그 순간 투명 바구니 속에서 나 살림 시나이는 헐렁하고 특징 없는 옷을 걸친 채 허공으로 사라져 버렸다.[113]

통과 바구니는 내용물을 담아내는 기능을 한다. 담아낸다는 말은 나를 비워내고 대상을 온전하게 보존한다는 뜻이며, 내용물이 바구니의 크기에 적당히 들어맞아야 한다는 전제를 깔고 있다. 살림은 인도 독립의 날에 태어난 1,001명의 아이 중 마녀 파르바티의 초능력으로 바구니에 들어가 살아 돌아올 수 있었다. 그런데 사람의 크기를 담아내는 바구니는 주검을 받아내는 관이 유일한데 그 공간은 내용물이 있어도 있는 것이 아니고 없어도 없는 것이 아닌 바구니

---

112) 『한밤의 아이들』 2권, p.296.
113) 『한밤의 아이들』 2권, p.297.

이다. 그 느낌을 살림은 이렇게 기술하고 있다.

> 바구니 속에서 나는 죽음이 어떤 것인지, 어떤 것인지를 배웠다. 나는 유령과 같은 특성을 지니게 되었던 것이다! 존재하지만 실체가 없고, 현실이지만 생명도 무게도 없고... 바구니 속에서 나는 유령들이 세상을 어떻게 바라보는지를 알게 되었다. 희미하게 뭉클하게 어렴풋하게... 세상은 내 주위에 있었지만 간신히 보일 뿐이었다. 나는 부재의 영역 속에 머물러 있었다. 그 영역의 가장자리에 망령처럼 흐릿하고 반영처럼 아련한 고리버들 바구니가 보였다.[114]

그에게 죽음은 있어도 있는 것이 아니고 없어도 없는 것이 아닌 주어진 조건에 불과하다. 그 혼돈의 정중앙에서 메리 페레이의 노래가 들린다.

> 그대가 원한다면 뭐든지 될 수 있네. 마음만 먹는다면 뭐든지 할 수 있네.[115]

죽어서 살아난 살림의 결론은 명확하다.

> 나는 누구 - 무엇인가? 내 대답은 : 나는 나보다 앞서 일어났던 모든 일, 내가 겪고 보고 행한 모든 일, 그리고 내가 당한 모든 일의 총합이다. 나는 이 - 세상에 - 존재함으로써 나에게 영향을 주거나 나

---

[114] 『한밤의 아이들』 2권, p.299.
[115] 『한밤의 아이들』 2권, p.302.

의 영향을 받은 모든 사람이고 사건이다. 나는 내가 태어났기 때문에 일어난 모든 일이며 내가 죽은 뒤에도 나 때문에 일어날 모든 일이다. 모든 '나'가 - 즉 지금은 - 6억 - 명도 - 넘는 - 사람들 한 명 한 명이 모두 - 그렇게 다수를 포함하고 있다. 마지막으로 한 번 더 되풀이 한다 : 나를 이해하려면 세계를 통째로 삼켜야 한다.[116]

이 장은 지금까지 수세적이던 살림이 반전의 계기를 맞이하는 장면이다. 그에게 닥친 모든 불행이 소실점처럼 사라지지는 않겠지만 적어도 의지로 극복할 수 있는 것이다. 희망이 생겼다.

"우리 결혼해요." 그녀는 그렇게 청혼을 했고, 그 말은 마치 카발리의 주문처럼, 아브라카다브라처럼 내 마음을 마구 설레게 하면서 운명으로부터 나를 해방시켰다. 하지만 현실은 나를 놓아주지 않는다.[117]

나는 아담이 신비로운 능력을 가진 차세대 아이들 가운데 하나라는 사실을 새삼 절감했다. 그들은 첫 세대보다 훨씬 더 강인하게 성장할 테고, 자신의 운명을 예언이나 별자리 따위에서 찾기보다 무자비한 용광로 같은 의지의 힘으로 운명을 스스로 개척해 갈 것이다.[118]

이 책의 마지막 장 제목 '아브라카다브라'는 소망을 이루고자 하는 주문이며 기독교에서 사용되는 아멘과 같은 의미이다. 죽음을

---

116) 『한밤의 아이들』 2권, p.302~303.
117) 『한밤의 아이들』 2권, p.423.
118) 『한밤의 아이들』 2권, p.429.

앞둔 살림은 과거의 삶에서 벗어나 미래의 삶을 긍정한다. 살림의 모든 걸 인정하고 포용한 파드마의 청혼은 그를 평생 옥죄던 과거의 삶에서 벗어나게 한다. 과거에서 벗어난다기보다는 지나온 삶의 발자취를 있는 그대로 받아들이고 미래를 위해 현재를 기획하고 정리하는 데 최선을 다한다.

살림은 그가 겪어야 했던 고통으로 인해 우울과 좌절의 공백으로 추락한 것이 아니라 이를 극복하고 승화시킨 아름다운 주체로 자신을 바로 세웠다. 그는 피클을 절이듯 과거를 정리해 불멸성을 부여했다. 비록 그것이 오인과 착오로 점철된 결과일 수도 있겠지만 그것조차도 인정하고 새로운 미래를 예비하는 겸손함을 깨우친다.

'빈 병 한 개'[119]는 비어있지만 비어있지 않고 권리와 운명으로 그득한 미래 그 자체이다. 살림의 삶에 대한 관조와 따뜻함이 느껴지는 부분이다. 이렇게 살림과 인도는 어깨동무하고 걸어가는 일란성 쌍둥이의 뒷모습으로 그려진다. 이 작품의 하이라이트이며 마음이 온화해지는 카타르시스가 느껴진다. 하지만 이 작품의 감동을 여기에서 끝내는 건 부족하다.

'구멍 뚫린 침대보'에서 드러난 존재의 욕망이 지난한 삶의 여정을 거쳐 '아브라카다브라'에서 깨달음을 얻은 수도자처럼 승화되고 안정을 찾는다. 아이러니하게도 첫 장과 마지막 장을 이어주는 대상은 '한밤의 아이들'이 아닌 '미래의 아이들'이다. 아담 시나이가 아버지 아닌 아버지, 살림이 남겨둔 '빈 병 한 개'를 채워갈 것이다.

---

119) 『한밤의 아이들』 2권, p.457.

『한밤의 아이들』을 쓴 살만 루슈디의 작품세계에 대해 비평가들은 '사이의 문학'이라고 부르기도 한다. 동양과 서양 사이, 신비주의와 합리주의 사이, 역사와 개인 사이, 환상과 현실 사이, 마술과 사실주의 사이에 있다는 것이다. 하지만 나는 루슈디의 작품이 이질적이고 대치되는 '사이의 문학'이 아니라 사람과 사람의 틈을 맺어주는 '이음의 문학'이라고 평가하고 싶다. 그럼에도 불구하고 그 이음의 한계와 가역성은 불가피해 보이고 일상이라는 고정성의 회귀를 소망하는 인간의 처연함이 느껴진다.

부록 ——— 독서와
글쓰기

독서와 독서모임

　독서모임은 대화를 통한 나눔이며 소통의 기본 단위이고 시작이다. 특정 시공간 속에서 생면부지의 사람들과 만나고 같은 책을 읽고 다른 이야기를 나눈다. 지인들과의 진솔한 담화도 어려운 형편이고 보면 독서모임은 극도로 놀랍고 뜬금없이 요상한 일이기도 하다. 우리의 독서모임은 특정 쟁점에 관한 진위를 밝히는 게 아닌, 타인을 어떻게 대하고 어떤 방식으로 소통할 것인지에 대한 성찰에서 시작하여야 한다.

　우리는 언제부터인지 소통을 중요한 덕목으로 간주하게 된 듯하다. 민주적 사고와 절차에 대한 중요성이 강조되고, 자아실현 욕구가 증가하면서 자연스럽게 소통의 문제가 제기되고 있다. 협치와 공정이 중요하고 평등과 자유의 가치가 우선시되는 요즘이다. 사실 변화를 받아들이고 흐름에 자연스럽게 합류하는 게 최선이겠지만, 우리의 사고 체계는 거대한 유조선 같아서 서서히 돌아갈 뿐 한 번에 턴하는 건 그리 녹록치 않다. 그러다 보니 사회 곳곳에서 MZ세대라는 신조어도 등장하고, 예전의 세대 갈등과는 판이한 형태로 불협화음이 터지고 갈등이 표면화되기도 한다. 얼마 전까지만 해도 으레 넘어가던 일들도 섣불리 지나치는 법이 없다. 불규칙적, 작위적, 일탈적 행위는 터부시되고 규칙적, 규범적, 예측 가능한 일만이 의미를 갖는다.

　소통 : 1) (기본의미) 사물이 막힘이 없이 잘 통함. 2) 의견이나 의사 따위가 남에게 잘 통함. (daum 한국어 사전)

　소통의 사전적 의미를 살펴보면, 의견이나 의사가 막힘없이 상호 잘 통한다는 뜻으로 보인다. 막힘이 있기에 소통이 필요하다는 말이기도 하다. 막힘, 차단, 경계, 틈새를 부수고, 메우고, 잇는 설득력 있는 작업 ― 소통의 1차 관건이다.
　설득력은 상대의 차이와 다름을 인정해야 가능하다. 그렇다면 인정한다는 것은 무엇인가? 인정은 동일시와 상통한다. 일방적인 흡수가 아니라, 내가 너라고 생각해야 한다. 너를 내 위나 밑이 아닌 나와 같은 반열에 올려놓는 것이다. 그래야 설득력이 등장할 수 있다. 그런 설득력을 공감이라고 한다면 공감능력은 소통의 최우선 과제이고 목표가 된다.
　그렇다면 공감은 어떻게, 어떤 방식으로 만들어질 수 있을까? 공감하기 위해서는 경청이 최우선이다. 경청은 상대를 배려하고 존중한다는 의미일 수도 있지만 형식적이고 도덕 같은 의무감의 재현일 수도 있다. '맘 따로 몸 따로'라고나 할까? 나는 경청이 수단이 아닌 존재 그 자체에 대한 측은지심이어야 한다고 생각한다.
　공자는 측은지심을 유교의 네 가지 덕목 중 하나로 꼽았다. 그 덕목은 인, 의, 예, 지이며, 그 중 '인'이 측은지심을 의미한다. 측은지심은 다른 사람의 고통이나 어려움을 보고 긍휼히 여기는 마음이다. 측은지심으로 인간은 선한 존재가 되었다. 측은지심은 동정심을 넘어 타인의 아픔을 공감하고 나누려는 마음이다. 타인에 대한 평가는 존재의 표면이 아닌, 존재의 이면에 있는 한계와 짐을 동시에 볼 수 있어야 한다. 측은지심은 그렇게 생각하는 마음에서 그치지 않고 상대의 짐을 함께하는 나눔이어야 한다.

결국 측은지심은 존재의 문제에서 시작되는데, 수없이 드러나는 타인의 모습에서 나눔을 전제로 동질성을 회복해 가는 행위이다. 그것은 '그럴 수 있다.', '나일 수 있다.'라는 생각에서 시작되고 말을 통해 전달된다. 중요한 것은 말의 전달 과정이다.

어떻게 말하고 어떻게 전달할 것인가? 전달 과정은 느낌, 뉘앙스, 억양, 장단 등이 통합적인 의미를 전달하는 기시감, 혹은 일치감이어야 한다. 이 점에 주목해야 한다. 반감을 불러일으키거나 이해하기 어려운 기표여서는 안 된다는 뜻이다. 물론 갑자기 결심한다고 성취되는 것은 아닐 테지만, 항상 경계하고 연습한다면 어렵지 않다. 꾸준히 읽고 함께 토론하고 글쓰기를 병행한다면 최고의 수련법이 될 것이다.

인간을 언어적 존재, 호모 로퀜스(Homo loquens)로 규정하기도 한다. 이처럼 인간은 언어에서 태어나 언어로 살아가고 언어로 죽어가는 존재라고 생각할 수 있다. 생로병사에서 말은 인간에게 전부이자 유일한 도구이다. 그래서 '말을 한다.'와 '말을 전달한다.'의 틈새에 '측은지심'이 있어야 한다.

인간을 말로 분류한다면, '말만 하는 사람', '말만 전달하는 사람', '말도 하지 않는 사람', '말을 전달하지도 않는 사람' 등 4가지 조합의 군상으로 나눌 수 있다. 그 조합 중 가장 해로운 존재는 '말도 하지 않고 말을 전하지도 않는 사람'이다. 얼핏 '말만 하고 말만 전달하는 사람'이 해로울 것 같지만 사후 대처가 된다는 측면에서 그렇게 나쁘지 않다. 쥐꼬리 같은 양심이라도 있는 것이다. 오히려 '말도 하지 않고 말도 전하지도 않는 사람'을 멀리해야 한다. 관계 발전에 전혀 도움이 되지 않는 부류이다. 식물로 치면 참나무를 숙주로 하여 영양을 빼앗는 겨우살이에 불과할 뿐이고 내로남불의 전형이다. 그래서 소통은 '인간이 먼저 되어야 한다.'라는 말이기도 하다.

나는 공직에 입직한 후 평일에는 '집 ↔ 직장 ↔ 술집'이었고, 주말에는 취침이 전부였다. 쳇바퀴 돌 듯 이어지는 무의미한 생활에 불현듯 이렇게 살아도 되겠냐는 의문을 품게 되었다. '나는 지금 뭐 하고 있는 걸까?' 고민 끝에 새로운 도전을 시작했다. 독서를 하게 된 것이다. 인간다운 인간, 어진 존재가 되기 위해서.

오랫동안 놓은 책을 다시 잡는다는 것은 고통이었다. 어떤 책을 읽어야 할지도 막연했다. 책 읽는 습관을 들이기 위해 사내 독서모임에 가입했다. 아무래도 혼자 읽는다는 게 영 부담이었기 때문이다. 사내 모임은 회원이 10명 정도인데 보통 6명 정도 모이곤 했다. 모임이 월 2회 진행되기 때문에 한 달에 2권, 1년이면 24권을 일독하게 된다. 통상 2주에 1권씩 읽어야 하는데 부담이 된다. 하지만 미리미리 준비하면 다양한 책을 접할 수 있는 좋은 기회였다. 문제는 일독을 못 하면 엉뚱한 이야기가 튀어나와 빈축을 산다는 것이다. 마지막이라는 각오로 책 읽기에 돌입했다. 일독하니 내용 파악이 되고 의견을 분명하게 전달할 수 있었다. 경청할 때도 무작정 듣기보다는 내 생각과 비교하면서 부족한 점을 개선하기 위해 노력했다. 횟수가 거듭될수록 부쩍부쩍 성장하는 자신을 보게 되었다. 독서에 흥미가 붙자, 저자의 다른 작품이나 관련 주제의 도서를 찾아 읽게 되고 이해의 폭을 확장할 수 있었다. 매주 2~3권, 1년 동안 100권도 넘는 책을 읽게 되었다.

"독서는 시간이 남아서 하는 것이 아니라 시간을 만들어서 하는 것이다."

책 읽기를 권유한 지인의 말이다. 나는 변명처럼 시간 타령을 했지만, 이 문장으로 간단하게 정리됐다. 시간이 없는 게 아니라 의지가 없었던 것이었다.

'그 순간이 아니었으면 지금의 내가 있을 수 있었을까?' 생각하면 아찔하고, 감사하다.

시간이 참 빠르다. 아이들은 '세월이 짧고 인생이 무상하다.'고 말하지 않는다. 아이들은 빠름과 느림을 탓하지 않고 몰입해서 살아가는 존재다. 순간순간이 전부이고 최선이다. 아이들과 달리 어른들은 대충 느끼고 띄엄띄엄 반응하며 능글능글 살아간다. 그렇게 살면 유의미한 기억들은 소실되고 삶이 텅 빈 것처럼 맹랑하고 무상하다고 느끼게 된다. 나이를 먹을수록 세월이 유상해지려면 아이들처럼 새로운 도전과 경험을 두려워하지 말고 순간순간 최선을 다해야 한다.

독서모임은 다양한 형태로 존재한다. 사교적인 느슨한 모임, 단단하게 공부하는 모임, 두 장점을 취합한 혼합형 모임이 있다. 그리고 운영자의 취향대로 발제 유형과 진행 방법도 천차만별이다. 내가 소속된 사내 독서모임을 굳이 구분하자면 느슨한 모임에 해당했다. 느슨하면 회원 각자가 부담 없이 참여하고 다양한 토론이 가능했지만, 문해력이 있는 회원들에게는 맞지 않았다. 1년 정도 열심히 읽다 보니, 선정 도서와 토론에 깊이 빠지지 못하고 겉돌게 되었다. 자연히 만족도는 떨어지고 새로운 독서모임이 필요해졌다. 독서력은 향상되는데 충족감이 떨어졌다. 내부에서 모임 방식을 바꿔보자니 거부감이 심했다. 고민 끝에 새로운 모임을 직접 만들기로 결심했다.

  모임을 만들기 위해서는 다양한 경험이 필요했다. 노하우를 얻기 위해 유료 철학 독서모임과 공공 도서관에서 운영하는 무료 독서모임에 참여하기로 했다. 철학 모임은 월 1회 1권, 도서관 모임은 월 2회 2권을 읽었다. 철학은 참여자들의 열기와 열정이 뜨겁다는 장점이 있고, 도서관 모임은 박경리 작가의 『토지』 전집 20권을 10개월 동안 읽는 것이었는데, 장기간이라는 단점이 있었다.

  나는 철학 모임에서 뒤처지지 않기 위해 개론서를 함께 읽으며 부족한 부분을 채웠다. 철학 모임과 도서관 모임의 장단점이 여실히 드러났다. 철학 모임은 소설에서 느낄 수 없는 사고력과 새로움을 발견하는 쾌감이 있었지만, 토론에 특정인만 참여하고 다양한 의견을 찾기 어렵다는 단점도 있었다. 철학 모임의 원활한 토론을 위해 책의 난이도를 조절하든지, 아니면 개론서를 일독한 참여자로 제한할 필요가 있었다.

도서관 모임은 공공 기관의 특성상, 아무래도 제한 없이 희망자를 수용하다 보니 전체 3개 조에 조당 참여 인원이 10명에 달했다. 같은 공간에서의 토론은 어수선하고 집중하기도 어려웠다. 게다가 분량이 20권으로 10개월이라는 긴 시간이 필요했다. 이탈자가 늘어났고 발언 기회를 얻기도 힘들었다. 모임 때마다 고무줄 인원으로 몇 명이 참여할지 가늠하기도 어려웠다. 3개월 만에 전체 인원의 반절이 빠져나갔다. 인원이 줄자 조를 통합하면서 사람과 환경이 바뀌고 관심도 수그러들었다. 하지만 도서관에서 섭외한 독서전문가의 운영 노하우를 배우고 익힐 수 있는 장점도 있었다. 특히 발제 형식, 발제 내용 등 기본적인 틀을 벤치마킹할 수 있어서 내가 만든 독서모임 '우공의 책 읽기' 운영에 큰 도움을 받았다.

철학 모임은 내게 큰 영향을 끼쳤다. 철학이라는 두려움을 극복하는 기회가 되었고 철학의 윤곽을 파악하는 데 도움이 되었다. 물론 철학에 대한 나의 지식이 단편적이고 간헐적이었지만 문학작품의 가치와 관점에 대한 나름의 기준을 정립하는 계기였다. 혼자라면 할 수 없었던 소중한 경험이었다. 특히 모임에 참여했던 회원들은 어설픈 질문에도 많은 격려를 보내주셔서 과정을 마치는 데 큰 보탬이 되었다.

지금 나는 삶의 의미를 새롭게 깨닫고 있다. 도전과 응전은 결과에 상관없이 그 자체로 유의미한 일임을 깨우치고 있다. 새로운 경험과 시도만이 삶을 유상하게 한다. 어깨에 힘이 들어가고 팔뚝에 힘이 솟구치고 충만해진다.

독서모임 운영 방법

토론 규칙 정하기

  모든 모임에는 규칙이 있다. 모임을 운영하기 위한 전제조건이기도 하다. 계모임을 해도 규칙이 필요하다. 회원은 몇 명이고 회비는 얼마로 할 것인지, 모임의 목적은 무엇인지, 어떤 일을 할 것인지, 패널티는 무엇인지 정해야 한다. 독서모임의 규칙은 토론을 제대로 하기 위한 예절이자 준비과정이다. 다른 모임의 규칙이 정량적이라면 독서모임은 정성적이다. 마음이 먼저 움직이지 않으면 운영이 까다롭고 어렵다.

  그렇다고 포기하지는 말자. 어렵기는 해도 불가능하지는 않기 때문이다. 차근차근 준비하고 이해하고 움직이자. 독서모임의 네 가지 규칙만 잘 지켜도 독서모임의 효능은 급상승한다. 꼭 지켜야 할 최소한의 규칙이다.

  첫째, 시간 엄수. 부득이한 사정 외에는 시간을 꼭 지켜야 한다. 불참하거나 늦는다면 흐름이 깨지기 때문에 반드시 단톡방에 공지해야 한다. 나의 10분은 나만의 것이 아니라 참여한 회원들 모두의 시간이다.

 둘째, 일독하기. 독서모임은 책을 읽지 않으면 내용 파악이 안 돼 힘만 든다. 공감할 수 없는 이야기는 말이 아니라 소음에 불과하다.

 셋째, 인정하기. 토론은 상대를 전제로 한다. 독백이 아닌 합창과도 같다. 토론은 틀림을 지양하고 다름을 지향한다. 간혹 과하게 틀림을 찾아 기어이 밝혀내려 하는데 절대 불가다. 화를 낸다거나, 반박하면 안 된다. 생각은 자유롭고 언어는 품위가 있어야 한다. 말하기에 앞서 상대를 배려하는 마음이 우선이다. 내 생각이 옳다는 강박은 버리고 다름에서 창조적인 생각을 재발견하자. 그렇다고 무조건 경청하고 따라가도 안된다. 영혼의 경청, 새로운 재해석이 필요하다.

 넷째, 요약해서 말하기. 모임에 오는 분들은 타인의 생각을 듣고 싶어 하기도 하지만 자기 생각을 말하고 싶어 한다. 그렇다고 특정인만 장시간 발언하면 타인의 참여 기회가 줄어드는 부작용이 있다. 길어도 3분을 넘지 않도록 해야 한다. 너무 많은 것도 너무 적은 것도 불요불급하다. 상대를 배려하자.

 독서모임은 경청하면서 배우고, 토론하면서 정리되고, 미처 생각하지 못했던 의미들을 새롭게 발견하게 된다. 정말 짜릿짜릿하고 감동적인 순간이다.

도서 선정하기

　책을 선정할 때는 우선 장르부터 정한다. 소설을 할 것인지 비소설을 할 것인지부터 정한다. (나의 경우 자기계발서는 제외한다. 굳이 함께 토론할 내용이 많지 않고 혼자 읽고 판단해도 충분하기 때문이다.) 전문 도서도 나쁘지 않지만 미술, 미학, 철학 등 각 분야에 대한 지식이 열악하다면 적지 않은 부담과 한계를 느끼게 된다. 아무래도 전문 도서 모임은 운영자가 충분히 공부한 후 진행해야 독서 모임의 모범 사례가 될 듯하다.

　나는 소설을 선택했지만, 해외 문학과 국내 문학 중에서 어떤 걸로 할지 고민이 되었다. 문제는 또 있었다. 해외든 국내든 소설 종류가 헤아리기도 힘들지만, 고전을 읽을 건지 현대문학을 시도할 것인지도 중요한 선택사항이었다. 한두 번은 임의로 선정할 수 있겠지만 몇 차례 지나면 선택 장애에 빠진다. 고민 끝에 나는 국내외 유명기관의 추천 도서를 선택했다. 미국 타임지가 추천한 '꼭 읽어야 할 책 100선', 프랑스 르몽드지에서 추천한 '세기의 책 100선', '서울대 추천 도서 100선' 등이다. 아무래도 저명 기관에서 추천한 만큼 문학적인 가치도 충분하고 고개를 끄덕일 만한 작품들이라 믿었기 때문이다. 해외 추천 도서와 국내 추천 도서는 아무래도 차이가 있다. 해외기관은 세계적으로 작품성을 인정받는 작품을 주로 선정하다 보니 국내 작품이 많지 않다는 단점이 있고 국내기관은 아무래도 국내 작품 비중이 높은 경향이 있다.

　나는 르몽드지 추천 도서를 택했다. 인문학이 포함되어 있긴 했지만 대부분 소설이라 내 기준에 부합했고 르몽드, 프랑스 파리라는 문화적 네임밸류가 매력적이었다.

 다음으로 책을 선정하기 위해 주제를 정해야 했다. 우리 모임의 경우 '사랑'과 '고독'이라는 단어에 주목했다. '사랑과 고독'이라는 주제는 인간을 가로지르는 영원한 숙제 같은 화두이기에 충분히 관심을 끌 수 있을 거라고 판단했다. '사랑과 고독'처럼 인간은 역설적으로 살아갈 운명이다. 두 사람이 하나가 되는 것이 사랑이라면, 고독은 한 사람이 처절하게 하나가 되는 과정이다. 사랑이 지독하게 욕망적이라면, 고독은 철저하게 이성적이다. 이질적이지만 동질적인 동전의 양면처럼 서로를 찾지 못해 허우적거린다. 그래서 사랑하면 고독해지고 고독하면 사랑하게 되는 것이다. 주제어로는 최상이었다.

 『백 년 동안의 고독』과 『너무 시끄러운 고독』이 우선 눈에 띄었다. 『백 년 동안의 고독』은 콜롬비아 출신 작가 가브리엘 가르시아 마르케스의 작품이며, 제3세계가 겪었던 아픔을 마술적 리얼리즘으로 완성했다고 평가받는다. 저자와 작품 배경이 흥미롭기도 했지만, 고독이라는 부분이 마음에 와닿았다.

 『너무 시끄러운 고독』의 저자 보후밀 흐라발은 체코 출신으로 20세기를 대표하는 체코의 국민 작가로 추앙받았으며 당시 반체제 작가이기도 했다. 정신병원에서 치료 중, 창문 밖 비둘기에게 먹이를 주려다 5층에서 떨어져 생을 마감했다고 한다. 두 권의 책 저자들이 살았던 국가는 다르지만, 제국주의 식민지를 겪어야 했던 제3세계이거나 상시로 강대국의 침략을 받았던 국가라는 공통점이 있다.

다르지만 같은 저자들의 고독이 자못 궁금해졌다. 두 권의 책으로 다름과 같음을 토론해 본다면 좋은 독서 경험이 될 것은 분명했다.

다음으로 선정한 도서는 『테레즈 데케루』였다. 저자는 1952년 노벨 문학상 수상자인 프랑스 출신 프랑수아 모리아크이다. 아내가 남편을 독살하려다 실패한 사건을 중심으로 전개되는, 가부장적 체제에서 여성이 겪어야 하는 고통과 욕망에 관한 이야기이다. 모임 주제인 '사랑과 고독'에 잘 어울리는 작품이다.

이어 『주군의 여인』, 『필경사 바틀비』, 『한밤의 아이들』을 토론도서로 정했다. 『주군의 여인』은 프랑스 작가 알베르 꼬엔의 작품이다. 일면 통속적인 불륜 드라마 같지만, 불멸의 사랑을 꿈꾼다는 점에서 불행하지만 아름다운 작품이다. 『필경사 바틀비』는 남녀노소 모두에게 널리 알려진 『모비 딕』의 작가 허먼 멜빌의 작품으로 들뢰즈, 지젝 등 현대철학자들의 호평을 받았다. 가벼운 책이지만 무거운 책이기도 하다. 『한밤의 아이들』은 노벨문학상을 수상한 인도 출신 살만 루슈디의 작품으로 인도 독립일에 태어난 1,001명의 이야기이다. 환상적인 표현이 압권인 작품으로 여겨졌다. 살만 루슈디는 『악마의 시』가 이슬람을 모욕했다는 이유로 이란의 최고지도자 호메이니로부터 처형 명령을 받은 것으로도 널리 알려진 작가다.

발제문 만들기

첫 단추를 잘 끼워야 마지막까지 잘 풀린다. 토론은 발제문에 달려 있다. 발제문이 엉망이면 토론도 중구난방이고 짜임새가 탄탄하면 회원들의 만족도는 높아진다.

나는 다음과 같은 7단계로 발제문을 만든다.

① 일독하기 ② 인상적인 문장 발췌하기 ③ 포스트잇에 느낌 적기 ④ 인터넷을 활용해서 기사, 서평, 논문 찾기 ⑤ 폴더 만들기 ⑥ 참고 자료 저장하기 ⑦ 발제문 만들기이다.

좋은 발제문이 나오려면, 핵심 부분에 대한 숙독이 필요하고 추가적인 자료조사를 촘촘히 해야 한다. 내용 정리를 하는 데는 각자의 방법이 있겠지만, 나는 인상 깊은 구절에 밑줄을 긋고 포스트잇을 활용해 간단한 느낌을 메모한다. 일독 후 해당 내용을 쉽게 찾기 위해 표시를 남기고 필사한다. 이 방법은 시간을 절약하고 흐름에 따라 포인트를 정리할 수 있다는 장점이 있다. 나름 핵심이라고 판단되는 구절을 필사하면 이해 향상에 큰 도움이 된다. 하지만 이 방법은 전체 내용을 반추하는 데 어려움이 있고 이해의 폭이 좁다는 단점도 있다. 한마디로 중간중간 맥이 끊어지는 방법이라 재독해야 하는 경우가 종종 생긴다.

어떤 분은 책을 통으로 필사하는데, 할 수만 있다면 이보다 더 좋은 방법은 없다. 하지만 장시간이 소요되는 일이라 좀처럼 쉽지 않은 결정이다. 또 어떤 분은 작가의 문체를 파악하기 위해 저자의 다른 책들을 함께 읽는데, 작가를 깊이 이해하기 위한 좋은 방법이지만 문제는 시간이다.

나는 최소의 시간으로 최대의 효과를 보기 위해 인터넷을 활용한다. 우선 책을 일독한 후 핵심을 정리하고 필사한다. 그런 다음 작가와 작품의 특징에 대한 보도자료, 서평, 관련 논문을 찾아보고 저장한다. 자료에는 출처를 반드시 표시해 둔다. 인터넷으로 제공되는 논문 자료는 책을 이해하는 데 큰 도움이 된다. 물론 내용을 속속들이 알기는 쉽지 않지만 그렇다고 불가능할 정도는 아니다. 참을성 있게 읽다 보면 행간의 의미를 되새길 수 있는 기회가 된다. 또한 끝까지 읽어냈다는 자부심으로 어깨가 우쭐해지기도 한다.

여기까지 끝나면 자료를 참고해 발제문을 작성한다. 반복할수록 작품을 보는 시야가 넓어지고 성장하는 자신을 느낄 수 있다. 하지만 작성한 발제문이 어렵거나 추상적이라면 토론하는 데 어려움이 있다. 모임 내내 한두 사람만 떠들게 되고 다른 분들은 침묵하는 꼴이 된다. 한마디로 재미가 없다.

평이하지만 다시 생각해 볼 수 있는 문제, 공감대를 형성할 수 있는 문제, 타 사례와 비교할 수 있는 문제, 소설과 현실의 상이성과 동일성을 평가할 수 있는 문제에 집중하는 것이 좋다. 나의 경우 발제문은 5~6개 정도로, 많아도 7건을 넘지 않는다.

초창기에는 10개 이상 만들어서 세세하게 토론하기도 했지만, 시간 제약으로 건너뛰기도 하고 내용이 부실해지는 경우가 많았다. 평일 저녁에 모임을 한다면 7시에 시작해 최소한 9시에는 마쳐야 했기에 2시간을 넘기면 조급해진다. 시행착오를 거치면서 최적의 발제 문항은 5~6개 정도가 적절하다는 결론을 얻었.

형식도 마음대로 하기보다는 체계를 갖추려고 노력했는데, 발제문 중에서 1~2번과 6번은 매번 같은 패턴으로 만든다.

1번은 '평점 매기기'이다. 회원들이 책을 읽고 느끼는 만족도 조사로 생각하면 된다. 5점 만점에 몇 점을 줄 것인지, 그 이유는 무엇인지 이야기한다. 평점을 숫자와 이모티콘으로 매기면 시각적 호기심과 평균치의 함정에 스스로 빠져보는 재미도 있다. 회원들의 평가는 가지각색이고 이유도 천차만별이다. 평균 점수를 계산하고 회원 간 차이점을 공유하다 보면 다들 재미있어 한다.

주의할 점이 있다면 이 문항은 회원들이 모두 참여해야 하고 각자의 의견이 맞냐, 틀리냐를 따지지 말아야 한다는 것이다. 모든 느낌에 정답이 없고 어떤 생각을 하든 다 이유가 있기 마련이다. 시작 전에 '열린 공간에서 생각은 자유롭고 상상은 무제한'이라고 언급해 두면 회원들은 적극적으로 협조한다.

2번은 '인상적인 문장 발췌하기'이다. 참여 회원이 많을 때는 개인당 1개, 적을 때는 2~3개를 읽고 이유를 말한다. 운영자가 인원과 시간을 고려해서 정한다. 건수를 제한하는 이유는 사람마다 느끼는 부분이 다르고 특정인만 튀는 토론은 지루해지기 때문이다. 이 문항도 모든 회원이 참여하는 만큼 동등한 기회를 주는 게 적절하지만, 상황을 봐서 추가 기회를 주는 것도 괜찮다. 사실 이 부분이 흥미로운 건, 타인이 쏟아내는 의견에 화들짝 놀라고 그 의미를 새롭게 이해할 수 있기 때문이다. 또한 회원들이 중복으로 언급하는 부분에서 동질감도 느끼고 호응하게 된다.

3~5번 문항은 주로 책 내용에 관한 논제로, 매번 바뀌는 부분이다. 운영자는 여기에 집중해서 준비해야 하는데, 토론하면서 배우고 정리할 수 있도록 신경 써야 한다. 이렇게 보면 이 부분을 알차게 재우기 위해 발제한다고 해도 지나치지 않다. 논제에 대한 만족도가 높으면 회원들은 같이 하는 독서의 효능을 체감할 수 있다. 독서모

임의 성공 여부를 판가름하게 되므로 가장 높은 긴장감을 유지하고 논제에 집중해야 한다. 모든 회원이 토론하기보다는 희망하는 분에게 기회를 준다. 아무래도 논점에 관한 자신의 의견을 제시하기 때문에 어려움을 느끼는 신규 회원들을 배려하는 차원이기도 하다.

마지막 6번은 '핵심 키워드 작성하기'이다. 책을 읽고 단어나 문장으로 정의하는 시간인데, 지금까지 다양하고 폭넓게 진행된 토론을 마지막으로 총정리하는 시간이다. 책의 주제어를 찾는 시간이고 긴 여행을 마치는 소회라 할 수 있다. 열외 없이 전체 회원이 참여해야 한다.

발제문의 특징은 전체 회원이 참여하는 공통 문항(1,2,6번)과 희망자가 참여하는 선택 문항(3~5번)으로 구분한다는 점이다. 적극적인 참여자의 성향도 반영하고, 분위기에 녹아들지 못하고 눈치를 보거나 발언 기회를 놓치는 회원들에게 기회를 제공하기 위함이다. 참여자들은 토론에 적극적이기는 하지만 간혹 이런 환경을 낯설어하는 분들도 있다.

처음만 통제하면 2회 때부터는 회원들이 서로 농담도 주고받으며 토론이 화기애애하게 진행된다. 발제문은 모임 3일 전에 단톡방에 올리고 숙독을 권유한다. 굳이 3일의 시간을 주는 이유는 너무 일찍 올리면 미루고 직전에 올리면 아예 읽지 않는 경우가 많기 때문이다. 경험칙상 3일이 좋다.

당일 발제문을 출력해서 배포한다. 굳이 그렇게까지 할 필요가 있냐는 의견도 있는데, 회원 중에는 출력물을 선호하는 분들도 있기 때문에 이렇게 한다. 보통의 독서모임은 발제문이 한 장인 경우가 많지만 우리는 적게는 3장, 많게는 10장이 넘기도 한다. 소책자 형태로 출력해서 책자처럼 넘겨 볼 수 있게 하면 끝이 난다.

발제문에 공을 들이는 데에는 회원들이 발제문을 보고 모임을 대하는 태도와 마음가짐을 소홀히 하지 못하게 하려는 의도가 있다. 형식이 충실하면, 더 실속 있고 내실 있는 토론이 되리라 생각하기 때문이다. 실제로 피드백을 받아보면, 회원들은 운영자가 소소한 부분까지 챙겨주기 때문에 발제에 맞춰 더 열심히 준비하게 된다고 말한다.

발제자는 본격적인 토론에 앞서 작품과 작가에 대한 안내 및 발제 동기와 토론 목적을 간략하게 소개한다. 토론 진행은 파워포인트를 활용한 프레젠테이션이면 충분하다. 미처 발제문에 넣지 못한 부분은 워드로 보완해서 추가로 제공한다.

발제하는 일은 책을 속속들이 파악하는 고된 작업이지만, 투자한 시간과 노력에 비례해 책의 진가를 확인하고 음미할 수 있는 장점이 매우 크다. 단순 참여도 의미가 있지만 발제와 토론을 진행하는 일은 문해력을 높일 수 있는 좋은 방법이다. 회원들도 발제자가 가장 큰 독서 수혜자라는 사실에 선뜻 동의하면서도 주저하곤 한다.

주제 및 도서 선정은 운영자가 모임의 취지와 주제를 고려해서 직접 하고, 발제와 토론은 회원들이 자율적으로 하도록 배려한다. 모임이 자리를 잡을 때까지 책 선정은 회원들에게 맡기더라도 주제 선정은 운영자가 하는 것을 추천한다. 왜냐하면 주제에 따라 책을 선정하는 만큼 운영자의 기획대로 추진해야 추후 과정도 균형 있게 끌고 갈 수 있기 때문이다.

발제문 내용 예시

1회차 토론 도서인 『백 년 동안의 고독』 발제문을 예시로 올린다. 이 책은 460쪽에 달하는 장편으로 부엔디아 가문의 7대에 걸친 100년 동안의 이야기이다. 작  가는 근친상간과 원죄라는 소재를 활용해 중남미 국가들이 겪어야 했던 제국주의의 학살과 폭압을 마술적 리얼리즘이라는 기법으로 소설에 녹여냈다. 마술적 리얼리즘 기법이 빚어내는 현실과 환상의 이미지를 해롭게 해석하고 의미를 재부여하는 방식으로 토론을 진행하고 싶었다.

발제문 1면에는 인터넷을 활용해서 『백 년 동안의 고독』 미국 초판본 표지 그림을 실었다. 열대우림의 청록색 나뭇잎들이 배경을 꽉 채우고 하늘을 날아가는 듯한 나신의 여인, 꽃, 뱀, 새, 난파선이 그려져 있다. 생동감 넘치는 동화 같기도 하고 경이로운 신화 같기도 한 그림이다. 언뜻 탄생과 소멸이라는 책 내용과 어울리지 않는다는 생각이 들었지만, 거대하고 도도한 자연의 바다에서 사물들은 찰나에 불과한 존재라는 의미를 담고 있는 듯했다. 이 그림이 마술적 리얼리즘을 개척한 작가에 관한 실마리가 될 거라 판단하고 초판본의 느낌을 회원들과 교환하기로 했다.

2면은 출판사에서 소개한 작가와 작품 내용 등을 정리해서 올렸다.

본격적인 발제문은 3면부터 시작되는데 1, 2번은 공통 문항으로 각각 '평점 매기기'와 '인상적인 문장 발췌'이다. 1번에는 평점 1점

'싫어요', 2점 '별로요', 3점 '슬퍼요', 4점 '좋아요', 5점 '판타스틱'에 맞는 이모티콘을 찾아서 올렸다.

3번은 '고독과 외로움의 차이에 관해서 이야기해 보기'로 정하고, daum 백과사전을 활용해 두 단어의 정의를 박스 안에 삽입했다. 추가로 책에 있는 문장 중에서 고독이라는 단어가 들어있는 문장 5개 정도를 별도 박스에 넣었다. 단어의 정의와 문장들을 비교하고 차이점과 공통점을 깨닫는 것이 핵심이라 생각했다.

4번은 '부엔디아 가문에서 가장 고독한 인물을 골라 주시고 그 이유를 말씀해 주세요.'이다. 회원 간 중복될 수도 있겠지만 작가의 의도에 충실한 캐릭터를 고독에 맞춰본다면 행간의 의미를 되새기는 기회가 된다.

5번은 '책에서 사랑은 단지 성적인 욕망을 해소하는 도구로 묘사되는데, 어떻게 생각하시나요?'이다. 우리가 흔히 말하는 사랑이라는 감정이 가계도에서 차지하는 비중과 존재 이유에 관한 본질적인 고찰이 될 것 같아서 뽑았다. 쉽지 않은 주제지만 작가의 의도에 관한 문제이기도 하다.

6번은 '이 책의 첫 문장과 마지막 문장입니다. 어떤 느낌이며 마지막 이후는 어떤 모습일까요?'이다. 박스 안에 책의 첫 문장, 총살을 당하게 된 아우렐리아노 부엔디아 대령이 아버지를 추억하는 장면과 마지막 문장, 아우렐리아노 부엔디아가 암호 양피지를 해독하면서 마칸도가 사라지는 장면을 넣었다. 모든 작품에서 처음과 마지막은 작가의 의중이 담겨있는 중요한 지점으로 파악된다. 보통 첫 문장은 책을 가로지르는 중요한 문장이고 마지막 문장은 주제를 함축적으로 담을 가능성이 높다.

　책을 일독한 후에는 첫 문장과 마지막 문장을 다시 한번 숙독하고 그 의미를 되새기는 작업이 필요하다. 토론을 통해 의미를 재해석하고 서로의 생각을 교환하게 된다.

　마지막으로 7번은 '『백 년 동안의 고독』의 핵심 키워드와 그 이유를 말씀해 주세요.'이다. 주제어를 뽑아내는 과정으로, 얼핏 쉬워 보이지만 생각보다 어렵다. 책의 주제어를 한 단어로 표현할 수 있다는 자체가 핵심 내용을 파악했다는 말과 상통하기 때문이다. 당초에 키워드를 결정해서 참석하지만, 토론이 끝날 무렵 새롭게 깨닫는 부분도 있어 키워드를 바꾸는 일이 다반사다. 그만큼 독서토론이 독자의 깨달음에 얼마나 큰 비중을 차지하는지 알 수 있는 부분이기도 하다.

　붙임 자료에 부엔디아 가문의 가계도를 첨부해서 등장인물을 파악하는 데 도움을 주고, 관련 보도자료 4건을 실어서 회원들이 좀 더 폭넓게 책을 이해할 수 있도록 했다.

　보도자료의 제목은 △ 마르케스 '백 년 동안의 고독' 사실 싫어해(연합뉴스) △ 도시 이름 바꾼 '노벨 문학상 힘'... 콜롬비아 소도시 '백 년 동안의 고독'(국민일보) △ '백 년의 고독' 낳은 마을, 노란 나비가 날아올랐다(한겨레), △ 마르케스 시신, 멕시코 박물관에 안치... 멕시코-콜롬비아 대통령들이 장례 주관(뉴시스)이다.

　고민 끝에 이렇게 12쪽의 발제문을 완성하고 모임 3일 전 카톡방에 올렸다. 숙제를 마친 기분이라 즐겁고 행복했다. 발제를 고민하는 과정에서 이해와 지식이 충만해지고 나 자신이 좀 더 성숙해졌다는 느낌이었다. 발제문을 다시 읽으며 토론 진행을 어떻게 할지 고민하고 문항마다 회원들이 던질 토론 내용을 추론했다.

참고로, 예시된 발제문을 2부 첫 책 『백 년 동안의 고독』에 맞춰 읽어 가면 토론 진행과 쟁점에 대한 이해에 큰 도움이 될 것이다. 미처 책을 접하지 못한 독자는 서평을 먼저 읽고 발제문을 살핀 후 내용 순으로 일독하기를 추천한다.

또한 독서모임에 참여하고 싶은 분, 독서모임을 만들어 보고 싶은 분의 경우, 부록을 활용한다면 내가 겪은 8년간의 시행착오를 뛰어넘는 결과를 만들 수 있다고 자신한다.

회원들과 소통하기

발제자는 적어도 모임 2주일 전에는 완독해야 한다. 임박하면 참고 자료를 찾기는커녕 논제를 뽑기도 쉽지 않다. 회원들은 운영자가 열심히 하는지 대충 하는지 금세 알아챈다. 한번 신뢰를 잃어버리면 모임 자체가 위태로워질 수 있기에 매회 최선을 다해야 한다.

모임 D-7일에는 단톡방에 회원들의 일독 상황을 알려달라고 공지를 올린다. 1회차 모임 때는 D-7일에 5명 중 3명은 일독 완료, 1명은 90% 정도, 나머지 1명은 중간쯤 진도를 보이고 있었다. 전체적으로 나쁘지 않았지만, 4일 전까지 완료해달라고 독촉했다. 3일 전에 발제문을 올리기 때문에 하루 정도는 생각을 정리힐 필요가 있다. 일일이 챙기는 게 귀찮지만 원활한 진행을 위한 불가피한 조치이다.

모임 전날까지 회원들과 소통하며 완독을 독려하고, 일독을 못 해도 참석해달라고 해야 한다. 경청하다 보면 미처 생각하지 못한 부분을 알게 되고, 추후 일독하는 경우 작품에 대한 이해력을 더 높일 수 있기 때문이다.

당일 준비하기

'우공의 책 읽기' 독서모임 당일에는 L자 홀더 파일 6개를 구매하고 독서모임 일정표, 발제문을 각각 한 부씩 출력해 끼웠다. 모임 시간이 저녁 7시인 점을 고려해서 간식으로 빵과 우유를 준비했다.

본관 1층 입구에 독서모임을 알리는 입간판을 입구에 배치하고 다목적실 출입문에는 알림판을 부착했다. 혹시 물을 찾는 분을 위해 생수와 종이컵을 준비하고 공기청정기도 가동하였다. 또한 지하층 특유의 잡냄새를 잡기 위해 항균 탈취제를 구석구석 뿌렸다. 건강에 예민한 분을 위해 세정제와 일회용 마스크까지 준비해 놓고 손님 맞을 준비를 했다.

독서의 끝, 글쓰기

모든 읽기의 종착점은 글쓰기이다.

읽다 보면 뭔가를 써보고 싶은 생각이 든다. 하지만 써보자니 막연하다. 무엇을 어떻게 써야 할까? 처음이라면 서평 쓰기를 권하고 싶다. 주제 없는 막연한 글쓰기보다는 책을 읽고 정리해서 서평을 쓴다면, 글쓰기뿐만 아니라 문해력 향상에도 큰 도움이 된다. 잘 읽는 것이 잘 쓰는 길이고, 잘 쓰는 것이 또한 잘 읽는 첩경이기 때문이다.

나는 그동안 블로그 '우공의 책 읽기'에 서평을 꾸준히 올려왔다. '서당 개 3년이면 풍월을 읊는다.', '열 번 찍어 안 넘어가는 나무 없다.'는 옛말처럼 조금씩 조금씩 자신감이 붙었고 독후감 공모전에 도전하기도 했다.

전국 각지의 기관에서 매년 독후감 공모전을 개최한다. 공모전이 많기도 하지만 당선되면 상장은 물론 시상금도 푸짐하다. 적게는 몇십만 원에서, 많게는 몇백만 원의 현금이 바로 계좌에 꽂힌다. 동기부여는 충분했다. 설사 탈락한다 해도 글쓰기 경험을 공유하고 배울 수 있는 기회가 된다.

책을 읽고 정리하고 해석하고 표현하는 작업이야말로 책을 온전하게 내 것으로 만드는 지름길이다. 기왕이면 혼자 하기보다는 함께하기를 권하고 싶다. 혼자라면 마음이 흔들린다. 외롭다는 이유로, 귀찮다는 이유로 최선을 다하기 어렵다. 나는 독서모임 '우공의 책 읽기' 회원들을 설득해 공모전에 참가했다.

독서를 즐겨하는 분들은 기본적인 글쓰기 소양을 갖추었다고 본다. 단지 생소할 따름이다. 동기부여만 된다면 그 누구보다도 열정적으로 함께한다. 동기부여는 자신감 배양이 우선이다. 회원들을 위한 특별한 조치가 필요했다. 글쓰기 선생님을 초대해 두 시간짜리 기초 강좌를 열고 '제목 잡는 법', '서두 꺼내는 법', '마무리하는 법', '참고 자료 모으기' 등 기본 사항을 공부했다. 글쓰기의 기본 틀을 갖추고 내용을 채워가면서 점검하고 공유했다. 미완성 작품을 서로 공개하는 게 쉽지 않았지만 시작하는 마음으로 끝까지 함께했다. 꾸준히 준비해서 재미있게 도전해 보니 뚜렷한 성과를 얻게 되었다. 회원들과 함께한 공모전에서 두 차례 수상의 영광을 차지한 것이다. 자신감은 덤이었다. 자연스럽게 글쓰기 경험이 독서의 깊이를 더해주는 시너지 효과를 불러왔다. 더 많은 책을 더 꼼꼼하게 읽게 된 것이다.

독후감 공모전에 당선된 데에는 나름의 글쓰기 연습이 도움이 되었던 것 같다. 책을 읽다 보면 인상 깊은 문장이나 이해가 어려운 부분이 눈에 띄는데, 그 부분이 소설의 핵심이거나 복선일 수 있기 때문에 나는 포스트잇을 활용해 느낌이나 참고사항을 기재해 놓는다. 만일 시간이 된다면 그 부분을 필사해 둔다. 눈으로만 보는 것과 손으로 느끼는 감각은 사뭇 다르기 때문이다. 필사 노트에 해당 문장을 기재하고 참고 자료를 활용해 읽기 전과 후의 감정변화를 함께 기재한다면 최고의 글쓰기 소재가 된다. 기왕이면 관련 영화도 시청한다. 유명 소설을 영화화하는 경우는 왕왕 있다. 영상에 비친 소설은 독서와는 다른 느낌을 주고 이해를 높이는 방법이 된다. 인상 깊은 문장을 낭독하면 느낌이 또 다르다. 눈으로 읽고 입으로 낭독하고 손으로 써보는 삼위일체 책 먹기가 최선이다.

내가 독후감 공모전에 도전해서 수상한 두 번의 경험과 독후감을 소개한다. 어떻게 독후감을 쓰면 되는지 작은 팁이 될 것으로 기대한다.

도전 1. 전국 독서동아리 독후감 공모전

'전국 독서동아리 클럽연합회 주최 제4회 전국 독서동아리 독후감 공모전'이 눈에 띄었다. 일반부 응모 도서는 3권으로 한강의 『채식주의자』, 신영복의 『담론』, 제임스 앨런의 『생각하는 대로』였다.

나는 『담론』을 선택했다. 『담론』은 분량이 420쪽이 넘는 두툼한 책이다. 내용은 진중하고 1부 「고전」 주역 편이 이해하기 힘들었지만, 전체적으로 깊이 있는 통찰과 따뜻한 인간애를 느낄 수 있어서 좋았다. 그렇지만 이 책을 독후감으로 쓴다는 것은 쉽지 않은 일이었다. 다루고 있는 분야가 워낙 폭넓기도 했고 섬세하게 기술한 부분도 적지 않아서 전체를 아우르는 주제를 선정하고 이야기를 풀어가야 한다는 압박감이 컸다.

　제목은 부제 없이 '『담론』을 읽고'로 정했다.

　1부 2장 「사실과 진실」에 등장하는 안도현 시인의 시 「스며드는 것」을 서두로 뽑았고 결구는 2부 25장 「희망의 언어 석과불식」으로 마무리했다. 두 부분을 연결하는 단어를 '측은지심'이라 생각했다. 측은지심은 너와 내가 다르지 않고 너의 관점에서 다시 한번 생각해 본다는 뜻이며 온화한 마음으로 타인을 헤아리는 또 다른 사랑의 단어라 믿었다.

　석과불식(碩果不食, 큰 과실은 다 먹지 않고 남긴다는 뜻으로, 자기의 욕심을 버리고 후손들에게 복을 준다는 말)과 안도현의 시 「스며드는 것」은 다른 듯 같다. 독후감은 측은지심과 사랑의 단어로 시작해서 시의 의미와 현실을 설명하고 모순과 억압을 극복하려는 마음가짐과 실천을 인간애의 측면으로 다루고 현실에 투영하는 것을 주제어로 제시했다.

　독후감을 어렵게 마무리하고 부족함이 많다는 생각이 머릿속을 떠나지 않았다. 핵심 내용을 강조하다 보니 일면적으로 기술된 느낌이 들고 너무 단순한 구도가 아닐지 걱정이 앞섰다. 제대로 책을 이해한 건지 의문도 많고 독후감을 읽을수록 수정할 부분이 넘쳐났다. 그렇다고 딱히 내용을 추가하거나 빼기도 힘들었다. 한마디로 흡족하지 않았다. 이러지도 저러지도 못하고 망설이다가 원고 마감일이 닥쳐서야 제출하게 되었다.

　입선이라도 하면 좋겠다는 막연한 심정으로 당선자 발표를 지켜보는데 의외로 우수상을 차지해서 당황했고 기뻤다. 부상으로

2박 3일 일본 여행과 상금 20만 원도 받았다. 독후감이 성에 차지 않았지만 막상 수상하니 앞으로 더 열심히 읽어야겠다는 각오가 생겼다. 독서의 끝은 글쓰기이며 글쓰기의 시작이 독서임을 다시 한번 머리에 새겼다.

<독후감> : 『담론』

『담론』을 읽고

꽃게가 간장 속에
반쯤 몸을 담그고 엎드려 있다.
등판에 간장이 울컥 울컥 쏟아질 때
꽃게는 뱃속의 알을 껴안으려고
꿈틀거리다가 더 낮게
더 바닥 쪽으로 웅크렸으리라.

버둥거렸으리라 버둥거리다가
어쩔 수 없어서 살 속으로 스며드는 것을
한 때의 어스름을
꽃게는 천천히 받아들였으리라.
껍질이 먹먹해지기 전에
가만히 알들에게 말했으리라.

저녁이야.
불끄고 잘 시간이야.

- 「스며드는 것」, 안도현

신영복 작가의 『담론』을 읽어 내릴수록 통증이 발끝에서 머리 쪽으로 차곡차곡 쌓이는 무게감으로 몸속을 헤집어 말초신경 하나하나를 이쑤시개로 쑤시고 싶은 충동을 느낍니다.

　그에게서는 인간이 부딪치는 한계상황의 내적 흥분이나 불안이 느껴지지 않고 오히려 그의 삶을 채운 시간과 공간의 깊이에 현기증을 느낄 정도였으니 말입니다. 한마디로 『담론』을 정리한다면 그가 기술한 '시는 세계를 인식하고 재현하는 상투적인 방식을 전복하고, 상투적인 언어를 전복하고, 상투적인 사유를 전복하고, 가능하다면 세계를 전복하는 것'이라고 하겠습니다.

　시는 시간과 공간의 인식이고 현존재에 대한 체험과 경험이라는 의식의 흐름이지만 직관적으로 인간의 삶을 노래할 수밖에 없고 체험적으로 방향성을 제시하게 되며 그 실마리는 '진정성'과 '진실'이라고 이야기하고 있습니다.

　역으로 그 방향성은 결국 외적으로 표현되는 아름다움이라기보다는 '차이'와 '간극'에 감춰져 보이지 않는 내적 진실을 찾고자 하는 진정성의 여정이어야 한다고 설득하고 있는 것입니다. 즉 인간을 존중하고 고통받고 억눌린 사람들에 대한 측은지심, 인간애를 지닌 사람으로 다시 귀환합니다.

　무한 경쟁과 차가운 효율성으로 내몰린 현시대에 오로지 이기적이고 탐욕적이 되라는 가르침을 받은 우리는 정의로운 시민의 의무를 헌신짝처럼 던져버렸으며 그 결과 사회는 비윤리적으로 치달았습니다. 옛말처럼 아이를 오냐오냐 키우면 경우없는 아이로 자라듯 국민이 그렇게 취급받는 대로 행동하는 것은 어쩌면 당연한 일입니다. 이에 저자는 문제의식을 느끼고 미몽에서 깨어날 것을 이야기 합니다.

간단히 미몽이라고 표현했지만, 공간과 시간은 사람으로 채워짐으로써 현실이 되고 사람과 사람의 관계를 조절하고 변형시키면서 질적인 성질을 지니게 됩니다. 하지만 관계, 변화, 조절이라는 그 과정은 단순히 눈만 뜨는 물리적 깨어남이 아닌 고정관념과 억압된 틀을 깨는 녹녹지 않고 치열한 삶의 현장일 수밖에 없습니다. 그 현장은 전설이 되었습니다.

'만리장성 축조에 동원된 남편이 돌아오지 않자, 만리장성으로 찾아간 맹장녀. 하지만 남편은 이미 죽고 시신은 묘지도 없이 성채 속에 묻혔다는 사실을 알게 된다. 맹장녀가 그 성채 앞에서 사흘 밤낮을 통곡하니 성채가 무너지고 유골이 쏟아져 나왔다.'라는 맹장녀의 전설은 그 대표적 표상이며, 독일의 극작가 게오르크 뷔히너는 자신의 희곡에서 하늘이 저렇게 아름답고 굳건하고 우람하게 펼쳐져 있지 않습니까! 쇠갈퀴를 저 하늘에다 던져서 꽂아놓고 목이라도 매달고 싶은 심정입니다.[120]라고 절규하고 있습니다.

결국 선택의 여지는 없어 보입니다. 톱니바퀴처럼 맞물려 돌아가는 치열한 현실 속에서 하늘에 쇠갈퀴를 꽂아놓고 목을 맬 것인지, 하늘 아래 새로운 것이 없다고 하듯이 상투적인 방식, 언어, 사유, 세계를 뒤집어 버릴 것인지... 저자는 따뜻하지만, 이상적인 조언을 가슴으로 제시하고 있습니다.

---

120) 『보이체크 / 레옹스와 레나』, 게오르크 뷔히너, 임호일 옮김, 지만지고전천줄 (2010), p.58.

권력과 지배이데올로기는 그에게 희생양의 멍에를 씌워 공동체에서 추방했으나 '이상은 현실의 존재 양식이며 현실은 우리의 인식 속에서 끊임없이 이상화되고 반대로 이상은 끊임없이 현실화하고 있다.'라는 원칙의 유연함을 요구하며 『담론』으로 돌아왔습니다. 저자가 겪어온 생명의 굴곡은 나치의 유대인 학살에서 가족을 잃고 인류의 문제를 토로했던 프랑스의 철학자 레비나스와 비슷해 보입니다. 그는 서양 철학의 존재론이 타자성을 인정하지 않는 동일성의 폭력이라며 주체의 자기됨, 타자성의 얼굴을 대면하는 사랑의 철학을 이야기합니다. 연꽃이 진흙탕물에서 피어나듯 사람에 대한 깨우침은 후학의 머리에서 가슴으로 이어집니다.

이제 저는 이 책의 감동을 마지막 장의 이야기로 마무리하겠습니다.

"사람을 키우는 일이야말로 그 사회를 인간적인 사회로 만드는 일입니다. 사람은 다른 가치의 하위개념이 아닙니다. 사람이 끝입니다. 절망과 역경을 '사랑'을 키워 내는 것으로 극복하는 것, 이것이 석과불식(碩果不食)의 교훈입니다. 최고의 인문학이 아닐 수 없습니다. 욕망과 소유의 거품, 성장에 대한 환상을 청산하고, 우리의 삶을 그 근본에서 지탱하는 정치, 경제, 문화의 뼈대를 튼튼히 하고 사람을 키우는 일, 이것이 석과불식의 교훈이자 희망의 언어입니다."[121]

---

121) 『담론』, 신영복, 돌베개(2015), p.422.

도전 2. 한민족 이산문학 독후감 공모전

그해 겨울은 춥지도 덥지도 않았다. 덩달아 마음도 무덤덤해졌다. 살바도르 달리의 명화 <기억의 지속>[122] 에서 축축 늘어진 시계처럼 일상이 왜곡되고 답답해 졌다. 전환점이 필요했다. 독서모임도 자리가 잡혀갔고 회원들과 함께 새로운 도전이 필요한 시점이라 판단했다. 때마침 한민족 이산문학 독후감 공모가 있었다. 독서모임 회원들에게 함께 먹고 죽자고 선동했다.

기억의 지속

한국문학번역원·문화체육관광부 주최
'제2회 한민족 이산문학 독후감 공모전'

○ 주제 : 국경과 언어를 넘어 하나 되는 우리 문학
○ 상금 : 대상(1인) 300만 원, 우수상(3인) 각 100만 원, 장려상(10인) 각 50만 원
○ 원고 분량 : 200자 원고지 30매 이상
○ 도서 : 1. 순교자(김은국), 2. 영원한 이방인(이창래), 3. 덧없는 환영들(제인 정 트렌카), 4. 파친코(이민진), 5. 디아스포라의 기행(서경식), 6. 죽은 자가 남긴 것(이회성), 7. 전야(황영치), 8. 세상에 없는 나의 집(금희), 9. 격정시대(김학철), 10. 중국 색시(허련순), 11. 파

---

122) <기억의 지속(The persistence of memory)>, 살바도르 달리, 1931. 뉴욕 현대미술관.

친코 구슬(엘리자 수아 뒤사팽), 12. 아무르 만에서 부르는 백조의 노래(정상진)

제일 먼저 상금이 눈에 매섭게 꽂혔다.

'괜찮네. 짭짤하겠는데.'

그런데 작가들이 굉장히 생소했다. 사실 거의 처음 이름을 들어보는 작가들이었다. 한국문학번역원에서 그동안 국내에 잘 알려지지 않았던 해외작가들에 대한 관심 제고를 위해 개최한 공모전이었다. 의미는 충분했고 상금도 적절했다.

나는 재일 교포 작가인 이회성의 『죽은 자가 남긴 것』 — 1996년 출간 단편집 — 을 선택했다.

이 책은 나비처럼 홀연히 날아왔지만, 그 날갯짓은 나에게 큰 영향을 끼쳤다. 작가는 디아스포라의 애환, 차별, 소망을 기반으로 치열했던 재일동포의 삶을 소설로 승화시키고 꿈과 현실의 괴리를 잘 표현해 주고 있었다.

제목부터 고민이었다. 제목의 중요성은 아무리 강조해도 지나치지 않지만, 특히 이 소설의 독후감은 제목이 중요하다고 판단했다.

꿈, 현실, 소망이라는 세 가지 단어에 집중했다. 그중에서 인간의 가장 기본적이고 내재된 욕망을 표현하는 단어가 꿈이었다. 제목을 꿈으로 정했고 세 편의 단편을 꿈으로 분석하고 소망으로 해석했다.

서두 주제를 '꿈'에서 시작해 첫 번째 단편 「우리 청춘의 길목에서」는 '허몽(虛夢)', 두 번째 단편 「청구의 하숙집」은 '악몽(惡夢)',

세 번째 단편 「죽은 자가 남긴 것」은 '現夢(현몽)'으로 정하고 꿈과 욕망을 종합하여 '해몽(解夢)'으로 마무리하기로 했다.

　서두에서 꿈의 의미에 대해 '무의식의 유의미한 기표'임을 강조하고, 3편의 단편을 전체적인 관점에서 파악하여 환영적이고 불안한 현실을 꿈으로 치환해서 해몽하는 방법을 선택했다. 허몽은 말 그대로 어이없고 속절없는 현실을 빗대서 표현하고, 악몽은 무섭고 파괴적인 욕망을 이야기하였고, 현몽에서는 아버지와의 갈등과 공백과 화해를 주제로 현재의 꿈으로 돌아왔다.

　각각의 작품을 소제목의 꿈에 맞춰 해석한다는 것이 편협하고 가식적일 수도 있고 가학적일 수도 있겠다는 생각이 들었다. 하지만 삶의 터전에서 쫓겨난 디아스포라의 삶을 관통하는 꿈과 욕망의 맥락들이 공통분모로 작용하고 있어 큰 무리가 없을 것으로 판단했다.

　마지막 '해몽'에서는 모든 인간에게 숙명인 사랑과 죽음을 주제로 '비루하고 비천해 보일지라도 하나하나 이름을 불러주고 소환할 때, 현재를 살아갈 수 있고 미래를 소망할 수 있다.'라고 결론짓고, 우리가 해야 할 일은 '그들이 지난하고 힘든 긴 여정을 마무리할 수 있도록 자리를 마련하고 따뜻한 시선으로 바라보아야 하는 것'이라고 마무리했다.

　'독서의 끝은 글쓰기'라는 아주 단순한 생각으로 시작했던 한민족 이산문학 독후감 공모전을 통해 생각하지도 못한 깨달음과 감동을 얻었다. 좁디좁은 한반도에 갇힌 '나'와 '우리'의 범위에서 벗어나 그동안 인지하지 못한 '산재한 우리'가 있음을 기억해 낼 수 있었고 그들의 꿈과 소망이 지금 우리의 것과 결코 결이 다르지 않음을 가슴 깊이 깨닫게 되었다.

그 감동의 결과 나는 우수상과 상금 백만 원을 받았다. 회원들에게 망신당하지 않기 위해 장려상이라도 받아야 한다는 강박에 시달렸지만, 우연히 찾아온 이회성 작가의 단편집 『죽은 자가 남긴 것』은 선물이자 필연이 되었다. 모든 꿈과 인연에 감사하고 참 고맙다.

< 독후감 > :『죽은 자가 남긴 것』

꿈

꿈.

참 애매하고 분명하지 않다. 소리도 지를 수 없고 움직일 수도 없다. 할 수 있는 건 오직 얼어붙은 움츠림. 깨어나면 쭈뼛한 느낌만 남고 두려움과 아쉬움이 교차한다. 꿈속의 내가 나일까? 꿈에서도 꿈일까 생시일까 노심초사하다 깨어난다. 잊힐까 두려워 메모장에 적어 보지만 물 한 모금에 의미는 사라지고 문자만 막연하다. 하지만 꿈은 생시의 흔적이고 기억이기에 저마다의 생김도 크기도 다양하다. 혹자는 꿈을 현실의 불협화음을 해소하기 위한 단순한 뇌의 작용일 뿐이라고 하지만, 금지된 현실의 욕망과 충동을 규정하고 자극하는 원형의 이미지라는 점에서 유의미한 기호임은 분명해 보인다.

이회성 작가는 단편집에 수록된 세 개의 단편소설 「우리 청춘의 길목에서」, 「청구의 하숙집」, 「죽은 자가 남긴 것」에서 주인공 남수, 동인, 동식을 통해 그들의 꿈을 극단으로 밀고 나가며 차이와 간격을 분명히 한다. 그 분명함은 재일 조선인들의 사물화된 주체성을 살아 숨 쉬게 하는 당위와 근거를 증명하고 실천을 견인한다. 또한 작품을 통해 그려진 지난한 과정은 독자들을 아련함과 감동으로 몰고 간다. 물론 작중의 인물들은 현실 속에서 방황하며 꿈을 꾸고 파국을 맞기도 하고 새로운 길을 찾기도 한다.

유한성을 근간으로 한 인간의 삶은 언제 어디서나 같지만, 다른 범주와 대립 관계에서 외형의 표피가 부딪히고 떨어지는 강도에 따라 변형되고 굳어져 간다. 작가는 꿈이라는 문학적 장치를 통해 소설 속 인물들이 무엇 때문에 좌절하고 어떻게 극복해 가는지 이야기함으로써 현실의 억압과 금기, 대립과 화해를 역설적으로 보여주고 있다.

본격적으로 이 책을 읽기에 앞서 우리는 우리의 관점이 아닌 재일 조선인들의 관점에서 대상에 대한 반작용을 조금이라도 이해하는 것이 중요하다고 생각한다. 특히 이 책의 저자인 이회성 작가에게 조국과 민족은 어떤 의미를 갖는지 묻고 살펴볼 때, 작품들을 온전히 이해할 수 있고 앞으로 우리가 해야 할 일은 무엇인지 깨닫게 될 것이다. 작가는 조국을 떠난 지 23년 만인 1995년 서울을 방문하면서 그 감회를 이렇게 말했다.

"오른쪽을 보나 왼쪽을 보나 한국 사람 천지였다. 소음도 한국의 것이었고 공기도 한국의 것이었다. 이것은 기적 같은 현실이다."

충격적이다. 너무나 당연하고 지루하기조차 했던 일상이 이산(離散)의 재일 조선인에게 이처럼 뜨겁고 생수한 감동이 될 수 있음을 새삼 깨닫게 된다. '기적 같은 현실' 무엇이 우리와 그들을 갈라놓고 서로 다른 감정을 느끼게 했던 것일까? 우리가 그들에게 기적이었을 때 어쩌면 우리는 그들을 망각하고 있었을지 모른다. 애초부터 기억과 망각은 비켜나갔지만, 그들은 우리를 기억해 내고 있었다. 우리에게 실체적인 일상의 공간이 그들에게는 잃어버린 가상의 공간이고 채우고자 하는 욕망의 공백이었다. 또한 우리가 그들에게 강요했던 남과 북의 공간은 적대적이고 차별적이었지만, 이산의 재일 조선인에게는 단순한 위치적 기표일 뿐, 그 이상도 이하도 아니었다. 그래서 분리 이전, 완전체의 기억으로 남아있는 이전의 조선만이 그들에게 유일하게 남은 조국이며 민족이었다. 하지만 이미 상실된 현재의 시공간에서 재일 조선인들의 좌표는 불안하고 행동양식은 분열적이다. 꿈은 이런 환영적이고 불안한 현실을 돌발적으로 표현한다. 작품에서 드러난 재일 조선인의 꿈은 그동안 인식하지 못했던 이산의 아픔과 현실을 마주하며 좌표를 인식하고 재설정하게 되지 않을까? 작가는 이산의 꿈과 현실을 모아 3편의 작품으로 하나씩 펼쳐 보이며 우리의 해몽을 기다린다.

허몽(虛夢)

안짱다리 남수는 아버지의 집을 무작정 뛰쳐나와 도쿄 거리를 걷는다. 거짓말을 밥 먹듯 하고 생산수단이 성기뿐인 여자 사냥꾼 큰형, 혁명을 꿈꾸는 막노동자 지로, 아버지의 가정폭력에 시달리며 자신이 조선인임을 혐오하고 부정하는 알코올 중독자 하루지. 그들은 말이 없다. 아니 그들의 말을 들어줄 대상이 없다는 게 맞겠다.

하루지는 자궁 속 태아처럼 웅크리고 앉아 펜던트를 부적처럼 만지작거린다. 그의 소망은 다시 어머니 자궁으로 돌아가는 것일까?

남수는 그런 그가 왠지 낯이 익고 어디서 본 듯 끌리지만 가까이 갈수록 꿈처럼 멀어져 간다. 아름다운 여인을 살해하려는 하루지의 고백은 남수의 마음을 요동치게 한다. 그가 느끼는 불행의 역습이었을까? 타인의 관심을 불러일으키기 위한 충격요법이었을까? 남수는 어느 날 술에 취한 하루지를 집에 데려다 주면서 그가 조선인임을 알게 된다. 어디서 본 듯한 익숙한 느낌의 정체는 바로 상실된 조선의 마을에서 나는 냄새였음을 깨닫는다. 하루지는 고삐를 스스로 놓아버리고 낙마한다. 불안과 우울의 정념에 자신을 온전히 내어준 것이다. 부유하는 듯, 꿈틀거린다.

남수는 꿈을 꾼다.

남수가 집을 뛰쳐나온 건 아버지의 폭력 때문이 아니라 온몸을 옥죄는 중압감과 늪과 같던 '한국 사람의 집'을 탈출하고자 함이었다. 집은 그에게 감옥과 같았다. 차라리 그리스 신화 속 다이달로스의 미궁이었다면 탈출할 수 있다는 희망이라도 있었겠지만 '한국 사람의 집'은 단 하나의 희망도 품을 수 없는 막다른 벽이었다. 남수는 아버지의 벽 앞에서 아버지를 경멸했고 수치심에 몸을 떨었다. 그런 그에게 집에서의 탈출은 음울하고 방탕한 여정이 아니라 희망과 구원을 찾고자 하는 징표였고 역설적인 몸부림이었다.

"앗사리 죽어버려!"

매일 아침, 말끝마다 엉킨 환청은 부실한 꿈을 깨우고 주술처럼 남수를 괴롭힌다. 그것은 하루지에게서 본 듯한 절망의 펜던트였고 고쳐지지 않는 안짱다리 같았다. 역설적이지만 지로와 남수의 상실은 주체가 왜곡되고 질서가 붕괴된 지점, 하루지의 텅 빈 공백에서 좌표를 설정하고 비약적인 도약을 시작한다. 막노동꾼 지로는 지금까지 꿈꿔온 혁명이 어떤 희망도 없이 차별 속에 살아가는 동포들에게는 사치이자 비웃음이었음을 새삼 깨닫자, 미련 없이 그들의 삶 속으로 뛰어든다. 남수도 지나온 감옥 같은 아버지의 집을 직시할 수 있게 되자 사진기의 프레임을 꽉 채운 피사체처럼 청춘의 희망이 '아쌀하게' 떠오른다. 만선의 꿈처럼.

악몽(惡夢)

동인은 새로운 하숙집, 고이즈미 도시의 집 앞에서 환각에 빠져든다. 분명히 어디서 본 듯한 집이다. 밀폐된 공간에서 웅크린 채 충족되지 않던 수음의 비린내와 닮았다. 왠지 께름칙하고 불안하다. 무슨 일이 터질듯한 그 집을 소개한 사람은 장창섭이다. 그는 투철한 민족주의자이며 조국을 선택한 그의 역동성은 동인에게 부러움과 열등감의 대상이었다.

동인의 예전 이름 사루무라. 동인과 사루무라는 거울처럼 온전하게 상대를 볼 수 없고 오직 한 면만 볼 뿐 전혀 다른 사람이다. 동인은 거울 속 사루무라의 세계에 뛰어들어 악착같이 살아내지도 못하고 허상을 과감히 깨뜨려 버리고 동인으로 살아내지도 못한다. 경계의 언저리에서 양다리를 걸치며 우왕좌왕, 우물쭈물한다. 장창섭은 그가 조선인의 정체성을 세우고 새로운 시작을 하도록 요청하지만, 동인은 정체성의 혼란을 거듭한다.

"나는 누구인가?"

그에게 응시는 두렵다. 사루무라의 이름으로 도피하지만, 곳곳에 응시가 존재한다. 분열된 대상과 포획되지 않은 욕망은 동인을 폭력, 살인, 성적 판타지를 탐닉하게 한다.

동인은 이호인의 꿈에서 묘한 동질감을 느끼지만, 본능적으로 파괴적인 충동을 감지하고 회피한다. 서서히 호인의 꿈은 불길한 눈길과 흘린 손짓으로 믿기 어려운 고백을 쏟아낸다. 겁탈, 살인, 사체 유기...

동인은 이호인이 미쳤다고 경악하지만, 곧바로 꿈을 꾼다. 빨간 천을 허리에 두르고 끈적거리던 지난 기억을 뒤쫓는다. 상상의 재현은 추상화되고 개별화된다.

저자는 그리스 신화에 나오는 오이디푸스 콤플렉스를 창작의 모티브로 사용했을까? 아버지와의 갈등, 어머니에 대한 집착과 거세의 분노 그리고 성도착... 작가는 정신분석학에서 논하고 있는 인간의 원초적 본능과 갈등을 호인과 동인에게 다 쏟아내는 듯하다. 파국을 향한 정체 모를 공포와 불안은 동인을 불면증에 시달리게 하고 변신을 강제한다.

세스코는 동인에게 어떤 존재였을까? 거세되지 않은 어머니, 자신의 결핍을 보상해 주는 내제재였을까? 응시로부터 숨은 곳을 찾던 동인에게 이시다 세스코는 안식처를 제공하기는커녕 분홍빛 가디건을 입고 동인을 빤히 응시한다.

"안 돼요. 한국 사람하고는 어울릴 수 없어요. 동인 씨는 한국인이에요. 당신들은 이해할 수 없어요."

　사루무라의 도착적 환상은 세스코가 아닌 동인에게서 좌초된다. 앵초는 결코 봉선화가 될 수 없음을 문뜩 깨닫는다. 어디서 본 듯한 다시에의 하숙집은 욕망이라는 괴물의 형상이었고 차별 그 자체였다. 악몽의 가위눌림이 돌발적으로 사루무라를 신동인으로 탈바꿈시키는 순간, 고이즈미 다시에의 하숙집은 한 점으로 소실되고 '청구의 하숙집'으로 채워진다. 이제 그의 꿈은 악몽의 형식을 극복하려는 의지이고 은유일 뿐이다. 신동인은 더 이상 꿈을 꾸지 않는다. 어디선가 본 듯한 느낌은 영원히 살아있겠지만 그를 내몰던 허무를 분절해 그 뜻을 명확하게 할 것이다. 은유는 아름답다.

현몽(現夢)

　동식은 갑자기 꿈에서 깨어난다. 지난날들이 마치 파노라마처럼 스쳐 지나간다. 아버지의 사망과 큰형 태식 그리고 나.
　어릴 적 아버지와 형은 죽일 듯이 서로 증오하고 싸웠다. 동식은 싸움이 일어날 때면 누군가 죽을지도 모른다는 불안으로 부엌칼을 숨기기 위해 아버지보다 빨리 달려가야 했다. 그에게 삶은 생명을 건 단거리 경주였고 불안 그 자체였다. 형은 성장할수록 아버지를 닮아갔고 가학적이고 막무가내였다. 동식은 부엌칼을 먼저 잡기 위해 달렸던 것처럼 태식이 민단을 선택하자 서둘러 총련으로 달린다.
　어린 시절 동식은 정액으로 덮인 오른쪽 손을 도끼로 잘라내고 싶었다. 그것은 식칼을 먼저 잡았던 근친 살해 충동의 손이었고 치유되지 못한 욕망이었다. 충동에 짓눌린 동식에게 아버지의 이름은 두렵고 돌발적인 위협, 그 자체였다. 하지만 동식이 결혼을 하고 아내와 아들이 생기자, 아버지는 이해할 수 없게 변해 갔다. '아버지가 그 미궁에서 탈출한 것일까?', '나를 속이는 것일까?' 의문이 꼬리를 물었지만, 폭군처럼 난폭했던 아버지는 며느리에게는 이해심 많은 시아버지로, 손자에게는 더없이 다정한 할아버지가 되어 있었다. 아버지와 말을 섞는 것조차 싫어 차라리 벙어리가 되고 싶었던 동식으로서는 도저히 이해할 수 없는 일이었다. 그런 아버지의 죽음은 안도와 당혹감을 동시에 불러일으킨다.

총련은 형제들에게 통일을 소망했던 아버지의 유지를 받들어 민단과 공동으로 장례를 거행하자고 제안하지만, 태식은 아버지의 죽음을 정치적으로 이용하려 한다고 비난한다. 당시 일본 내에서 양 단체 간의 대립은 남북의 대치만큼 적대적이었고 조직의 논리가 최우선이었다. 동식은 공동장례 제안을 받아들여야 한다고 태식을 설득한다. 태식은 마지막까지 고민하다 결국 공동장을 수용하고 총련과 민단 소속 재일 조선인들이 모두 모여 아버지의 죽음을 한뜻으로 애도한다. 아버지는 살아생전 통일된 조국의 고향 땅을 밟지는 못했지만 하나 된 동포들의 마음을 담았다.

동식은 이제 마지막 꿈을 꾼다.

'나는 천천히 달렸다. 동식아, 나는 언제나 천천히 달렸다. 네가 이겨주도록 나는 언제나 천천히 달렸다...'

동식은 아버지의 마음을 이해했고 복사뼈의 흉터를 가슴에 새겼다. 이제 모든 불안은 끝이 났고 자신만의 언어로 아버지를 애도한다. 이제 끝없이 달려야만 했던 미로는 해체되고 그 앞에서 아내와 아이가 도착하기를 기다린다. 아버지의 진심과 상처를 보여주려고 조바심을 낸다. 마치 아버지가 살아계신 것처럼, 다시 아버지가 된 것처럼.

해몽(解夢)

잘났건 못났건, 재물이 많건 적건, 모든 인간에게 평등한 건 사랑과 죽음이다. 죽음은 인간이 피할 수 없고 눈감을 수도 없는 실존의 조건이기에 인간은 무차별적으로 생존에 매달리거나 갑작스레 포기하기도 한다. 죽음이 죽은 자에게는 존재의 유무일 뿐이지만 남겨진 자들에게는 상처와 흔적으로 남는다. 매 순간의 기억이 인간의 정체성을 규정하고 삶을 비춘다. 기억이 타자와의 관계에서 발생하는 사후적인 경험이라면 사랑의 관계는 내면의 자기 동일성을 타자에게 확인하는 아주 특별한 경험이다. 물론 이 경험은 스스로 확인하는 주체로서가 아닌 타자로부터 수동적으로 이끌릴 때 절정에 이른다. 이타적 사랑은 타자를 위해 마음을 쓰는 일이며 도움의 손길을 내미는 측은지심이다. 그래서 사랑의 기억은 인간의 고통과 충동을 감소시키고 위로와 평안을 주지만, 죽음의 기억은 정체성을 훼손하고 삶을 우울하고 끔찍하게 한다.

디아스포라, 이산의 인간은 슬픈 기억을 횡단하는 존재이다.

죽음 같은 근본 욕망과 찢겨나간 정체성은 이중, 삼중으로 삶을 흔들며 주름을 만든다. 그들은 자신이 누구인지 모르기에 자신을 은폐할 수도 없고 피해 갈 수도 없다. 어렴풋이 알았다 할지라도 자신을 속이는 방식으로 타자로 변신하는 것이다. 나는 이 작품 속에서 그들이 좌절하는 모습과 열망하는 꿈을 보았고 그 꿈속에서 자신만의 방법으로 삶을 재구성하는 또 다른 우리의 모습을 보게 된다.

"움직이는 자만이 자신을 옭아맨 사슬을 눈치챌 수 있다."라던 로자 룩셈부르크의 말처럼 우리는 지나간 기억들이 비록 비루하고 비천해 보일지라도 하나하나 이름을 불러주고 소환할 때, 현재를 살아가고 미래를 소망할 수 있다. 우리를 옥죄는 사슬을 끊어내야 한다. 눈 감거나 눈치채지 못할 때, 이산의 문학이 우리에게 더 중요한 가치를 지닌다. 이산의 일상을 문학의 형식으로 기록하고 풀어내는 작가들의 가치는 더할 나위도 없다. 이제 우리가 이산의 동포들에게 해줄 수 있는 일은 명확하다. 그들이 잃어버린 대상을 자신들의 방식으로 찾을 수 있도록 자리를 만들어 주고 따뜻한 시선으로 바라보는 일이다. 그 일은 방황과 차별을 뛰어넘는 기나긴 사랑의 여정일 수밖에 없을 것이다. 힘들어도 한 발짝 한 발짝 앞으로 내밀어야 하는 이유가 여기에 있다. 참 고마운 책이다.

에필로그

 환하게 웃는 회원들의 얼굴을 한 컷 한 컷 망막에 담는다. 함께 했던 기억이 파노라마처럼 스친다. 독서모임을 통해 사람을 만나고 삶을 기억하게 된다. 좋은 기억이고 특별한 계기가 되는 것 같다.
 문득 이지은 씨가 떠오른다. 특별한 첫인상을 남겼던 그녀에게 뜻하지 않게 마음의 상처를 주지 않았을지 걱정이 된다. 묘한 일이다. 그녀에게 연락을 취했지만, 어떤 반응도 없다. 메시지를 한 번쯤은 읽어봤을 텐데…
 그녀는 어디로 사라진 것일까? 살림 시나이가 마녀 파르바티의 고리버들 바구니 속으로 사라진 것처럼, 평행이론이 지배하는 다른 시공간의 구멍 속으로 스며든 것일까?
 그녀는 하늘에서 내리는 비와 같은 존재였다. 비는 멈췄지만, 흔적은 남았다. 흠뻑 젖은 외투가 그 증거이다. 쉽게 마르지 않는 외투. 아니면 매듭이었을까? 풀린 매듭, 실밥이 곱슬머리처럼 매달린 매듭.
 나는 꿈을 꾼다. 문을 힘차게 들어 올려 열어젖히는 그녀를 고대한다.

 어느덧 시간이 흘러 제2기 독서모임을 준비하고 있다. 유언처럼

『잃어버린 시간을 찾아서』를 읽고 싶다던 지은 씨의 눈빛이 떠오른다. 마르셀 프루스트의 장편소설 『잃어버린 시간을 찾아서』는 제목만 들어도 소름끼치는 책이다. 혼자서는 읽기 어렵고 광활한 문장이 넘치는 소설, 20세기를 상징하는 대하소설이다. 저자 마르셀 프루스트의 평생의 역작이었다.

"세상에는 두 종류의 사람, 프루스트를 읽은 사람과 읽지 않은 사람만이 있다." - 소설가 앙드레 모루아

나는 읽은 사람으로 기억되고 싶다. 기왕이면 독서모임에서 함께 읽고자 한다. 서로 의지하고 배우면 삶이 변하지 않을까?

완독한 후 우리는 파리로 훌쩍 떠날 것이다. 프루스트의 발자국이 스며든 곳을 찾아가는 여행은 또 한 번 책을 읽는 계기가 될 것이다.

"따르르르릉, 따르르르릉."

"... 누구세요?"

"혹시 '우공의 책 읽기' 독서모임을 하는 곳이 아닌가요? 운영자이신가요?"

"네, 어떻게 전화하셨나요?"

"독서모임에 참여하고 싶어서요."

"아, 네에에. 아직 모집 공지를 못했는데 어찌 아셨어요? 제 연락처를 공개한 적도 없어서요."

"지난 모임에 언니랑 같이하기로 했다가 제가 취소했거든요. 이제 와 돌이켜보니 미안하고 후회가 되네요. 이제라도 약속을 지키고

에필로그 299

싶어요."

"아, 그랬었군요. 목소리가 낯설지 않네요. 성함과 연락처를 주시면 단톡방에 초대해서 일정을 알려드리겠습니다."

"감사합니다."

"언니분이 바쁘신가요? 같이 오시면 더 좋을 텐데요."

"언니가 곁에 있다면 그랬을 것 같은데..."

'곁에 있다면', '그랬을 것 같은' ― 동생의 가정법은 총열의 강선을 돌아 튀어나오는 탄환처럼 '없다'와 '불가능'으로 번쩍였다. 창백한 현실이 묵직하게 박힌다. 허리가 꺾였다.

그녀는 모임 탈퇴 후 파리행 비행기에 몸을 실었다고 한다. 프루스트의 기억을 찾고 싶었을까? 그녀를 사로잡았던 긴장의 끈을 놓으려고 떠난 게 아닐까? 그녀는 욕망의 미로 속으로 미련 없이 걸어갔다. 단 하나의 메시지도 없이, 흔적도 없이 사라졌다. 누구의 기억 속으로 사라진 것일까? 그녀는 이지은이라는 이름, 영적 기호로만 남았다. 기호는 사라지지 않는다. 이제 나는 그녀의 잃어버린 기억으로 들어가려 한다. 돋보기에 눈을 대고 망원경을 끌어당겨, 이중 삼중으로 얽혀버린 기억의 물증을 확보할 것이다. 어쩌면 트레일의 끝에서 그녀가 환하게 웃으며 반겨 줄지 어찌 알겠는가.

'우공의 책 읽기' 2기 독서모임은 프루스트 트레일을 걷기 위한 예행연습이다. 프루스트를 읽고 기억을 먹는다. '책을 읽는다.'는 표현은 수정되어야 한다. 읽기가 아닌 먹는다는 표현이 적절하다. 문장을 분절하고 소화해야 한다. 내가 책이 되는 것이며 언어화되는 것이다. 그 순간 나는 기억이 되고 모든 존재를 아우를 수 있는 거대한 화수분이 된다. 우리는 책을 눈으로 읽는 것이 아니라 잘근잘근 씹어서 차분하게 삼켜야 한다.

참고자료

【 그림 】

<기억의 지속(The persistence of memory)>, 살바도르 달리, 1931. 뉴욕 현대 미술관.

<나는 절망적이다(I'm desperate)>, 질리언 웨어링, 1992~1993. 모린 페일리.

<노란 옷을 입은 여인(Lady in yellow)>, 막스 쿠르츠바일, 1899. 비엔나 뮤지엄.

<롤라(Rolla)>, 앙리 제르벡스, 1878. 파리 오르세 미술관.

<비명(The scream)>, 에드바르트 뭉크, 1893. 노르웨이 오슬로 국립미술관.

<사랑의 노래(Le chant d' amour)>, 조르조 데 키리코, 1914. 뉴욕 현대미술관.

<성모의 죽음(Death of the virgin)>, 카라바조, 1602. 파리 루브르 박물관.

<올림피아(Olympia)>, 에두아르 마네, 1863~1865. 파리 오르세 미술관.

<외로움(Loneliness)>, 폴 델보, 1956. 벨기에 Beaux Arts de Mons 미술관.

<우는 여인(Weeping woman)>, 파블로 피카소, 1937. 런던 테이트 미술관.

<재현 금지(Not to be reproduced)>, 르네 마그리트, 1937. 네덜란드 보이만스 판뵈닝언 미술관.

<철학으로의 소풍(Excursion to the philosophy)>, 에드워드 호퍼, 1959. 개인 소장.

<희망(Hope)>, 조지 프레드릭 왓츠, 1886. 런던 테이트 미술관.

【 도 서 】

『금각사』 미시마 유키오, 허호 옮김, 웅진지식하우스(2017).

『너무 시끄러운 고독』 보후밀 흐라발, 이창실 옮김, 문학동네(2016).

『담론』 신영복, 돌베개(2015).

『바느질하는 여자』 김숨, 문학과 지성사(2015).

『백 년 동안의 고독』 가브리엘 마르케스, 안정효 옮김, 문학사상(1977).

　* 미국판 초판본 표지, Harper & Row(1970).

『보이체크 / 레옹스와 레나』 게오르크 뷔히너, 임호일 옮김, 지만지고전천줄(2010).

『사랑의 단상』 롤랑 바르트, 김희영 옮김, 동문선(2004).

『슬픈 열대』 레비 스트로스, 박옥줄 옮김, 한길사(1998).

『잃어버린 시간을 찾아서』 마르셀 프루스트, 김희영 옮김, 민음사(2012~2023).

『주군의 여인』 알베르 꼬엔, 윤진 옮김, 창작과 비평(2018).

『테레즈 데케루』 프랑수아 모리아크, 조은경 옮김, 펭귄클래식(2011).

　* 초판본 표지, Livre de Poche Sans date(1989).

『필경사 바틀비』 허먼 멜빌, 공진호 옮김, 문학동네(2011).

『한밤의 아이들』 살만 루슈디, 김진준 옮김, 문학동네(2011).

소설로 만나는 독서모임 이야기

책 읽는 동장님

1판 1쇄 발행　2025년 9월 30일

지은이　　박용석
펴낸이　　유영택
펴낸곳　　도서출판 니어북스
등　록　　제2020-000152호
주　소　　서울시 송파구 거마로 29
전　화　　02-6415-5596
팩　스　　0503-8379-2756
홈페이지　https://www.nearbooks.co.kr
블로그　　blog.naver.com/nearbooks
디자인　　서승연
인　쇄　　상지사P&B

ISBN　　979-11-991844-2-8 (03800)

* 이 책의 전부 또는 일부 내용을 재사용하시려면 사전에 저작권자와
　도서출판 니어북스의 동의를 받아야 합니다.
* 잘못된 책은 구입하신 서점에서 바꾸어 드립니다.
* 정가는 뒤표지에 있습니다.